UNSER HUND AUF AUSSTELLUNGEN

Peter Beyersdorf

KYNOS VERLAG

Am Remelsbach 30 • D-54570 Mürlenbach/Eifel
Telefon: 06594/653 • Telefax: 06594/452
Internet: http://www.kynos-verlag.de

Gesamtherstellung: SIA Printfinder, Riga, Lettland

ISBN 3-933228-92-1

INHALTSVERZEICHNIS

VORWORT

Gesetze, Bestimmungen, Ordnungen gibt es auch in der Kynologie, und wie anderswo werden sie auch da immer wieder geändert. Das war einer der Gründe, an eine völlig neu bearbeitete Ausgabe meines Buches »Dein Hund auf Ausstellungen« zu denken. Der Kynos Verlag hat dankenswerterweise das Projekt verwirklicht.

Spätestens seit der Welthundeausstellung 2003 in Dortmund mit einem Rekord-Teilnehmerergebnis an Hunden und Besuchern ist auch hierzulande deutlich geworden, dass Hundeausstellungen keineswegs nur Insider-Veranstaltungen für Züchter sind. Vor allem die Internationalen Zuchtschauen sind heute mit einem umfangreichen Angebot für die gesamte Familie attraktiv geworden. Das ist ein weiterer Grund, sich dieses Themas in seiner ganzen Bandbreite anzunehmen.

Hundeausstellungen, Dog Shows, Expositiones – das Thema ist international und hat eine lange Tradition. In England wie auf dem Kontinent reicht sie bis in die Mitte des 19. Jahrhunderts zurück. Anders geworden ist seither allerdings, dass immer mehr Menschen das Ausstellen von Hunden als Hobby pflegen und damit erhebliche Teile ihrer Freizeit ausfüllen.

»Unser Hund auf Ausstellungen« ist für alle gedacht, die am Ausstellen oder am Besuch von Ausstellungen Freude haben. Es ist die Hoffnung des Verfassers, dass dieses Buch möglichst vielen Interessierten Neues und Lesenswertes biete, dass es neugierig mache und es vielleicht für den einen oder anderen sogar als Ratgeber beim Einstieg in die Hunde- und Ausstellungswelt dienen kann.

Für freundliche Unterstützung danke ich den Damen Anja Labecka, Barbara Müller und Sylvia Radnetter sowie den Herren Bernhard Meyer, Achim Meurer und Udo Kopernik.

Hürth, im Frühjahr 2005
Dr. Peter Beyersdorf

Kapitel 1

Zur Geschichte der Hundeausstellungen

Es mag für manchen, der sich mit diesem Thema bisher weniger beschäftigt hat, überraschend sein, dass Hundeausstellungen inzwischen eine recht lange und stolze Tradition haben. Die Ursprünge liegen, wie könnte es anders sein, in England. Die Einzelheiten der Chronik über die Anfänge des Ausstellungswesens sind bei den diversen Autoren nicht ganz einheitlich. Aus den Angaben scheint jedoch inzwischen zweifelsfrei hervorzugehen, dass die erste Hundeausstellung auf englischem Boden auf das Jahr 1859 zu datieren ist. In Newcastle-on-Tyne wurde in Verbindung mit einer Geflügelschau eine Hundeausstellung organisiert, auf der 27 Setter und 23 Pointer gezeigt wurden. Als Veranstalter fungierte ein einheimischer Büchsenmacher, und als Preise wurden in eigener Werkstatt gefertigte Büchsen vergeben.

Noch vor Newcastle-on-Tyne wird von einer Veranstaltung in London berichtet, bei der 1855 in einer Gaststube eine Reihe kleinerer Hunde zusammengekommen waren; ein zeitgenössisches Gemälde hält die Szene fest: In einem mit Bildern behängten Raum sitzen korrekt gekleidete, pfeifenrauchende Herren, die Hunde zur Begutachtung vor sich haben. Auch Preise und Pokale in der Art, wie sie noch heute üblich sind, wurden bei dieser Gelegenheit offensichtlich vergeben.

An anderer Stelle wird von einer »Großen Ausstellung der Möpse aller Nationen« berichtet, die im Jahr 1850 ebenfalls in England stattgefunden hat.

Als gesichert und gewissermaßen als offizieller Anfang des Ausstellungswesens

Vielleicht die erste Hundeausstellung, auf alle Fälle die älteste Darstellung: Hundeschau im Gasthaus des Jemmy Shaw »The Queens Head Tavern« am Londoner Hayetmarket. Gemälde von R. Marshall aus dem Jahre 1855. Der Wirt lehnt in Hemdsärmeln am Kamin, an den Wänden hängen Erinnerungsbilder von Boxkämpfen und »Rat-killing-Wettbewerben.

gilt indessen die erwähnte Ausstellung in Newcastle. Ein Jahr später, im Jahr 1860, folgte dann in Birmingham eine weitere Ausstellung, und 1863 in Klingsor hatten sich Ausstellungen schon so weit herumgesprochen, dass mehr als 1.600 Hunde in 66 Klassen vorgestellt wurden, die von 19 Richtern bewertet wurden.

CRUFTS DOG SHOW

In den folgenden Jahren grassierte das Ausstellungsfieber in England immer mehr. Dazu trug auch die Gründung des Kennel Club im Jahr 1873 bei. Ein Markstein wurde dann im Jahre 1891 gesetzt.

Charles Cruft, ein Verkäufer im Unternehmen des Hundenahrungs-Herstellers James Spratt, darüber hinaus aber auch ein engagierter Kynologe, organisierte in der Royal Agriculture Hall in Islington eine Hundeausstellung, die Geschichte machen sollte. Bis zum heutigen Tag ist die nach Charles Cruft benannte Crufts Dog Show ein einzigartiges kynologisches Ereignis. Nirgendwo sonst sieht man an vier Tagen in solch großer Zahl so hervorragende Hunde aller Rassen wie auf der früher in London und jetzt in Birmingham alljährlich stattfindenden »Crufts«. 2004 waren mehr als 22.000 Hunde gemeldet – eine Zahl, die es sonst bei keiner Ausstellung der Welt gibt.

Die »Crufts« findet alljährlich im Februar oder März statt, seit einiger Zeit nicht mehr in London, sondern in Birmingham. Sie hat in den Jahrzehnten ihres Bestehens nichts von ihrer Attraktivität verloren, im Gegenteil. Auch mehrfache Umzüge in andere Hallen – die früheren waren bald zu klein geworden – haben bei Ausstellern und Besuchern die Begeisterung nicht mindern können. Ein Besuch der »Crufts« wird für jeden Hundefreund ein bleibender Eindruck sein, nicht zuletzt deswegen, weil er sich dort auch eindrucksvolle Einblicke in die Disziplin der Aussteller und in ihr sportliches Verhalten in Sieg oder Niederlage des vorgestellten Hundes verschaffen kann.

Bis aber Crufts Dog Show aus der Taufe gehoben wurde, hatte sich im englischen Hundewesen einiges Prinzipielle getan. 1870 hatte nämlich ein Mr. Shirley ein Komitee zur Veranstaltung von Hundeausstellungen gegründet.

Der Kennel Club wurde alsbald zur anerkannten Dachorganisation aller englischer Hundezüchter. Alle Beteiligten, nicht zuletzt die Züchter, hatten nämlich erkannt, dass zwar die Zahl der Ausstellungen und der gezeigten Hunde zunahm, nicht aber das Interesse der Öffentlichkeit. Der wichtigste Grund dafür dürfte gewesen sein, dass die bis dahin veranstalteten Ausstellungen in der Regel schlecht organisiert waren und im Ablauf wenig boten, was den Zuschauer besonders hätte faszinieren können.

Da aber immer mehr Hundezüchter ausstellen wollten, die Veranstalter der Ausstellungen ihrerseits nicht aus eigener Tasche draufzahlen wollten, kam alsbald die Idee, diese neue Veranstaltungsart systematisch in

Am Ring bei Crufts

den Griff zu bekommen; mit der Gründung des Kennel Clubs (wörtlich: Zwinger Klub) begann die gewünschte Systematisierung. Damit war diejenige Stelle ins Leben gerufen worden, die die Oberaufsicht über die Organisation und Durchführung aller Hundeausstellungen hatte. Mit dem Jahr 1873 begann in England die Blütezeit der Hundeausstellungen; sie ist im Grunde bis heute nicht beendet worden. Nicht zuletzt der überwältigende Zuspruch des zahlenden Publikums beweist dies. An den Tagen der »Crufts« kommen inzwischen mehr als 200.000 Besucher in die Hallen; von den frühen Morgenstunden an stehen sie in langen Schlangen vor den Kassen und warten geduldig, bis die Tore geöffnet werden.

Seitdem die strengen Quarantäne-Bestimmungen deutlich gelockert wurden, ist es auch für kontinental-europäische Aussteller möglich geworden, ihre Hunde zu »Crufts« zu melden. Dazu ist allerdings eine »Overseas Qualification« Voraussetzung; in Deutschland wird sie anlässlich der Bundessieger-Zuchtschau an die Bundessieger und die Bundes-Jugendsieger vergeben.

ENTWICKLUNG AUF DEM KONTINENT

Bevor die Entwicklung des Ausstellungswesens in Deutschland aufgezeigt wird, soll noch kurz vom europäischen Kontinent die Rede sein. Auch hier entstand überall die organisierte Hundezucht, so beispielsweise 1876 die Kynologische Gesellschaft in Wien, 1893 der Österreichische Hundezuchtverein, ebenfalls 1893 die Schweizerische Kynologische Gesellschaft, 1899 der Ungarische Kynologenverband, 1901 der Raad van Beheer in den Niederlanden. 1909 wurde der Österreichische Kynologenverband gegründet und 1911 die Fédération Cynologique Internationale (F.C.I.).

In der Schweiz wird die erste Hundeausstellung auf das Jahr 1881 in Fluntern bei Zürich datiert; eine zweite folgte 1882 auf der Festung Aarburg und die dritte in Zürich auf der Großen Reitbahn im Jahr 1883.

In Österreich begann das Ausstellungswesen bereits 1863 in Hietzing vor den Toren Wiens. Damals wurden bereits 357 Hunde gezeigt – eine für kontinental-europäische Verhältnisse eindrucksvolle Zahl.

Besondere Bedeutung hat auch die französische Championatsausstellung, die inzwischen auf eine mehr als 100-jährige Tradition zurückblicken kann. Vor Jahren war dieses kynologische Großereignis in Frankreich alljährlich mit der im März in Paris stattfindenden großen Landwirtschaftsausstellung, der »Agriculture«, verbunden. Sie dauerte meist sechs Tage, wobei an jedem Tag eine bestimmte Gruppe von Hunden gerichtet wurde. Inzwischen wurde die französische Championatsausstellung auf die Mitte des Jahres verlegt. Später fand sie auf der berühmten Pferderennbahn Longchamps bei Paris statt, inzwischen »wandert« sie durch das ganze Land.

DIE DEUTSCHE ENTWICKLUNG

Das Hundewesen in Deutschland hatte seinen Ausgang in Hamburg und in Hannover. 1863 wurde in Hamburg erstmals auf deutschem Boden eine siebentägige Hundeausstellung veranstaltet, an der 243 Hunde teilnahmen. Weitere Ausstellungen folgten 1869 in Altona und 1876 wiederum in Hamburg.

In demselben Jahr entstand in Berlin der »Erste allgemeine kynologische Verein Hektor«, und 1878 wurde in Hannover der »Verein zur Veredelung der Rassehunde« gegründet.

In den letzten Jahren des 19. Jahrhunderts entstanden eine ganze Reihe von Rassehundezuchtvereinen, die sich schließlich 1906 im »Kartell der stammbuchführenden Spezialklubs für Jagd- und Nutzhunde« zusammentaten. Die Verantwortlichen dieses Kartells sahen ihre vordringliche Aufgabe darin, das etwas »vagabundierende« Ausstellungswesen zu durchleuchten sowie Richtlinien für die Hundeausstellungen zu schaffen.

Schon damals hatte sich die Erkenntnis durchgesetzt, dass Ausstellungen vornehmlich der Zucht zu dienen und zu nutzen hätten; eine Reihe obskurer, nach rein materiellen Gesichtspunkten operierender Geschäftemacher wollte indessen die immer häufigeren Ausstellungen in ihrem Sinne ausnutzen. Aus diesem Grunde waren die Ausstellungsregeln des Kartells überaus streng: Bei der Planung einer Ausstellung genügte die ablehnende Stimme nur eines der angeschlossenen Klubs, um die gesamte Ausstellung hinfällig werden zu lassen. Interessanterweise wurden schon damals nur die Stammbücher der angeschlossenen Vereine bei Ausstellungen anerkannt. Alle Stammbücher von Sezessionsvereinen – heute spricht man von Dissidenz – wurden abgelehnt, die entsprechenden Hunde wurden nicht zu den Ausstellungen zugelassen.

Die deutsche Dachorganisation suchte auch sehr bald den Kontakt zum Ausland. Inzwischen hatte sich diese Dachorganisation umbenannt, sie hieß nun »Kartell der stammbuchführenden Spezialklubs«. 1911 nahm man an der Gründungsveranstaltung der Fédération Cynologique Internationale (FCI) teil, die seither als die weltweite Dachorganisation im Hundewesen ihre Aufgaben wahrnimmt.

Aus den Anfängen des Ausstellungswesens in Deutschland: Dr. Meyer aus Stuttgart (2.v.l.) richtet in der offenen Klasse der weißen Wollpudel-Rüden.

Nach den Wirren des Ersten Weltkrieges dauerte es einige Zeit, bis sich das Hundewesen in Deutschland wieder organisiert hatte. 1922 wurde beschlossen, dass nur eingetragene Hunde zur Ausstellung zugelassen werden sollten. 1925 nannte sich die Dachorganisation Deutsches Kartell für Hundewesen.

1926 gab es auf der Kartell-Ausstellung in Düsseldorf 1.100 Hunde zu sehen; rund 40.000 Besucher kamen zu dieser Großveranstaltung. Solche Jahres-Kartell-Ausstellungen gab es seit 1923; die erste hatte in Frankfurt am Main mit 1.200 Hunden stattgefunden. In Berlin waren 1926 sogar mehr als 1.500 Hunde präsent.

Interessant ist in diesem Zusammenhang die Entwicklung des Ausstellungswesens in Deutschland seit der Zeit, da es eine Dachorganisation im Hundewesen gab: 1906 gab es vier anerkannte Ausstellungen, 1911 waren es 57 Ausstellungen, 1913 betrug die Zahl der Ausstellungen 111 mit mehr als 21.000 Hunden; 1915, im zweiten Kriegsjahr, gab es keine Ausstellung. 1917 waren es dagegen wieder drei Ausstellungen, eine Katalog- und zwei Pfostenschauen, und 1920 wurden wieder 20 Ausstellungen sowie 15 Katalog- und Pfostenschauen registriert.

Begutachtung der Vorstehhunde, ein Foto aus den zwanziger Jahren.

Aus diesen Zahlen ist unschwer zu erkennen, dass ohne den verheerenden Einschnitt des Weltkrieges das Ausstellungswesen in Deutschland mit aller Gewissheit einen ähnlich rasanten Aufschwung genommen hätte wie in England, dem Mutterland der Hundeausstellungen.

Fr. Bazille, der das Schauwesen in Deutschland in eine organisatorische Form gebracht hat, schrieb später in einem Rückblick: »Wir sehen, wie vortrefflich sich das Ausstellungswesen des Kartells von seinen kleinen Anfängen an entwickelt hat und wie es im Laufe der Zeit – fast von Jahr zu Jahr – immer mehr ausgebaut wurde und dadurch an Ansehen gewonnen hat. Das Werk ist indessen noch nicht vollendet, da und dort muss noch ausgebessert werden, was aber erst möglich sein wird, wenn unser Vaterland im wirtschaftlichen Emporblühen begriffen ist.« (Heinrich Reitzel, »50 Jahre Deutsches Hundewesen«)

Bazille sollte, was das Ausstellungswesen im Deutschland der zwanziger Jahre betraf, recht behalten. Die zunehmenden wirtschaftlichen Schwierigkeiten des Landes wirkten sich direkt auf den Ausstellungssektor aus.

1927 gab es nur noch – insgesamt – 168 Zuchtveranstaltungen mit rund 21.200 Hunden. 1928 waren es 153 Veranstaltungen mit knapp 18.000 Hunden, 1929 waren es 142 Veranstaltungen mit gut 16.000 Hunden, 1930 ging die Zahl auf 132 Veranstaltungen mit knapp 15.000 Hunden zurück und 1931 auf 117 Veranstaltungen mit etwa 14.700 Hunden.

Dabei lag der Akzent jeweils auf der jährlichen Kartell-Ausstellung, wobei die Ausstellung im Juni 1929 – etwa vergleichbar mit den heutigen Bundessieger- und Europasieger-Zuchtschauen des VDH – mit 1.230 Hunden in Hannover einen Höhepunkt darstellte. Interessanterweise gab es 1929 in Hannover bereits die gleichen Schwierigkeiten und Ärgernisse, wie sie auch heute immer wieder auftauchen: Ausgestellte Hunde wurden für längere

Zeit aus ihrer Box entfernt, und Aussteller versuchten, die Veranstaltung vorzeitig zu verlassen!

1931 war das Jahr des 25-jährigen Bestehens des Kartells. Aus diesem Anlass fanden zwei repräsentative Jubiläumsausstellungen statt, und zwar in Frankfurt am Main und in Berlin. Beide erbrachten glänzende Meldeergebnisse: Frankfurt verzeichnete 2.046 Hunde und 171 Zuchtgruppen, Berlin 1.638 Hunde und 144 Zuchtgruppen. Aufgrund eines Gegenseitigkeitsvertrages zwischen dem Kartell und der FCI konnten in Berlin 45 CACIB (Anwartschaften auf das Internationale Schönheits-Championat) vergeben werden. Obwohl die Jubiläumsschauen in einer Zeit politischer und wirtschaftlicher Turbulenzen stattfanden (unmittelbar vor der Berliner Ausstellung war der berüchtigte »Schwarze Freitag«, der Börsenkrach an der Wall Street), kamen immerhin 12.500 Besucher in die Hallen; bei der Frankfurter Ausstellung waren es sogar 15.000 gewesen.

Die 11. Jahresausstellung des Kartells im Mai 1933 fiel bereits in die Zeit des Dritten Reiches. Die Nationalsozialisten hatten begonnen, nicht nur die politischen Strukturen Deutschlands grundlegend zu verändern, sondern auch die gesellschaftlichen im weitesten Sinne.

So kann es kaum verwundern, dass auch das Hundewesen nicht unberührt blieb. In der Tat dauerte es nur Monate, bis die Umstrukturierung vollzogen war. Das Kartell wurde umbenannt in »Reichsverband für das Deutsche Hundewesen«, es gab mit einem Mal einen Reichsausstellungswart, einen Reichszuchtbuchwart, einen Reichsabrichtewart und einen Führer des gesamten Reichsverbandes. Die Landesverbände wurden zu Gauen – die Gleichschaltung machte auch in diesem Bereich keine Ausnahme.

Freilich: In der Erinnerung der damals Verantwortlichen werden keineswegs nur negative Aspekte sichtbar. Auch wenn die Einflüsse der NSDAP prinzipiell als unangemessen betrachtet wurden, so

wurde doch auch nicht bestritten, dass von 1933 an »viele langerhoffte Wünsche erfüllt« worden seien (Reitzel). So wurden die Ausstellungsbestimmungen für ganz Deutschland verbindlich, es wurde eine Richterordnung eingeführt und der Reichssiegertitel für die jährlichen Ausstellungen – und es gab mehr Geld für die verschiedensten Anliegen der Hundeleute, als in den Jahren zuvor jemals erträumt werden konnte.

Einen Höhepunkt in der nationalsozialistischen Zeit bildet dabei zweifellos das Jahr 1935, als der Weltkongress und die Welthundeausstellung in Frankfurt am Main stattfanden. 3.310 Hunde kamen damals nach Frankfurt, insgesamt amtierten 77 Richter. Der Zuchtgruppenwettbewerb war aufgeteilt in einen deutschen, an dem 203 Gruppen teilnahmen, und in einen internationalen, der mit

96 Gruppen beschickt war. 60.000 Besucher gaben diesem kynologischen Großereignis den entsprechenden äußeren Rahmen. Als bester Hund der Weltausstellung qualifizierte sich schließlich der aus den Niederlanden stammende Cocker Spaniel Woodcock Memory – sehr zum Missfallen der Veranstalter.

Auch in den folgenden Jahren florierte das deutsche Ausstellungswesen. Die dritte Reichssiegerausstellung 1936 in Köln brachte 1.956 Hunde und 190 Zuchtgruppen auf die Läufe, 25.000 Besucher waren in zwei Tagen anwesend.

Das Jahr 1937 brachte wieder einmal organisatorische Veränderung im Dachverband: Nun hieß das Ganze Reichsfachgruppe Deutsches Hundewesen e. V. im Reichsverband Deutscher Kleinhundzüchter e. V. Die 4. Reichssiegerausstellung 1937 in München hatte mit mehr als 1.800 Hunden und 24.000 Besuchern wiederum ein glänzendes Ergebnis zu verzeichnen.

In der Folgezeit nahmen die ideologischen Diskussionen um die Hunde zu. Es gab Differenzen über die »Ausstellungszüchter«, deren Produkte im Vergleich zu den Dienst- und Gebrauchshunden oft versagt hätten, deutsche Zuchtprodukte seien im Ausland nicht konkurrenzfähig und so weiter. Die politische Abkapselung Deutschlands wurde auch in diesem Bereich deutlich.

Gleichwohl gab es anlässlich der »Grünen Woche« 1939 in Berlin wieder eine mit knapp 1.400 Hunden beschickte Ausstellung, bei der ein SS-Standartenführer über die organisatorischen Neuerungen im Hundewesen philosophierte.

Der Reichsverband für Hundewesen wurde dem Verantwortungsbereich der SA unterstellt; mit Beginn des Zweiten Weltkrieges 1939 wurde der aus der Organisation der Kleintierzüchter ausgegliederte Reichsverband dem Oberkommando des Heeres unterstellt.

Diese wenigen Hinweise mögen verdeutlichen, in welche Richtung in jenen Jahren das deutsche Hundewesen zwangsläufig gehen musste. Nach Ausbruch des Krieges wurden zunächst alle Hundeausstellungen abgesagt. Im Frühjahr 1940 wurden jedoch Ausstellungen und Schauen wieder erlaubt. So sah die sechste Reichssiegerausstellung 1941 in Stuttgart immerhin wieder mehr als 1.600 Hunde und 45.000 Besucher. Ende 1941 wurde der Austritt Deutschlands aus der FCI vollzogen, die Verbindungen zum Ausland waren endgültig abgebrochen. Dafür wurde das Hundewesen von Ende 1941 an der SS unterstellt. Der Reichsverband wurde in Reichsbund für Hundewesen umbenannt.

Von Mitte 1942 an waren nur noch Sonderschauen einer oder mehrerer Rassen erlaubt. Für die Zeit bis zum Zusammenbruch des Dritten Reiches im Frühjahr 1945 gibt es kaum detailliertes Material über das Ausstellungswesen. Mit der fortschreitenden Not in Deutschland schwand zwangsläufig das Interesse an Schauen und Ausstellungen.

DIE ENTWICKLUNG NACH 1945

Schon bald nach der »Stunde Null« im deutschen öffentlichen Leben regten sich die Hundefreunde in den Besatzungszonen wieder. Freilich waren zunächst nur regionale Zusammenschlüsse möglich. Immerhin gelang es aber, zwischen der amerikanischen und der britischen Besatzungszone feste Kontakte zu knüpfen. Auf einer Ausstellung in Stuttgart 1947 fanden konkrete Besprechungen statt, zumal bereits zuvor in zahlreichen Orten wieder Ausstellungen abgehalten worden waren. So wird von einer Ausstellung in Dortmund 1946 berichtet, aber auch von der großen Schau in Stuttgart, wo 1947 2.500 Hunde und 122 Zuchtgruppen gezeigt wurden. 1948, also noch vor der Gründung der Bundesrepublik Deutschland, registrierte man in München 2.050 Hunde, in Dortmund 1.200 und in Reutlingen etwa 1.000 Hunde, in Berlin im Oktober 1948 1.700 Hunde.

Dabei darf nicht vergessen werden, unter welchen materiellen Schwierigkeiten das Ausstellungswesen speziell und das Hundewesen generell nach dem Zusammenbruch des Jahres 1945 wieder aufbauen mussten. Die Probleme waren oft gewaltig, und es bedurfte des ganzen Idealismus und der Opferbereitschaft derjenigen, die damals eine lange Tradition in Deutschland wieder aufleben lassen wollten. Die Leistungen jener Männer und Frauen, die in der Zeit allergrößter Not für Hunde und Ausstellungen tätig waren, sollten nicht in Vergessenheit geraten.

Der 11. Juni 1949 ist in diesem Zusammenhang ein historisches Datum: An diesem Tag beschlossen 18 Rassehundezuchtvereine, neun Landesverbände und zwei Gebrauchshundverbände die Gründung des Verbandes für das Deutsche Hundewesen (VDH).

Auch das Ausstellungswesen kam wieder in Bewegung. Stuttgart, Hamburg und Dortmund waren im Jahre 1949 die ersten Stationen auf einem Weg, der bis zum heutigen Tag in inzwischen sehr eindrucksvoller Form vom VDH, aber auch von den zahlreichen Rassehundevereinen beschritten wurde. 1951 kehrte der VDH in die FCI zurück. 1951 fand in Stuttgart die erste Bundessiegerausstellung statt. Ein erster kynologischer Höhepunkt in der Nachkriegszeit fiel in das Jahr 1956, als der Welt-Kynologen-Kongress und die Welthundeausstellung nach Dortmund vergeben wurden. Die Vergabe dieses Ereignisses nach Deutschland war auch Ausdruck der Anerkennung, dass deutsche Aussteller in diesen Jahren von sich aus immer mehr den Kontakt mit dem Ausland gesucht hatten. Bemerkenswert ist auch, dass 1955 bereits auf 37 ausländischen Ausstellungen deutsche Richter eingeladen worden waren.

Die Statistik der Jahre der Konsolidierung des deutschen Hundewesens zeigt, dass 1949 wieder 25 Ausstellungen und Schauen stattfinden konnten, 1950 waren es 33. Seit 1952 konnte auf entsprechenden Ausstellungen auch in Deutschland wieder das CACIB vergeben werden; 1955 wurden immerhin 919 solcher Anwartschaften auf das Internationale Schönheits-Championat der FCI vergeben.

Im Juni 1973 war Dortmund wiederum Austragungsort der Welthundeausstellung. Auch diese Veranstaltung wurde, ebenso wie der damit verbundene Weltkongress, zu einem großen Ereignis für die Hundefreunde aus aller Welt. Die Bundesrepublik Deutschland war inzwischen voll und ganz wieder in das internationale Hundewesen integriert; die Kontakte über die Grenzen hinweg vertieften sich bei Ausstellern, Richtern und Verantwortlichen der jeweiligen Dachorganisationen immer mehr.

1981 schließlich konnte der VDH ein weiteres Mal zum kynologischen Weltkongress und zur Weltsiegerausstellung nach Dortmund einladen. Ein international besetztes Richterkollegium, würdig einer Weltausstellung der Rassehunde, hatte vier Tage lang, vom 21. bis zum 24. Mai, mehr als 8.800 der schönsten Vertreter der verschiedensten Rassen zu bewerten. Auch dies war wieder eine großartige Veranstaltung, die vom VDH mustergültig vorbereitet und an den hektischen Tagen der Ausstellung gekonnt durchgeführt wurde.

Zehn Jahre später, also 1991, war Dortmund erneut Schauplatz der Welthundeausstellung und des kynologischen Weltkongresses. Es war eine Veranstaltung der Superlative. Rund 14.000 Hunde aus aller Welt waren in die Westfalenhalle gekommen, nahezu 50.000 Besucher wurden gezählt.

Welthundeausstellungen sind für jedes veranstaltende Land selbstverständlich weit herausgehobene und selten stattfindende Ereignisse. Aber es soll bei diesem gerafften Rückblick über das Ausstellungswesen in Deutschland nicht das Normale, das Immer-Wiederkehrende, vergessen werden.

VDH-AUSSTELLUNGEN

Höhepunkt der alljährlichen Ausstellungssaison ist die Bundessieger-Zuchtschau, die seit vielen Jahren in Dortmund abgehalten wird. Diese Ausstellung, auf der neben dem CACIB der FCI auch der begehrte Bundessiegertitel vergeben wird, hat inzwischen über die Grenzen der Bundesrepublik hinweg eine große Attraktivität erhalten.

Tatsächlich versammeln sich in Dortmund die besten Vertreter der Rassen zum Wettstreit um die höchsten Ehren. Was besonders erfreuen muss, ist die Tatsache, dass in zunehmendem Maße auch solche Aussteller ihre Hunde auf der Bundessiegerausstellung präsentieren, die von vornherein sicher sein können, keinen der raren Titel zu erringen. Allmählich hat sich auch in der Bundesrepublik die Einstellung durchgesetzt, dass das kynologische Hauptereignis des Jahres die Teilnahme aller ausstellungswürdigen Hunde rechtfertigt – so, wie es etwa in Frankreich bei der erwähnten Championats-Ausstellung seit vielen Jahren selbstverständlicher Brauch ist.

Schließlich sei noch die seit einigen Jahren – ebenfalls in Dortmund – stattfindende VDH-Europasieger-Zuchtschau erwähnt. Auch diese Ausstellung hat inzwischen ihren festen Platz im Schau-Kalender der deutschen Aussteller; die Meldezahlen geben jedenfalls denjenigen recht, die diese von der Bezeichnung her so anspruchsvolle Ausstellung ins Leben gerufen haben.

Nach der Wende fand 1996 erstmals eine vom VDH organisierte Internationale Zuchtschau in Leipzig statt – seither übrigens mit großem Erfolg.

Ein weit über die Grenzen Deutschlands hinaus wirkendes Ereignis war die Welthundeausstellung im Sommer 2003 wiederum in Dortmund. An vier Tagen wurden fast 20.000 Hunde vorgestellt, eine Zahl, die bis zum damaligen Zeitpunkt auf keiner Welthundeausstellung auch nur annähernd erreicht worden war. Mehr als 120.000 Besucher drängten sich in den Hallen und auf dem Freigelände.

Dass der »Verband für das Deutsche Hundewesen« sich als »Anwalt« aller Hunde betrachtet (»wenn es um den Hund geht, VDH«), wurde anlässlich der Welthundeausstellung 2003 erstmals ein Wettbewerb – keine Ausstellung – für Mischlingshunde organisiert. Er hatte an allen vier Tagen großen Zulauf. Nicht überall war man davon begeistert, es gab Kritik, dass die Verantwortung des VDH gegenüber der Rassehundezucht so etwas verbiete und dass damit die Mischlingshunde »hoffähig« gemacht würden. Die Medienresonanz war allerdings eindeutig positiv und inzwischen sieht man das rundum gelassener. Der Mischlingswettbewerb – bei dem es ja nicht um eine formwertliche Beurteilung der Hunde geht – wird mittlerweile auch auf anderen internationalen Zuchtschauen angeboten.

Mischlingswettbewerb

Kapitel 2

Ausstellungen heute

ÜBER DEN SINN VON SCHAUEN

Diskussionen über Sinn und Nutzen von Hundeausstellungen gibt es seit langem; sie werden intensiv und mit den unterschiedlichsten Argumenten geführt. Oft kann man sogar hören, dass große Ausstellungen, die in Hallen abgehalten werden, an Tierquälerei grenzten, weil die armen Hunde bei Gebell und Lärm einen ganzen Tag lang in ihre viel zu engen Boxen eingesperrt seien und mit Sicherheit alles andere lieber täten, als hier zu sein und um Ehren und Titel zu streiten.

Ein Zitat mag verdeutlichen, wie extrem die Auffassungen nicht nur von den weniger Eingeweihten, sondern sogar von Hundeleuten selbst geäußert werden: »Die Hundeausstellungen haben auch für die Gebrauchshundrassen vor Zeiten ihre Vorteile gehabt – sie waren damals notwendig, solange die Kynologie in den Windeln lag und es sich darum handelte, das Interesse für Rassezüchtung zu wecken; heute bringen sie nicht nur keine Vorteile, sondern sie üben einen schädlichen Einfluss aus auf die Bestrebungen, vielseitig leistungsfähige Vorstehhunde zu schaffen. Die kynologische Bewegung ist inzwischen ins Extrem geraten; wir sind auf dem besten Wege, das Mittel als Zweck zu betrachten und zu vergessen, dass wir nicht Hunde züchten, um auf Ausstellungen mit ihnen zu paradieren, daselbst Preise zu gewinnen, sondern um sie vielseitig zu bearbeiten und für die deutsche Jägerpraxis zu gebrauchen im Interesse einer waidgerechten, humanen Jagdausübung. Niemand verkennt die Notwendigkeit, das erzüchtete Material auf Rassereinheit und Qualität des Gebäudes, der Behaarung und so weiter zu prüfen. Dies kann jedoch weit besser und vollkommener gelegentlich der Prüfung geschehen als auf einer Ausstellung. Die Hunde, welche nicht fähig sind, an einer Gebrauchsprüfung teilzunehmen oder daselbst keine Leistung erkennen lassen, sind auch nicht wert, hinsichtlich ihres Exterieurs beurteilt zu werden: Sie haben vielmehr überhaupt keinen Wert. Man treffe also auf den Gebrauchsprüfungen Vorkehrun-

Endkonkurrenz bei den Teckeln

Bester Rüde und beste Hündin

gen, um die vorgeführten, Leistung zeigenden Hunde bezüglich ihres Exterieurs zu beurteilen. Die Hundeausstellungen aber überlasse man den Luxushunden und verwende das dadurch gesparte Geld für die Prüfungen.« Dieses Zitat ist nicht neu. Es stammt von Oberländer »Quer durch deutsche Jagdgründe« aus dem Jahr 1897. Lange war dies die Einstellung vieler Jagdhundeleute, heute sieht man das meistens etwas differenzierter und keineswegs mehr so einseitig ablehnend, aber es gibt immer noch Jagdhundvereine, die meinen, die konsequente Leistungszucht entschieden zur »Schönheitszucht« abgrenzen zu müssen, die allen Ernstes die Auffassung vertreten, dass sich Standardzucht am modeorientierten Ausstellungstyp ausrichte.

Immer noch wird zwischen den Jagdgebrauchshunde-Leuten und dem von diesen gern als »Schönheitszüchter« bezeichneten, meist zahlenmäßig größeren Teil der Züchter ein Interessenkonflikt deutlich. Dabei wird leider oft übersehen, dass nur der in seinem Standard stimmige Jagdhund ein für die Zucht wirklich interessanter Hund ist.

Dieser Dissens geht von einer prinzipiell falschen Voraussetzung aus. Alle Rassehunde, die in ein Zuchtbuch von ihrem zuchtbuchführenden Verein eingetragen werden, haben einen Rassestandard. Dieser Rassestandard wird in aller Regel vom Mutterland der Rasse formuliert und schließlich von der FCI als verbindlich für alle diese Rasse Züchtenden veröffentlicht.

Das gilt selbstverständlich auch für Jagdhunde – den Weimaraner genauso wie für den Pointer, den Wachtelhund oder den Spaniel. Am Anfang allen Bemühens auch um den brauchbaren Jagdhund steht also die Vorgabe, einen dem Rassestandard entsprechenden Hund zu züchten, was immer später mit ihm geschehen soll. Bei den meisten Vereinen wird die Zuchtzulassung erst erteilt, wenn der Hund von einem anerkannten und zugelassenen Richter auf sein standardgerechtes Äußeres geprüft wurde; dies geschieht bei einer Zuchtzulassungsprüfung oder – inzwischen seltener – auf einer Ausstellung, die – an diesem Beispiel wird es besonders deutlich – richtigerweise Zuchtschau heißt. Zuchtschauen sind vom Grundgedanken her ursprünglich Veranstaltungen für Züchter, die dort ihre Zuchtprodukte dem sachkundigen Richter vorstellen; er soll nun aufgrund des seiner Rasse vorgegebenen Standards sagen, inwieweit der Hund den definierten Zuchtzielen entspricht – und nicht nur bei einem Jagdhund gehört dazu mehr als nur die Bewertung des rein Äußerlichen. Hier spielen die Bewegung und die anatomische Voraussetzung für die korrekte Bewegung und nicht zuletzt Verhalten/Wesen eine ganz entscheidende Rolle.

INFORMATIONEN FÜR DIE ZUCHT

Auf Zuchtschauen, und ganz besonders auf den großen Internationalen, erhalten die Züchter sehr wertvolle Hinweise für ihre eigene Zucht. Nicht nur, dass sie durch das Richterurteil erfahren, wo sie mit ihren Hunden stehen und wie diese Hunde im Rahmen des gegenwärtigen Zuchtniveaus einzuordnen sind; durch die Beobachtung anderer vorgeführter Hunde erhalten sie beispielsweise auch Anregungen für neue Verbindungen. Um dies erkennen zu können, sind allerdings sehr intensive Kenntnisse über die verschiedenen Blutlinien notwendig. Jeder Züchter erfährt nämlich in seiner Laufbahn sehr bald, dass es keineswegs damit getan sein kann, irgendeine vielleicht sogar mittelmäßige Hündin mit einem hochprämierten Champion zu paaren, um daraus dann hochwertige Nachzucht zu erhalten. So einfach ist es – zum Glück – in der Genetik nicht. Hier gibt es keine Patentrezepte, hier sind vielmehr genaues Wissen über die Zusammenhänge in den Ahnenreihen, Beobachtungen über Vererbung und damit nahezu wissenschaftliches Vorgehen notwendig.

Glücklicherweise hat heute jeder Züchter die Möglichkeit, sich über die Grundlinien der Vererbung beim Hund in leicht greifbaren und verständlich geschriebenen Büchern zu informieren. Solches Wissen ist notwendig, wenn eine Hundezucht nicht purer Zufall bleiben soll. Es geht vielmehr darum, dass der Züchter systematisch versucht, einen eigenen Stamm zu züchten – der dann auf Ausstellungen vom Typ her unverwechselbar zu erkennen ist.

Theoretisches Wissen und praktische Erfahrung sind also für den Züchter nötig – und die praktische Erfahrung erhält er nicht zuletzt auf Ausstellungen. Hier liegt unter anderem ihr von ernsthaften Kynologen inzwischen kaum mehr bestrittener praktischer Nutzen. In den Jahren nach dem Zweiten Weltkrieg hat sich durch die immer engere internationale Verständigung auch im Bereich der Hundezucht über die Grenzen hinweg einiges getan. Auch hier haben die Ausstellungen viel Positives bewirkt, denn sie waren der Ort, an dem sich interessierte Züchter getroffen, abgesprochen und schließlich oft auch über eine Zusammenarbeit geeinigt haben.

Diese Zusammenarbeit der Züchter hat ebenso wie die Tätigkeit der Richter in anderen Ländern dazu beigetragen, dass das Erscheinungsbild einer Rasse heute von Land zu Land kaum mehr differiert. Der Pointer sieht in Deutschland so aus wie in Belgien, wenn er nach dem gültigen Rassestandard gezüchtet wurde. Und weil der Richter aus Deutschland, der diesen Pointer in Belgien zu richten hat, von genau demselben Standard ausgeht, können die Urteile hier wie dort im Grunde kaum weit voneinander abweichen. Wenn gesagt wurde, dass Ausstellungen vom Grundgedanken her Veranstaltungen für Züchter seien, so konnte das durch die vorangegangenen Ausführungen sicher belegt werden. Vor allem in den letzten 25 Jahren ist aber ein Wandel eingetreten, der einen das Thema viel differenzierter betrachten lässt.

Erfolgreicher Pointer

NEUE ASPEKTE

Die Meldezahlen bei den Internationalen Schauen, aber auch bei den Spezialzuchtschauen der einzelnen Vereine, machen deutlich, dass die Züchter auf diesen Ausstellungen nur noch einen Teil der dort vertretenen Aussteller ausmachen – manchmal sogar, wie den Katalogen zu entnehmen ist, einen geringeren Teil.

Gedränge in der Halle

Hundeausstellen ist für viele Zeitgenossen nämlich zu einer Freizeitbeschäftigung geworden. Immer mehr Hundefreunde finden Gefallen daran, mit ihrem vierbeinigen Genossen auf Reisen zu gehen – vorausgesetzt natürlich, der Hund ist von seinem Erscheinungsbild her soweit in Ordnung, dass er in seiner Rasse konkurrieren kann.

Man sollte diese große Gruppe der Liebhaber-Aussteller nicht unterschätzen. Sie sind es nämlich inzwischen, die so mancher Ausstellung entscheidende Akzente geben können; oft befinden sich hervorragende Vertreter ihrer Rasse in der Hand von Privatpersonen, die keine züchterischen Ambitionen haben und die von dem Züchter, von dem ihr Hund stammt, zum Besuch einer Ausstellung ermutigt wurden. Und gar nicht selten kommt es dann vor, dass ein solcher Hund in der Konkurrenz ganz vorn landet – was natürlich völlig richtig ist, denn es soll ja allein der Hund und nicht der eventuell sehr bekannte Züchter bewertet werden.

Es gibt solche Aussteller, die aus Freude an der Sache im In- und Ausland herumreisen, dabei Städte und Menschen kennen lernen, die ihnen und denen sie nie begegnet wären. Sie verbinden dann oft auch den Urlaub mit Reisen zu Ausstellungen, planen lange voraus und sind eigentlich überall immer wieder anzutreffen. Wie gesagt, solche Beharrlichkeit wird vor allem derjenige zeigen, der einen erfolgreichen Hund hat. Derjenige, der gleich auf der ersten Ausstellung bescheinigt bekommen hat, dass sein Hund dem Rassestandard nur genügend entspricht, wird sicherlich nicht mehr allzu viel Zeit und Geld in weitere Ausstellungsreisen investieren. Gleichwohl muss im Blick auf das heutige Ausstellungswesen davon ausgegangen werden, dass sich eine zahlenmäßig starke Ausstellergruppe entwickelt hat, die aus dem Ausstellungsgeschehen überhaupt nicht mehr wegzudenken ist. Für sie ist das Ausstellen in erster Linie Hobby – und trotz der immer wieder damit verbundenen Aufregungen und Anstrengungen finden sie darin auch zugleich Entspannung.

AUSSTELLEN IST AUCH SPORT

Solche Aussteller sehen die Schauen zu einem guten Teil als Sport an: Es ist der Ort, wo sich die Besten der Rassen im Wettstreit um Formwerte, Platzierungen und Siegertitel messen. Der Begriff »Hundesport« hat daher fast zwangsläufig seinen Einzug in die moderne kynologische Szene gehalten. Da es bei diesen hundesportlichen Wettbewerben allerdings nicht um Sekunden oder Weiten geht, sondern um die Prämierung des Rassebesten, behalten die Ausstellungen auch unter den Bedingungen einer veränderten Zeit und andersartiger Zusammensetzung der Teilnehmer ihren auf die Zucht ausgerichteten praktischen Wert: Vor allem die Besten nämlich – ob sie nun im Besitz des Züchters oder ob sie in Privathand sind – sollten in der Zucht dazu beitragen können, dass sich das Niveau der Rasse verbessert oder zumindest hält. Allein aus diesem Hinweis ergibt sich die große Verantwortung des Richters für den Bestand einer Rasse; davon wird später ausführlich zu reden sein.

IMMER MEHR INTERESSIERTE

Ausstellungen haben heute sehr häufig großen Besucher-Zulauf. Und dies ist das dritte Charakteristikum des gegenwärtigen Ausstellungswesens. Es sind dies Menschen aller Altersstufen, die sich für Hunde interessieren; manche speziell für eine besondere Rasse, manche für Hunde an sich. Sie finden auf Internationalen Zuchtschauen immer wieder auch seltene Exemplare, die man auf den Straßen oder in den Parks nicht zu sehen bekommt und von denen es inzwischen eine ganze Reihe gibt.

Häufig kommen Interessierte über eine Hundeausstellung auch selbst zu einem Hund. Es sind dies Menschen, die sich vielleicht selbst noch gar nicht endgültig klar darüber waren, welcher Hund denn nun zu ihnen passe und welcher ihnen von Größe, Haltung oder Pflege her am meisten entspräche. Auf Ausstellungen haben sie Gelegenheit, mit Experten über die Eigenarten oder Bedürfnisse einer Rasse zu sprechen und sachkundig Auskunft zu erhalten. Immer öfter werden für die Zuschauer besondere Attraktionen gerade in diesem Zusammenhang geboten.

So gibt es häufig innerhalb einer Internationalen Ausstellung Sonderveranstaltungen unter den verschiedensten Überschriften, wie zum Beispiel »Welche Hunderasse passt zu mir«, »Kind und Hund«, »Frau und Hund« oder auch Modenschauen mit Hunden. Ganztägige Rahmenprogramme bieten heute Einblicke in den Breitensport mit Hunden, in Agility-Wettbewerbe, die sich allenthalben immer größerer Beliebtheit erfreuen. Darbietungen wie zum Beispiel Flyball oder Dog Dancing locken zahlreiche Zuschauer an, weil hier viel passiert und manches Spektakuläre geboten wird. Sie sind darüber hinaus eine günstige Gelegenheit, für die eine oder die andere Rasse bzw. für die Beschäftigung mit dem Hund in besonderer Weise zu werben.

Immer attraktiver: Das Rahmenprogramm

Und es darf auch nicht übersehen werden, dass die großen Ausstellungen für die Industrie immer interessanter geworden sind: Der große Bereich der

Dog Dancing

Futtermittelindustrie, aber auch anderes Hunde-Zubehör, Freizeitkleitung für den Spaziergang mit dem Hund, Hundebücher und Zeitschriften – es wird inzwischen so ziemlich alles geboten, was mit dem Hund in Verbindung zu bringen ist.

WERBUNG FÜR DEN RASSEHUND

Das Stichwort »Werbung« – und zwar Werbung für den Rassehund – soll im Zusammenhang mit den Ausstellungen nicht unterschätzt werden. Der VDH hat daraus die richtige Konsequenz gezogen. Auf den von ihm durchgeführten Zuchtschauen gibt es nicht nur einen Informationsstand des VDH selbst, sondern die meisten der dort vertretenen Vereine oder Klubs haben selbst solche Informationsstände organisiert, an denen alles Wissenswerte über die jeweilige Rasse, Adressen von Kontaktpersonen, Hinweise auf Züchter, Informationsmaterial über die Hunde selbst und alles andere zu erhalten ist, was den potenziellen Käufer eines solchen Hundes interessieren könnte.

Die Vereine und der VDH selbst geben sich deswegen so viel Mühe mit Information und Aufklärung, weil dies der einzig sinnvolle Weg zu sein scheint, dem wilden Hundehandel entgegenzutreten. Oft ist nämlich die Enttäuschung derer groß, die an der verkehrten Stelle – also nicht beim Züchter eines Rassehundevereins – einen Hund gekauft haben und nun mit einem Mal nicht zu einer Prüfung oder einer Ausstellung eines Klubs gehen können, weil sie keine vom VDH oder von der FCI anerkannte Ahnentafel für ihren Hund haben.

Allerdings wurden dem VDH im Jahr 2003 vom Bundeskartellamt sehr eindeutige Auflagen gemacht. Über eine Registrierung in den Zuchtbüchern der Vereine wird solchen Hunden, denen von einem Zuchtrichter das typische Äußere eines Rassehundes bestätigt wird, die aber keine FCI-Papiere (Ahnentafeln) vorweisen können, die Teilnahme an Ausstellungen ermöglicht. Das wiederum hat allerdings nichts mit einer Zulassung zur Zucht zu tun.

Dennoch kann es nur begrüßt werden, dass der VDH und die Rassehundevereine der Werbung für den Rassehund immer größere Beachtung und Aufmerksamkeit widmen.

Die Hundeausstellung ist keine Verkaufsausstellung für Hunde, auch wenn vereinzelt einmal im Katalog bei einem Hund der Vermerk »verkäuflich« steht. Dies ist aber recht selten der Fall; grundsätzlich sind Ausstellungen – wenn man einmal von den beschriebenen züchterischen Anliegen absieht – eine große Werbung für den Rassehund, den Hund also mit einwandfrei nachweisbarer Herkunft, der nach menschlichem Ermessen von einem verantwortungsbewussten Züchter bei der Aufzucht mit allem Notwendigen versorgt wurde, der nach den klubinternen Vorschriften die vorgeschriebenen

Schutzimpfungen erhalten hat und der – wie es inzwischen allgemein üblich ist – aufgrund einer Tätowierung jederzeit identifiziert werden kann.

Ausstellungen sind also zuchtfördernde Einrichtungen, Hundesport – auch im Sinne eines Hobbys und der Freizeitgestaltung von immer mehr Gelegenheitsausstellern, der Ort für zahlreiche interessierte Zuschauer sowie auch Werbeveranstaltungen der Rassehundevereine und des VDH. Wichtigster Punkt dabei ist und muss auch bleiben, dass durch die Bewertung und schließlich auch durch die Reihung der ausgestellten Hunde durch den Richter die Qualität der Zucht demonstriert und nach Möglichkeit verbessert werden soll.

Diesen Kernpunkt sollte keiner übersehen, der im heutigen Ausstellungswesen gelegentlich das »Schau«-Element ein wenig überbetont empfindet. Durch die Urteile der Richter auf den Ausstellungen erhält die Zucht ihre Akzente; die Ausstellungsergebnisse wirken somit wegweisend auf die Entwicklung einer Rasse.

Bei aller positiven Einschätzung des heutigen Ausstellungswesens stellt sich aber auch die Frage nach der Zukunft. Läuft alles optimal ab, oder sind in einer doch sehr veränderten Szene nicht auch Verbesserungen möglich?

Für viele Besucher bleibt das Geschehen in den Ausstellungsringen immer noch unüberschaubar. Da sind einige Menschen mit ihren Hunden versammelt, sie laufen und werden von einem Richter auf einem Tisch oder auf dem Boden stehend ausführlich untersucht; dann läuft man wieder und irgendwann werden Tafeln mit den Ziffern 1 bis 4 aufgestellt, hinter denen sich die Bestplatzierten aufstellen. Warum dann dieser eine gewonnen hat und nicht der andere, bleibt vielen unklar.

Es fehlt insgesamt die Transparenz, die auch dem Nicht-Fachmann erschließt, was gerade in einem Ring abläuft: Welche Klasse, welche Ausscheidung, welche Anwartschaften oder Siegertitel werden gerade vergeben – hier kann noch viel mehr Wirksames für die Öffentlichkeit getan werden.

Und schießlich: Häufig stellen sich Besucher die Frage, warum bei großen Hundeausstellungen so selten »normale« Hunde und so häufig eher Vertreter exotischer Rassen gewinnen. In einer Zeit, in der dem Rassehund von verschiedenen Seiten eine eher argwöhnische Aufmerksamkeit zukommt, in der großes Misstrauen gegenüber nicht wesensfesten, aggressiven wie ängstlichen Hunden gepflegt wird, in der ein erbgesunder und sozial verträglicher funktionaler Hund das allein überzeugende Angebot der Hundezucht an die Öffentlichkeit sein kann, muss nicht unter allen Umständen ein zwar seinem Rassestandard entsprechender, aber für den »normalen« Betrachter – und das ist der Ausstellungsbesucher in der Regel – kurios erscheinender Vierbeiner »Best in Show« werden. Das gehört allerdings in die Verantwortung unserer Richter, und der sollten sie sich im Interesse des Fortbestandes unseres Ausstellungswesens bewusst sein.

»Best in Show« im Pokal. Copyright Roberto

Kapitel 3

Die verschiedenen Ausstellungsarten

In den Terminkalendern der Vereine und Klubs sowie im offiziellen Organ des Verbandes für das Deutsche Hundewesen mit dem Titel »Unser Rassehund« wird zwischen mehreren Ausstellungsarten unterschieden. Sie sollen im folgenden in ihrer jeweiligen Eigenart charakterisiert werden, um den Ausstellungsneuling zugleich darüber zu informieren, was bei den einzelnen Veranstaltungen auf ihn zukommt.

Folgende Schauen gibt es:

1. Die **Spezialzuchtschauen** der einzelnen Rassehundeklubs. Praktisch alle Vereine veranstalten solche Spezialzuchtschauen, sie sind über das ganze Jahr verteilt, finden aber meist vom Frühjahr bis in den Herbst hinein statt. In aller Regel werden die Termine dieser Spezialzuchtschauen vom VDH geschützt, und zwar auf Antrag der jeweiligen Vereine. VDH-Terminschutz wiederum bedeutet, dass auf solchen Spezialzuchtschauen die Anwartschaft auf den Titel »Deutscher Champion (VDH)« vergeben werden darf.

Spezialzuchtschauen sind meist im Freien

Das Charakteristikum der Spezialzuchtschau ist, dass sich – da von den Spezialklubs veranstaltet – ausschließlich die von den Klubs betreute Rasse oder Rassen auf dieser Ausstellung präsentieren. Eine Spezialzuchtschau des Vereins für Deutsche Schäferhunde zeigt allein Deutsche Schäferhunde, eine Spezialzuchtschau des Basset Hound Clubs vereint ausschließlich Bassets. Eine Spezialzuchtschau des Clubs für Britische Hütehunde hingegen präsentiert Collies (und zwar Langhaar-, Kurzhaar-, Bearded- und Border Collies), Shelties, Bobtails und Welsh-Corgis, weil eben dieser Club die erwähnten Britischen Hütehunde in ihrer Gesamtheit betreut. Ähnliches gilt für Spaniel-Klubs, die neben den überall bekannten Cocker Spaniels auch Amerikanische Cocker, English Springer Spaniels, Welsh Springer Spaniels, Irish Water Spaniels, Clumber Spaniels, Field Spaniels, Sussex Spaniels und – wie einer dieser Klubs – seit einiger Zeit auch den Amerikanischen Wasserspaniel betreuen.

Solche Spezialzuchtschauen vereinen sehr häufig eine große Zahl von Hunden. Es gibt Spezialzuchtschauen, bei denen in einzelnen Klassen 30 und mehr Hunde gemeldet werden. Natürlich sind Spitzenerfolge bei einer derart großen und in aller Regel auch schweren Konkurrenz von ganz besonderer Bedeutung.

Bei den Ausstellern sind diese Schauen besonders beliebt, weil sie sehr häufig im Freien stattfinden, weil die Hunde nicht, wie bei den Internationalen Ausstellungen, in Boxen untergebracht werden müssen und weil schließlich bis auf diejenigen, die in Endkonkurrenzen antreten müssen, alle die Ausstellungen früher verlassen können, deren Hunde gerichtet worden sind. Ganz abgesehen aber von diesen Dingen finden Spezialzuchtschauen meist in einer eher familiären Atmosphäre statt; die meisten kennen sich, man ist unter sich und den Freunden der eigenen Rasse. Die hohen Meldezahlen bei den Spezialzuchtschauen machen es meistens für den Schauleiter notwendig, mehrere Richter einzuladen. Ansonsten würde sich das Richten eventuell bis in die Abendstunden hinziehen, falls es von einem Richter allein überhaupt zu bewältigen wäre. Man geht davon aus, dass bei einer Spezialzuchtschau ein Richter etwa 60 Hunde bewerten kann.

Auf Spezialzuchtschauen werden von den Klubs unterschiedliche Titel und Anwartschaften vergeben. Die meisten Rassehundezuchtvereine vergeben eine CAC, das ist eine Anwartschaft auf das nationale Schönheits-Championat des Klubs, sowie – weil vom VDH geschützt – die Anwartschaft auf den Titel »Deutscher Champion (VDH)«.

Anders als in den meisten Ländern gibt es also in Deutschland zwei Arten von »Deutschen Champions«, nämlich den vom VDH vergebenen und einen von dem zuständigen Klub.

2. Die **Nationalen Zuchtschauen,** die von den Landesverbänden des VDH veranstaltet werden. Im Gegensatz zu den Spezialzuchtschauen nehmen hier alle Hunderassen teil. Im Ablauf ähneln sie sehr den Internationalen Rassehundezuchtschauen; der Unterschied zu ihnen liegt vor allem darin, dass hier nur nationale Titel-Anwartschaften vergeben werden. Es geht bei den Nationalen Zuchtschauen also um die Vergabe der Anwartschaft für den Deutschen Champion (VDH) sowie um klubinterne Anwartschaften. Auch diese Veranstaltungen stehen unter dem Schutz des VDH. Im Terminkalender des VDH sind sie indessen nicht allzu häufig zu finden – wohl auch deswegen, weil sie nahezu den gleichen Aufwand wie Internationale erfordern, für den Aussteller aber wegen der Beschränkung in der Anwartschaftsvergabe längst nicht so attraktiv wie jene sind. Meistens werden pro Jahr nicht mehr als zwei oder drei Nationale Rassehunde-Zuchtschauen durchgeführt.

3. Die **Internationale Rassehundezuchtschau** findet, ähnlich wie die Nationale Zuchtschau – allerdings obligatorisch –, in der Halle statt. Ihr Kenn-

Perfekt präsentierte Zuchtgruppe

zeichen ist, dass hier das CACIB, also die Anwartschaft auf das Internationale Schönheits-Championat, vergeben wird. Die Internationalen werden ebenfalls von VDH-Landesverbänden oder aber vom VDH selbst organisiert. Sie müssen von der FCI genehmigt und geschützt werden. Die Zuchtschau-Ordnung des VDH schreibt vor, dass die Internationalen in überdachten Räumen, also meist in großen Hallen, stattfinden müssen, dass die ausgestellten Hunde in Boxen untergebracht werden müssen, um so den zahlenden Zuschauern den umfassenden Blick auf die Hunde zu ermöglichen. Die Durchführung dieser Ausstellungen ist in letzter Zeit immer schwieriger geworden, weil es einmal nicht allzu viele Hallen gibt, deren Kapazität die Aufnahme mehrerer Tausend Hunde, geräumiger Ringe und auch noch der Boxen ermöglicht, und weil zum anderen die Hallenmieten geradezu sprunghaft gestiegen sind und somit leicht die Gefahr besteht, dass die Veranstalter am Ende kräftig draufzahlen müssen. In der Regel sind es rund zwölf Internationale Ausstellungen, die jährlich in der Bundesrepublik Deutschland stattfinden. Diese Zahl richtet sich auch nach den Vorgaben der FCI, die einen Schlüssel aufgrund der Mitgliedszahlen ihrer angeschlossenen Verbände errechnet hat.

Internationale Rassehundezuchtschauen sind insbesondere beim Publikum sehr beliebt, weil es nirgendwo sonst einen so breiten Überblick über die Vielzahl der Hunderassen erhalten kann. Gerade diese großen Ausstellungen sind in hervorragender Weise geeignet, das Interesse und die Freude am Rassehund zu wecken. Kritisch muss in diesem Zusammenhang freilich angemerkt werden, dass gerade bei Ausstellungen, zu denen viele Zuschauer kommen, die Information über das Geschehen in den Ringen oft mangelhaft ist. Auf dieses Manko wurde bereits hingewiesen. An diesem Punkt sind der Phantasie der die Sonderschauen durchführenden Vereine keine

Das Medieninteresse ist groß geworden

Sportplätze sind für Schauen geeignet

Grenzen gesetzt. Aber wenn es auch heute noch wie eine Utopie anmuten mag: Im Zeitalter des Computers und der rasant fortschreitenden Elektronisierung aller Bereiche des öffentlichen Lebens kann es nur eine Frage der Zeit sein, dass die moderne Technik auch in den Schauringen – und zwar zum Nutzen und Vorteil des Besuchers – ihren Einzug hält.

Auf manchen Spezialzuchtschauen, wo also der Rahmen kleiner und der Zeitdruck nicht ganz so groß sind, geben die Richter oft den Zuschauern Erläuterungen zu den Urteilen oder den Platzierungen. Dies ist sicher in der Hektik einer lauten, unruhigen Ausstellung in einer Halle nicht möglich. Aber die Hilfen für den Zuschauer, die ohne größeren Aufwand zu bewerkstelligen sind, sollten genutzt und angewandt werden, damit nicht all dies, was da im Ring geschieht, dem Nicht-Fachmann ein Buch mit sieben Siegeln bleibe.

Bei einigen besonderen Ausstellungen werden am Ende bei der Vorstellung der Sieger (Bundessieger, Europasieger) von einem versierten Kynologen die einzelnen Rassen kurz vorgestellt und in ihren Besonderheiten beschrieben. In einigen Ländern gehört ein »Corso« zu den festen Bestandteilen einer großen Ausstellung. Zu diesem Corso werden die höchstprämiierten Hunde jeder Rasse eingeladen. Sie gehen dann mit ihren Führern gleichsam über einen Laufsteg, werden kurz beschrieben und so einem Laien-Publikum nähergebracht. Kein Richter, kein Schauleiter und kein Organisator sollte nämlich jemals vergessen, dass die übergroße Zahl von Ausstellungsbesuchern aus reiner Freude am Hund in die Hallen kommt – und nicht als Experte für Neufundländer, Deutsche Doggen oder welche Rasse auch immer. Geschickte Präsentation, viel Information ohne allzu viel Fachkauderwelsch, ein attraktives Rahmenprogramm – so kann man auch große Besuchermengen interessieren und begeistern.

Für große Hunde ist dieser Boden kein Problem

Auch »Internationale« können draußen sein.
Copyright Roberto

Solche »Öffentlichkeitsarbeit« ist besonders auch notwendig bei

4. den **Bundessieger-, Europasieger- und Welthundeausstellungen.** Diese entsprechen in ihrem Ablauf zwar weitgehend den geschilderten Internationalen Ausstellungen, aber es werden bei diesen drei besonders herausgehobenen Ausstellungen die entsprechenden herausragenden Siegertitel vergeben.

Hier erweist es sich als ganz besonders notwendig, die zuschauende, interessierte Öffentlichkeit an dem Geschehen im Ring teilhaben zu lassen, denn hier geschieht ja keineswegs Alltägliches.

Die Bundessieger-Zuchtschau wie die Europasieger-Zuchtschau des VDH haben ihre Attraktivität in den vergangenen Jahren kontinuierlich gesteigert. Meldezahlen wie Besucherinteresse sind Jahr für Jahr gestiegen. Beide Veranstaltungen sind für die Hundefreunde aus nahezu allen europäischen Ländern zu Pflichtterminen geworden. Dortmund wird nicht nur die kynologische Hauptstadt Deutschlands genannt; in ganz Europa haben die vom VDH ausgerichteten Titel-Ausstellungen inzwischen einen hervorragenden Ruf.

Die ganze Bandbreite der jeweils vorgestellten Hunde mag auch zeigen, wie beliebt die großen Siegerausstellungen inzwischen geworden sind. Als absolut richtig hat sich dabei die Grundsatzentscheidung des VDH erwiesen, diese Siegerausstellungen generell in Dortmund durchzuführen. Ein gleichbleibender Austragungsort dient der Orientie-

WELT HUNDE
AUSSTELLUNG
DORTMUND 2003

FCI – World Dog Show 2003

29. Mai – 1. Juni 2003
Westfalenhallen Dortmund

18.716 Meldungen – die größte Weltausstellung aller Zeiten!

1. Tag (29. 5. 2003): FCI-Gruppen **3, 5, 6**
2. Tag (30. 5. 2003): FCI-Gruppen **7, 8, 9**
3. Tag (31. 5. 2003): FCI-Gruppe **2**
4. Tag (1. 6. 2003): FCI-Gruppen **1, 4, 10**

Tolles Showprogramm mit Hunden.

Besuchen Sie die Welt Hunde Ausstellung 2003 in Dortmund – ein Besuch lohnt sich.

Mensch und Hund – Partnerschaft mit Zukunft?

Anläßlich der Welt Hunde Ausstellung 2003 findet am 28. Mai 2003 ab 14.00 Uhr im Kongresszentrum Westfalenhallen eine Fachtagung & Podiumsdiskussion statt. Weitere Informationen auf Seite 8.

Ganz oben angekommen

rung der Aussteller, macht einen guten Namen und wird so, wie das Beispiel zeigt, in relativ kurzer Zeit zu einer festen Institution im Ausstellungskalender.

Gegenwärtig gibt es neben der Europasieger-Zuchtschau des VDH auch eine FCI-Europasieger-Zuchtschau. Sie »wandert« nach einem FCI-Beschluss durch verschiedene Länder, wie auch die Welthundeausstellung.

Der Titel »Deutscher Bundessieger« ist in der Tat jährlich nur einmal und an einem einzigen Ort zu gewinnen – und hierin liegt die eigentliche Bedeutung der Bundessieger-Schau. Sie ist nun vergleichbar geworden mit bekannten ausländischen Championats-Ausstellungen wie Helsinki, Stockholm, Tulln oder Amsterdam, und dies ist zweifellos ein erheblicher Gewinn für das deutsche Ausstellungswesen.

5. Einige Vereine veranstalten **Pfosten- oder Bezirkszuchtschauen.** Sie sind in aller Regel dazu da, Zuchtzulassungen zu vergeben. Dies sind lokale Veranstaltungen ohne größeren organisatorischen Aufwand, meist in sehr familiärem Rahmen, bei denen es nicht um Siegertitel oder Wettbewerbe geht und bei denen es nicht des VDH-Terminschutzes bedarf. Oft werden solche kleinen Ausstellungen auch dazu besucht, junge Hunde auf größere Wettbewerbe vorzubereiten und sie erste Ausstellungs-Atmosphäre schnuppern zu lassen. Dort gibt es als Preis auch schon einmal eine Flasche Wein statt eines Pokals.

Familiärer Rahmen

Kapitel 4

Die Vorbereitungen für die Ausstellung

Immer wieder stellen interessierte Anfänger die Frage, wer eigentlich seinen Hund zu einer Ausstellung melden könne, welche Formalitäten dazu notwendig seien und was man im Einzelnen zu tun habe.

Nun, zunächst einmal kann grundsätzlich jeder einen Hund zu einer Zuchtschau eines dem VDH angehörenden Vereins melden, der in ein von VDH oder FCI anerkanntes Zuchtbuch eingetragen ist. In der Zuchtschau-Ordnung des VDH heißt es dazu weiter, dass die gemeldeten Hunde das vorgeschriebene Mindestalter von neun Monaten, bei Jüngstenklassen von sechs Monaten, am Tage vor der Zuchtschau vollendet haben müssen.

Dabei spielt es keine Rolle, ob man Mitglied eines Vereins ist oder nicht. Oder anders ausgedrückt: Im Gegensatz zu einer weit verbreiteten Meinung ist die Mitgliedschaft in einem Verein oder Klub nicht Voraussetzung dafür, aktiv an einer Zuchtschau teilzunehmen.

DIE AHNENTAFEL

Wichtig ist aber, dass für den Hund eine vom VDH und/oder der FCI anerkannte Ahnentafel vorliegt. Auf einer solchen Ahnentafel findet sich neben dem Namen des Klubs immer auch der Hinweis auf VDH und FCI. Für jeden Hundekäufer ist der Blick auf die Ahnentafel und die Kontrolle auf die beiden genannten Organisationen daher von großer Bedeutung. Ferner findet man auf der Ahnentafel die Abstammung des Hundes über mindestens drei Generationen zurück, den korrekten Namen des Hundes, wie er dann auch bei einer Meldung angegeben und später im Katalog erscheinen soll (also nicht einen der häufig gebrauchten Ruf- oder Kosenamen des Vierbeiners!), die Zuchtbuchnummer, das Wurfdatum und – wo erforderlich – die richtige Farbbezeichnung.

Jeder Ausstellungswillige sollte also erst einmal auf der Ahnentafel (Stammbaum wird dieses Dokument auch genannt) seines Hundes prüfen, ob dieses Papier die genannten Angaben enthält; noch einmal sei wegen der prinzipiellen Wichtigkeit an VDH und FCI erinnert! Immer wieder gibt es näm-

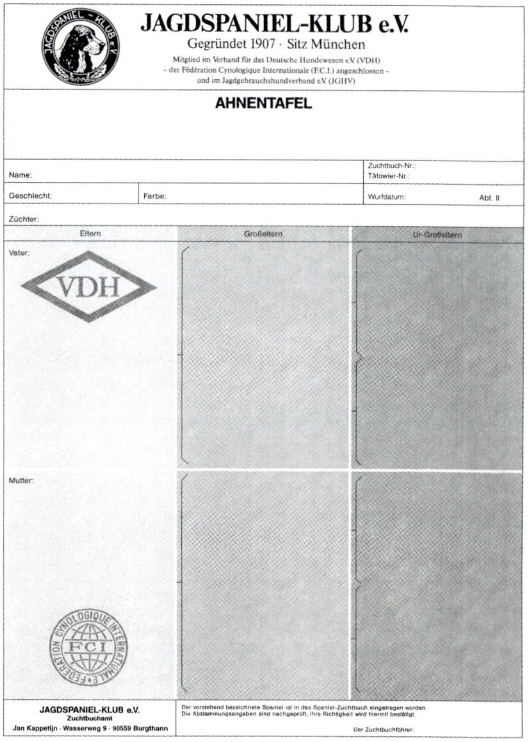

JAGDSPANIEL-KLUB e.V.
Gegründet 1907 · Sitz München
Mitglied im Verband für das Deutsche Hundewesen e.V. (VDH)
- der Fédération Cynologique Internationale (F.C.I.) angeschlossen -
und im Jagdgebrauchshundverband e.V. (JGHV)

AHNENTAFEL

Name: | Zuchtbuch-Nr.: | Tätowier-Nr.:
Geschlecht: | Farbe: | Wurfdatum: | Abt. II
Züchter:

Eltern	Großeltern	Ur-Großeltern
Vater:		
Mutter:		

JAGDSPANIEL-KLUB e.V.
Zuchtbuchamt
Jan Kappetijn · Wasserweg 9 · 90559 Burgthann

Der vorstehend bezeichnete Spaniel ist in das Spaniel-Zuchtbuch eingetragen worden.
Die Abstammungsangaben sind nachgeprüft, ihre Richtigkeit wird hiermit bestätigt.

Der Zuchtbuchführer:

lich vor Zuchtschauen Enttäuschungen, weil Hunde von der Schauleitung zurückgewiesen werden müssen, die diese erste und wichtigste Voraussetzung nicht erfüllen. Es sind dies Hunde, die in Unkenntnis der Zusammenhänge nicht bei Züchtern der dem VDH angeschlossenen Rassehundevereinen gekauft wurden, sondern in Zoohandlungen, in Kaufhäusern, die also der Dissidenz entstammen und auf irgendwelchen schwer nachvollziehbaren Wegen in des Wortes wahrstem Sinne auf den Markt gekommen sind.

Die Besitzer solcher Hunde, die ihre vierbeinigen Freunde oft besonders schön finden und sie ganz zu Recht auch besonders lieben, sind dann gelegentlich sehr verbittert über die strengen Bestimmungen der dem VDH angeschlossenen Klubs. Nur können die Vereine gerade an diesem Punkt keinerlei Konzessionen machen, wenn sie ihre eigenen, sehr streng gefassten Zuchtziele und Zuchtvorstellungen nicht verwässern wollen. Mit Arroganz oder Dünkel der Rassehunde-Klubs hat es jedenfalls überhaupt nichts zu tun, wenn sie ihre Zuchtschauen grundsätzlich nur solchen Hunden zugänglich machen, die mit den entsprechenden Papieren ausgestattet sind. Die bereits zitierten Vorgaben des Kartellamts schaffen allerdings die Möglichkeit, dass Hunde ohne offizielle Ahnentafeln über die Registrierung in einem Rassehundezuchtverein zugelassen werden.

PRAKTISCHE VORBEREITUNGEN

Für die Meldung zur Ausstellung benötigt man bestimmte Formulare. An diese Formulare heranzukommen ist allerdings für Vereinsmitglieder erheblich einfacher als für Außenstehende. In den gedruckten Mitteilungen der verschiedenen Vereine oder im VDH-Fachorgan »Unser Rassehund« – das im Übrigen nicht im freien Zeitschriftenhandel am Kiosk zu erhalten ist – werden regelmäßig Schautermine veröffentlicht, meist für das ganze Jahr im Voraus, dazu die Adressen der jeweiligen Schau-

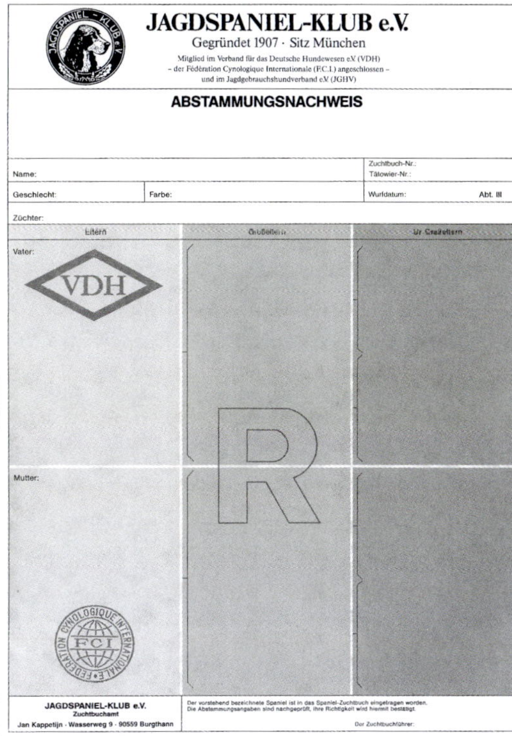

JAGDSPANIEL-KLUB e.V.
Gegründet 1907 · Sitz München
Mitglied im Verband für das Deutsche Hundewesen e.V. (VDH)
– der Fédération Cynologique Internationale (F.C.I.) angeschlossen –
und im Jagdgebrauchshundverband e.V. (JGHV)

ABSTAMMUNGSNACHWEIS

Name:
Zuchtbuch-Nr.:
Tätowier-Nr.:
Geschlecht:
Farbe:
Wurfdatum:
Abt. III
Züchter:
Eltern
Vater:
VDH
Mutter:
FCI

JAGDSPANIEL-KLUB e.V.
Zuchtbuchamt
Jan Kappetijn · Wasserweg 9 · 90559 Burgthann

Der vorstehend bezeichnete Spaniel ist in das Spaniel-Zuchtbuch eingetragen worden.
Die Abstammungsangaben sind nachgeprüft, ihre Richtigkeit wird hiermit bestätigt.
Der Zuchtbuchführer:

JAGDSPANIEL-KLUB e.V.
Gegründet 1907 · Sitz München
Mitglied im Verband für das Deutsche Hundewesen e.V. (VDH)
– der Fédération Cynologique Internationale (F.C.I.) angeschlossen –
und im Jagdgebrauchshundverband e.V. (JGHV)

EINTRAGUNGSAUSWEIS

Geschlecht .... Farbe und Abzeichen ....

Eigentümer ....

Der vorgenannte Spaniel wurde in das Register (Livre d'Attend) des Jagdspaniel-Klub e. V. unter der Nummer (= Tätowiernummer):

.... L

eingetragen.

Die bis dahin zum Hund gehörige Urkunde über seine Abstammung wurde mit Einverständnis des Besitzers vom Zuchtbuchamt einbehalten.

HINWEIS: Das Register (Livre d'Attend) ist dem Zuchtbuch des Jagdspaniel-Klub e.V. angegliedert. In ihm werden Hunde eingetragen, deren Abstammung in drei anerkannten Zuchtbuch-Generationen nicht lückenlos nachweisbar ist oder solche mit nicht vom VDH oder F.C.I. anerkannten Ahnentafeln, deren Erscheinungsbild und Wesen aber den festgesetzten Merkmalen der Rasse entsprechen.

Die Nachkommen von im Register eingetragenen Hündinnen oder Rüden werden in diesem drei Generationen lang geführt. Die vierte Generation wird in eine der Abteilungen des Spaniel-Zuchtbuches eingetragen.

JAGDSPANIEL-KLUB e.V.
Zuchtbuchamt
Jan Kappetijn
Wasserweg 9 · 90559 Burgthann

Burgthann, den ....

Der Zuchtbuchführer ....

VDH

Verband für das Deutsche Hundewesen (VDH) e.V.

FEDERATION CYNOLOGIQUE INTERNATIONALE · FCI

Fédération Cynologique Internationale (F.C.I.)

CERTIFICATE – CERTIFICAT – BESTÄTIGUNG – CERTIFICADO

Name of the dog
Nom du chien
Name des Hundes
Nombre del perro

Breed
Race
Rasse
Raza

Sex Sexe Geschlecht Sexo	Date of birth Date de naissance Wurfdatum Fecha de nacimiento
Pedigree number Numéro du livre des origines Zuchtbuchnummer Número de registro	Tattoo number Numéro du tatouage Tätowierungsnummer Número del tatuaje

Owner
Propriétaire
Eigentümer
Propietario

Residence
Domicile
Ständiger Wohnort
Domicilio

This dog has successfully finished the required working trials* and is entitled to be registered in the working class at all FCI exhibitions (according to the decision taken by the General Assembly of the FCI in Madrid 1983).	Le Chien sus-cité a passé avec succès toutes les épreuves exigées* l'autorisant à s'inscrire dans la classe de travail de toutes les expositions FCI (selon délibération de l'Assemblée générale de la FCI à Madrid 1983).	Der genannte Hund hat die erforderlichen Arbeitsprüfungen* bestanden und ist damit berechtigt, bei allen FCI-Ausstellungen in die Arbeitsklasse gemeldet zu werden (gemäß Beschluß der FCI-Generalversammlung in Madrid 1983).	Este perro ha efectuado con éxito todas las pruebas exigidas* para inscribirse en la clase de trabajo de todas las exposiciones de la FCI (según resolución de la Asamblea general de la FCI en Madrid 1983).

*

Date – Datum – Fecha

Verband für das Deutsche Hundewesen e.V.

Postfach 10 41 54; D-44041 Dortmund
Tel.: (00 49/2 31) 5 65 00-0
FAX: (00 49/2 31) 59 24 40

Hauptgeschäftsführer

Für die Gebrauchshundklasse obligatorisch

leiter, also derjenigen Leute, die als »Kontaktpersonen« für eine Ausstellung von den Klubs benannt wurden. Von ihnen sind Einladungen und Meldeformulare zu bekommen; werden sie schriftlich angefordert, kommen sie meist postwendend ins Haus. Die Einladungen geben über alles Wichtige erschöpfend Auskunft. Veranstalter, Zuchtschauleitung, Ort, Termin, Tagesablauf, Zuchtrichter-Besetzung, Klasseneinteilung, Titel und zur Vergabe kommende Titel-Anwartschaften werden darin genannt.

Ausstellungsneulinge, die keinem Verein angehören und die also nicht ohne weiteres in den Besitz von Terminen, Anschriften oder Meldeformularen kommen, haben meist keine andere Möglichkeit, als sich über Freunde oder Bekannte sachkundig zu machen. Ganz sicher hilft aber in diesem Fall der Züchter weiter, von dem der Hund erstanden wurde. Wenn es ein einigermaßen viel versprechendes Exemplar ist, wird der Züchter oft auch von sich aus an den Besitzer herantreten und ihn zu bewegen versuchen, sein »Zuchtprodukt« auf einer Ausstellung – natürlich und verständlicherweise auch ein wenig als Zwinger-Reklame! – vorzustellen. Der Züchter, zu dem der Besitzer eines Hundes ja oft über längere Zeit Kontakt hält, ist also in jedem Fall die richtige Adresse, wenn es für Neulinge um Ausstellungsfragen geht. Im Übrigen bekommt er dort auch die notwendigen Tipps im Zusammenhang mit der richtigen Vorbereitung des Hundes auf die Ausstellung – also für das Trimming oder das Vorführen im Ring.

Die Übersicht über die verschiedenen Zuchtschauen gibt dem Aussteller am Anfang des Jahres die reizvolle Möglichkeit, sich anhand der Orte (aber gelegentlich auch anhand der jeweils berufenen Richter!) sein spezielles Jahres-Ausstellungs-Programm zusammenzustellen. Das Angebot ist meistens sehr umfangreich. Die Ausstellungssaison beginnt oft schon im Februar und reicht bis Mitte November/Anfang Dezember. Grundsätzlich sollte man sich für die gewählten Ausstellungen rechtzeitig entscheiden, weil es einen Meldeschluss gibt, nach dem noch eingehende Meldungen aus organisatorischen Gründen nicht mehr angenommen werden können. Vor allem bei den Internationalen Ausstellungen sind die Meldeschlusstermine genau einzuhalten, weil allein die Größe der Veranstaltung, die umfangreichen Arbeiten bei der Erstellung des Katalogs und andere Vorbereitungen so viel Zeit beanspruchen, dass tagelanges »Nachkleckern« von Meldungen nicht akzeptiert werden kann.

Zurück zur eigentlichen Meldung. Jeder Klub hat für seine Zuchtschauen eigene Meldeformulare. Für Nationale und Internationale Ausstellungen werden vom VDH oder seinen Landesverbänden die entsprechenden Vordrucke versandt. Immer müssen auf den Meldeformularen der im Zuchtbuch eingetragene Name des Hundes, die seiner Eltern und die Zuchtbuchnummern angegeben werden, ferner das Wurfdatum, Namen des Züchters sowie Namen und Anschrift des Besitzers.

DIE KLASSEN

Bei den meisten Zuchtschauen wird in verschiedenen Klassen gerichtet – auch das kann für den Anfänger ein Buch mit sieben Siegeln sein.

Jüngstenklasse

Sie wird auf Allgemeinen, oder Internationalen Zuchtschauen, inzwischen aber auch auf Spezialzuchtschauen ausgeschrieben. Die hier gemeldeten Hunde müssen mindestens sechs und dürfen nicht älter als neun Monate sein. Die in der Jüngstenklasse gezeigten Hunde sind vom Alter und von der Entwicklung her noch weithin unfertig. Zu Recht werden in der Jüngstenklasse auch keine Formwerte vergeben, sondern allein die Hinweise »wenig versprechend«, »versprechend« und »viel versprechend«. Man kann geteilter Meinung sein, ob es sinnvoll ist, so junge Hunde schon zur Ausstellung zu bringen; dafür spricht aber, dass bei offensichtlich gut veranlagten Hunden damit eine Möglichkeit gegeben ist, sie sich frühzeitig an all den damit verbundenen Trubel gewöhnen zu lassen. Ein verlässliches Urteil des Richters über die endgültige Qualität des Hundes kann nicht erwartet werden, sehr wohl sind aber bei einem acht Monate alten Hund Vorzüge oder Mängel bereits deutlich zu erkennen. Die Aussteller haben die Jüngstenklasse allerdings sehr gut angenommen. Der Wettbewerb »Best Puppy«, also schönster Hund der Jüngstenklasse, zählt zwischenzeitlich zu den wirklichen Attraktionen auf Ausstellungen.

Jugendklasse

Sie reicht bei den meisten Rassen und in aller Regel von neun bis 18 Monate. Bei einigen wenigen Rassen gibt es auf den klubinternen Zuchtschauen gewisse Abweichungen, die aber an dieser Stelle und im Blick auf das Reglement der Internationalen Zuchtschauen vernachlässigt werden können. Insgesamt und für die große Mehrzahl der Rassen ist die Jugendklassenspanne recht weit: Sie reicht vom gerade oder nicht einmal ganz fertigen 9-monatigen bis zum voll entwickelten 18-monatigen. Kein Wunder, wenn eine solche Jugendklasse im Ausstellungsring oft sehr wenig ausgeglichen wirkt. Dass es diese Klasse gibt, ist gut und hat seine volle Berechtigung. Sie ist Vorstufe und Vorbereitung zugleich für die nächst höhere, die Zwischenklasse. In der Jugendklasse wird der Richter noch einiges nachsehen, nicht zuletzt die nicht immer ganz hundertprozentige Vorführung im Ring, das noch »erlaubte« Verspieltsein – eben die Jugend eines Hundes, die – wie beim Menschen – gelegentlich einiges entschuldigen lässt. Manche Klubs vergeben in der Jugendklasse den Formwert »Sehr gut« als höchstes Prädikat. Damit trägt man der Erkenntnis Rechnung, dass viele Hunde länger

Saluki rassetypisch gestellt

Zeit brauchen, sich endgültig auszuformen und zu festigen, aber auch, dass ein Hund sich in Statur und Größe oft bis zu zwei Jahren noch verändern kann. Viele Vereine, und seit 2004 auch der VDH, vergeben in der Jugendklasse an die Erstplatzierten Anwartschaften auf den »Jugend-Champion«, einen begehrten Titel, der allerdings nicht für den Start in der Champion-Klasse qualifiziert.

Zwischenklasse
Seit dem 1. Juli 2004 gibt es auch im Bereich des VDH die Zwischenklasse, in Österreich und in anderen Ländern hat man das schon länger. Sie ist für Hunde zwischen 15 und 24 Monaten vorgesehen, gehört zu den Wettbewerbsklassen, in denen die Anwartschaften auf den Deutschen Champion (VDH) und (Klub) sowie die Anwartschaft auf das Internationale Schönheitschampionat vergeben werden. Diese Zwischenklasse macht in zweifacher Hinsicht Sinn. Einmal können darin Hunde gemeldet werden, die noch nicht ganz mit denen der Offenen Klasse konkurrieren können, also noch nicht ganz fertig sind, aber andererseits auch schon etwas »viel« für einen Jugendklasse-Hund wären. Zum anderen ist es für Züchter eine gute Gelegenheit, die Meldungen gleichaltriger Hunde zu entzerren, so dass sie sich also nicht in der Offenen Klasse gegenseitig Konkurrenz machen.

Offene Klasse
Sie beginnt mit 15 Monaten und ist nach oben »offen«. Auch in dieser Klasse kann also die altersmäßige Spanne sehr weit sein. Dies gilt umso mehr, als die Offene Klasse allen Hunden zugänglich ist, die keinerlei weitere Qualifikation für eine andere Klasse erreicht haben. In den meisten Fällen ist die Konkurrenz in der Offenen Klasse quantitativ und qualitativ überaus schwer. Hier versammelt sich ja auch alles, was etwa schon auf dem Sprung zu höheren Ausstellungsehren ist, also zum Beispiel die »Champion-Anwärter«, die bereits große Auszeichnungen bekommen haben, ohne die endgültige Qualifikation für den Start in der Championklasse zu besitzen. Hier sind die gerade der Jugendklasse Entwachsenen zu finden; es kommen in die Offene Klasse die vielen, oft sehr schönen Hunde, die in Privathand sind und eine Konkurrenz oft völlig unvorhersehbar werden lassen. Oft ist es schon passiert, dass Ausstellungsprofis nach dem Studium des Katalogs meinten, den Sieger bereits fest vorhersagen zu können, und sich dann sehr wunderten, wenn ein »Namenloser« mit einem Mal Furore machte. Wer die Offene Klasse gewinnt, ist in aller Regel ein besonders schöner Hund; wer sich hier durchsetzt, muss schon etwas bieten.

Gebrauchshundklasse
Sie wurde früher auch Arbeitsklasse genannt, entsprechend dem Französischen, wo sie als »Classe de Travail« bezeichnet wird. Diese Klasse ist bei Nationalen und Internationalen Rassehundeausstellungen sowie bei VDH-geschützten Spezialzuchtschauen für Hunde ab 15 Monate offen. Dies ist eine ganz besonders wichtige Klasse, und die hier gemeldeten Hunde verdienen auf den Ausstellungen große Aufmerksamkeit. Vor allem bei den Jagdhunden verkörpern diese Hunde das hohe Ziel, Schönheit und Leistung in der Zucht so zu vereinen, dass auch in einem schweren Ausstellungs-Wettbewerb konkurrenzfähige Jagdgebrauchshunde in den Ring kommen und bestehen können. Freilich beschränkt sich diese Klasse nicht auf Jagdhunde mit erfolgreich absolvierten Prüfungen. Hier sind auch Gebrauchshunde wie Deutsche Schäferhunde, Rottweiler, Dobermänner oder Boxer mit entsprechenden Ausbildungskennzeichen nach bestandener Leistungsprüfung zu sehen. Über die jeweiligen Vorgaben und Bedingungen informieren die Klubs aufgrund ihrer Prüfungsordnungen. Für den Start in der Gebrauchshundklasse ist jetzt ein offizielles, vom VDH beglaubigtes Zertifikat obligatorisch, mit dem die qualifizierende, bestandene

Prüfung bestätigt wird. Das wird vergleichbar auch von Hunden aus dem Ausland gefordert, und zwar entsprechend den dort geltenden Prüfungsvorgaben. Fehlt ein solches Zertifikat, muss der Hund in die Offene Klasse versetzt werden.

Championklasse

Sie ist den Champions und den Gewinnern bestimmter Titel vorbehalten. Der VDH hat für die Meldung in die Championklasse folgende Einschränkungen gesetzt: Der Hund muss bis zum Tag des offiziellen Meldeschlusses mindestens einen der folgenden Titel bestätigt nachweisen: Internationaler Schönheitschampion der FCI, Nationaler Champion der von der FCI anerkannten Landesverbände, Deutscher Champion (Klub + VDH). Reine Tagessieger wie FCI-Weltsieger oder FCI-Europasieger qualifizieren, so ein Beschluss der FCI, nicht mehr für den Start in der Championklasse. Der VDH-Bundessieger und der VDH-Europasieger hingegen qualifizieren, allerdings nur in Verbindung mit dem Nachweis einer gewonnenen Anwartschaft für einen Championtitel auf einer anderen Zuchtschau. Fehlt bei der Meldung die Bestätigung, wird der Hund in die Offene Klasse versetzt. Das bedeutet, dass die Gewinner irgendwelcher Jubiläumsschauen nicht für den Start in der Championklasse qualifiziert sind. Die Aussteller sollten daher genau auf die Vorgaben in den Ausschreibungen achten. Die hier gemeldeten Hunde bilden gewissermaßen die »Creme«; natürlicherweise ist die Championklasse nie auch nur annähernd so stark besetzt wie etwa die Offene Klasse. Für die Meldung in der Championklasse ist selbstverständlich – wie in der Gebrauchshundklasse – der entsprechende Nachweis entweder bereits bei der Meldung oder aber auf Verlangen beim Schauleiter vorzulegen. Dies ist keine unbillige Forderung, denn niemand kann alle gemeldeten Hunde so gut im Kopf haben, dass er auf Anhieb wüsste, dieser oder jener hat die geforderten Bedingungen erfüllt oder nicht. Für den Zuschauer ist es besonders eindrucksvoll, wenn er in der Championklasse vier, fünf oder mehr Hunde erlebt; immerhin sieht er die Spitzentiere der gegenwärtigen Zucht, diejenigen also, die nach dem Urteil der Richter dem Zuchtziel der jeweiligen Rasse am nächsten kommen.

In der Offenen Klasse, der Zwischenklasse, der Gebrauchshundklasse und in der Championklasse können Anwartschaften auf den Titel »Deutscher Champion (VDH)« an die Erstplatzierten und so genannte Reserve-Anwartschaften an die Zweitplatzierten vergeben werden.

Veteranenklasse

Sie wird nicht nur bei den Klubs auf deren Spezialzuchtschauen gepflegt. Sie ist inzwischen auch zu einem festen Bestandteil bei Internationalen Zuchtschauen geworden, da dem VDH in besonderer Weise an der Präsentation alter, gesunder und in guter Kondition gezeigter Hunde liegt. Die Altersgrenze, die zum Start in dieser Klasse berechtigt, liegt bei acht Jahren. Diese Veteranenklasse ist eine gute Einrichtung, denn sie würdigt jene Hunde, die sich auch im fortgeschrittenen Alter noch ausstellungsreif präsentieren, ohne mit den im besten Hundealter stehenden jüngeren Artgenossen um den Sieg streiten zu müssen. Neben dem Standard wird der Richter in dieser Klasse besonders auf die Gesamtkonstitution und den Pflegezustand der Hunde achten. Formwertnoten werden in der Veteranenklasse nicht vergeben, die Hunde werden platziert von 1 bis 4.

Neuerdings wird auf den Internationalen und Nationalen Rassehundzuchtschauen zusätzlich der Veteranenwettbewerb im Ehrenring ausgeschrieben. Hier treffen die besten 8-jährigen aller Rassen zur Ermittlung der drei Sieger aufeinander. Einige Klubs haben inzwischen Reglements für einen »Veteranen-Champion« erarbeitet haben. Der beste Veteran jeder Rasse konkurriert um den BOB, also den Besten Hund der Rasse.

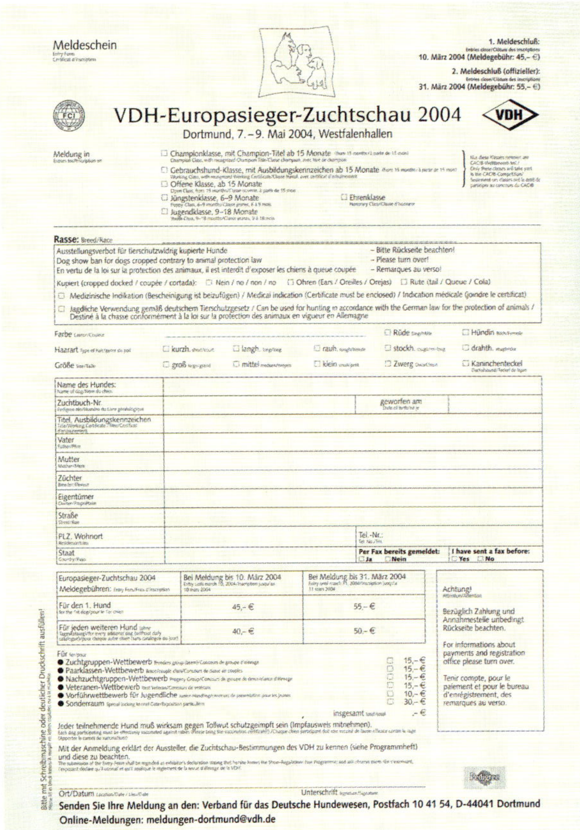

Meldeschein

1. Meldeschluß:
10. März 2004 (Meldegebühr: 45,– €)
2. Meldeschluß (offizieller):
31. März 2004 (Meldegebühr: 55,– €)

VDH-Europasieger-Zuchtschau 2004
Dortmund, 7.–9. Mai 2004, Westfalenhallen

Meldung in
☐ Championklasse, mit Champion-Titel ab 15 Monate
☐ Gebrauchshund-Klasse, mit Ausbildungskennzeichen ab 15 Monate
☐ Offene Klasse, ab 15 Monate
☐ Jüngstenklasse, 6–9 Monate
☐ Jugendklasse, 9–18 Monate
☐ Ehrenklasse

Rasse: Breed/Race

Ausstellungsverbot für tierschutzwidrig kupierte Hunde – Bitte Rückseite beachten!
Dog show ban for dogs cropped contrary to animal protection law – Please turn over!
En vertu de la loi sur la protection des animaux, il est interdit d'exposer les chiens à queue coupée – Remarques au verso!
Kupiert (cropped docked / coupée / cortada): ☐ Nein / no / non / no ☐ Ohren (Ears / Oreilles / Orejas) ☐ Rute (tail / Queue / Cola)
☐ Medizinische Indikation (Bescheinigung ist beizufügen) / Medical indication (Certificate must be enclosed) / Indication médicale (joindre le certificat)
☐ Jagdliche Verwendung gemäß deutschem Tierschutzgesetz / Can be used for hunting in accordance with the German law for the protection of animals / Destiné à la chasse conformément à la loi sur la protection des animaux en vigueur en Allemagne

Farbe ☐ Rüde ☐ Hündin
Haarart ☐ kurzh. ☐ langh. ☐ rauh. ☐ stockh. ☐ drahth.
Größe ☐ groß ☐ mittel ☐ klein ☐ Zwerg ☐ Kaninchenteckel

Name des Hundes:			
Zuchtbuch-Nr.		geworfen am	
Titel, Ausbildungskennzeichen			
Vater			
Mutter			
Züchter			
Eigentümer			
Straße			
PLZ, Wohnort		Tel.-Nr.:	
Staat		Per Fax bereits gemeldet: ☐ Ja ☐ Nein	I have sent a fax before: ☐ Yes ☐ No

Europasieger-Zuchtschau 2004 Meldegebühren:	Bei Meldung bis 10. März 2004	Bei Meldung bis 31. März 2004
Für den 1. Hund	45,– €	55,– €
Für jeden weiteren Hund	40,– €	50,– €

Achtung!
Bezüglich Zahlung und Annahmestelle unbedingt Rückseite beachten.
For informations about payments and registration office please turn over.
Tenir compte, pour le paiement et pour le bureau d'enrégistrement, des remarques au verso.

Für
● Zuchtgruppen-Wettbewerb ☐ 15,– €
● Paarklassen-Wettbewerb ☐ 15,– €
● Nachzuchtgruppen-Wettbewerb ☐ 15,– €
● Veteranen-Wettbewerb ☐ 15,– €
● Vorführwettbewerb für Jugendliche ☐ 10,– €
● Sonderraum ☐ 30,– €
insgesamt ,– €

Jeder teilnehmende Hund muß wirksam gegen Tollwut schutzgeimpft sein (Impfausweis mitnehmen).

Mit der Anmeldung erklärt der Aussteller, die Zuchtschau-Bestimmungen des VDH zu kennen (siehe Programmheft) und diese zu beachten.

Ort/Datum Unterschrift

Bitte mit Schreibmaschine oder deutlicher Druckschrift ausfüllen!

Senden Sie Ihre Meldung an den: Verband für das Deutsche Hundewesen, Postfach 10 41 54, D-44041 Dortmund
Online-Meldungen: meldungen-dortmund@vdh.de

Meldeschein

Ehrenklasse

Diese Klasse gibt es inzwischen auf allen Zuchtschauen, sie ist ganz bestimmten herausgehobenen Siegern und Champions vorbehalten. Hier können nämlich ausschließlich Hunde ausgestellt werden, die von der FCI den Titel »Internationaler Schönheitschampion« bestätigt bekommen haben. Die Hunde erhalten keine Formwertnote, sie werden lediglich platziert. Der mit der Platznote 1 ausgezeichnete Hund nimmt teil am Wettbewerb um den schönsten Hund der Rasse.

Schließlich ist es vereinzelt noch möglich, »Außer Konkurrenz« zu melden. Ein solcher Hund erhält lediglich einen Formwert, ist aber keiner Klasse zugeteilt, in der es um Platzierungen oder Anwartschaften geht.

MELDESCHEIN UND MELDEGELD

Hat sich der Aussteller nun darüber Klarheit verschafft, in welcher Klasse er seinen Hund melden kann, so trägt er dies in das Meldeformular ein. Den vollständig ausgefüllten und mit seiner Unterschrift versehenen Meldeschein schickt er an den Schauleiter. (Bei Internationalen Ausstellungen gibt es ferner einen Sonderleiter. Das erklärt sich daher, dass die einzelnen Klubs und Vereine einer Internationalen Zuchtschau so genannte Sonderschauen anschließen. Dies wiederum hat zur Folge, dass die Vereine das Recht erhalten, Richter ihrer eigenen Wahl zu bestellen; diese Aufgabe fällt ansonsten in den Verantwortungsbereich der VDH-Schauleitung.)

Gleichzeitig wird das Meldegeld fällig, dessen Höhe in der Ausschreibung und auf dem Meldeformular erkennbar ist. Das Meldegeld wird auf ein angegebenes Konto überwiesen; es ist unter allen Umständen zu entrichten, auch wenn sich später herausstellen sollte, dass der Hund an der Ausstellung nicht teilnehmen kann – beispielsweise, weil eine Hündin läufig wurde. Nenngeld ist Reuegeld – so lautet ein alter Spruch, der im Ausstellungswesen vorbehaltlos gültig ist. Es ist auch eine immer wieder zu beobachtende Unsitte, dass Meldegeld nicht vorher, sondern am Schautag selbst entrichtet wird. Damit wird dem Veranstalter oft eine unzumutbare Mehrarbeit aufgebürdet. Wichtig ist: Wer nicht bezahlt hat, dessen Hund darf nicht gerichtet werden.

VETERINÄRBESTIMMUNGEN

Zu den formalen Vorbereitungen für die Ausstellung gehört schließlich auch, dass sich der Aussteller über die veterinärpolizeilichen Vorschriften sachkundig macht. Bei den meisten Ausstellungen genügt die Vorlage eines gültigen Tollwutschutz-Impfzeugnisses: das besagt, dass die Impfung nicht jünger als vier Wochen und nicht älter als ein Jahr

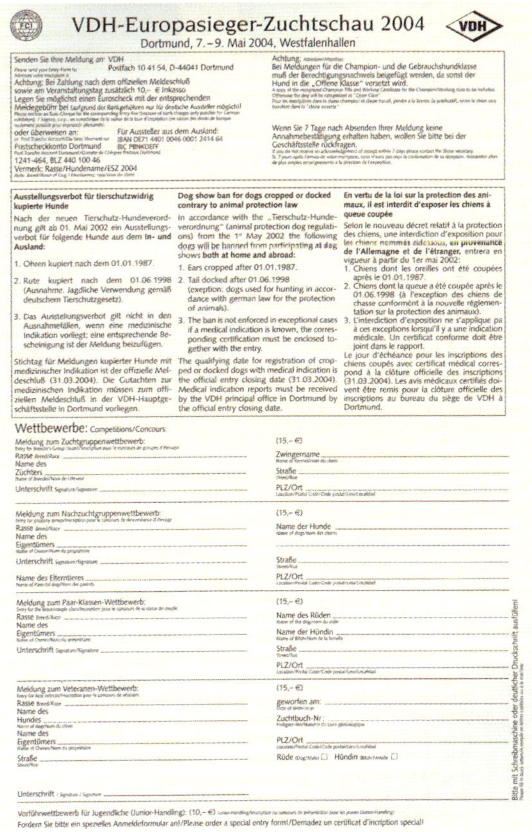

VDH-Europasieger-Zuchtschau 2004

Dortmund, 7.–9. Mai 2004, Westfalenhallen

Senden Sie Ihre Meldung an: VDH
Postfach 10 41 54, D-44041 Dortmund

Achtung: Bei Zahlung nach dem offiziellen Meldeschluß sowie am Veranstaltungstag zusätzlich 10,– € Inkasso

Legen Sie möglichst einen Euroscheck mit der entsprechenden Meldegebühr bei (aufgrund der Bankgebühren nur für deutsche Aussteller möglich)!

oder überweisen an:
Postscheckkonto Dortmund
1241-464, BLZ 440 100 46

Für Aussteller aus dem Ausland:
IBAN DE71 4401 0046 0001 2414 64
BIC PBNKDEFF

Vermerk: Rasse/Hundename/ESZ 2004

Achtung: Bei Meldungen für die Champion- und die Gebrauchshundklasse muß der Berechtigungsnachweis beigefügt werden, da sonst der Hund in die „Offene Klasse" versetzt wird.

Wenn Sie 7 Tage nach Absenden Ihrer Meldung keine Annahmebestätigung erhalten haben, wollen Sie bitte bei der Geschäftsstelle rückfragen.

Ausstellungsverbot für tierschutzwidrig kupierte Hunde

Nach der neuen Tierschutz-Hundeverordnung gilt ab 01. Mai 2002 ein Ausstellungsverbot für folgende Hunde aus dem **In- und Ausland:**

1. Ohren kupiert nach dem 01.01.1987.
2. Rute kupiert nach dem 01.06.1998 (Ausnahme: Jagdliche Verwendung gemäß deutschem Tierschutzgesetz).
3. Das Ausstellungsverbot gilt nicht in den Ausnahmefällen, wenn eine medizinische Indikation vorliegt; eine entsprechende Bescheinigung ist der Meldung beizufügen.

Stichtag für Meldungen kupierter Hunde mit medizinischer Indikation ist der offizielle Meldeschluß (31.03.2004). Die Gutachten zur medizinischen Indikation müssen zum offiziellen Meldeschluß in der VDH-Hauptgeschäftsstelle in Dortmund vorliegen.

Dog show ban for dogs cropped or docked contrary to animal protection law

In accordance with the „Tierschutz-Hundeverordnung" (animal protection dog regulations) from the 1st May 2002 the following dogs will be banned from participating at dog shows **both at home and abroad:**

1. Ears cropped after 01.01.1987.
2. Tail docked after 01.06.1998 (exeption: dogs used for hunting in accordance with german law for the protection of animals).
3. The ban is not enforced in exceptional cases if a medical indication is known, the corresponding certification must be enclosed together with the entry.

The qualifying date for registration of cropped or docked dogs with medical indication is the official entry closing date (31.03.2004). Medical indication reports must be received by the VDH principal office in Dortmund by the official entry closing date.

En vertu de la loi sur la protection des animaux, il est interdit d'exposer les chiens à queue coupée

Selon le nouveau décret relatif à la protection des chiens, une interdiction d'exposition pour les chiens nommés cidessous, **en provenance de l'Allemagne et de l'étranger,** entrera en vigueur à partir du 1er mai 2002:

1. Chiens dont les oreilles ont été coupées après le 01.01.1987.
2. Chiens dont la queue a été coupée après le 01.06.1998 (à l'exception des chiens de chasse conformént à la nouvelle réglementation sur la protection des animaux).
3. L'interdiction d'exposition ne s'applique pa à ces exceptions lorsqu'il y a une indication médicale. Un certificat conforme doit être joint dans le rapport.

Le jour d'échéance pour les inscriptions des chiens coupés avec certificat médical correspond à la clôture officielle des inscriptions (31.03.2004). Les avis médicaux certifiés doivent être remis pour la clôture officielle des inscriptions au bureau du siège de VDH à Dortmund.

Wettbewerbe: Competitions/Concours

Meldung zum Zuchtgruppenwettbewerb: (15,– €)
Rasse Breed/Race ______ Zwingername ______
Name des Züchters ______ Straße ______
Unterschrift Signature/Signature ______ PLZ/Ort ______

Meldung zum Nachzuchtgruppenwettbewerb: (15,– €)
Rasse Breed/Race ______ Name der Hunde ______
Name des Eigentümers ______
Unterschrift Signature/Signature ______ Straße ______
Name des Elterntieres ______ PLZ/Ort ______

Meldung zum Paar-Klassen-Wettbewerb: (15,– €)
Rasse Breed/Race ______ Name des Rüden ______
Name des Eigentümers ______ Name der Hündin ______
Unterschrift Signature/Signature ______ Straße ______
PLZ/Ort ______

Meldung zum Veteranen-Wettbewerb: (15,– €)
Rasse Breed/Race ______ geworfen am: ______
Name des Hundes ______ Zuchtbuch-Nr.: ______
Name des Eigentümers ______ PLZ/Ort ______
Straße ______ Rüde (Dog/Male) ☐ Hündin (Bitch/Female) ☐

Unterschrift / Signature / Signature ______

Vorführwettbewerb für Jugendliche (Junior-Handling): (10,– €)

Fordern Sie bitte ein spezielles Anmeldeformular an!/Please order a special entry form!/Demadez un certificat d'incription special!

Bitte mit Schreibmaschine oder deutlicher Druckschrift ausfüllen!

sein darf. Die 4-Wochen-Frist entfällt, wenn bei einem gegen Tollwut geimpften Hund nach 12 Monaten die Gültigkeit der bestehenden Impfung beendet ist und sofort eine Nachimpfung gegen Tollwut erfolgt. Es gibt aber allerdings selten auch Ausstellungen, bei denen die Behörden ein Ursprungszeugnis verlangen, also einen Nachweis, dass in der Gemeinde, aus welcher der Hund kommt, in einer bestimmten Zeit keine Tollwut mehr registriert wurde. Auf jeden Fall ist es ratsam, den in der Ausschreibung enthaltenen Passus über die Amtsveterinär-Anordnung sorgfältig zu lesen und, vor allem, zu beachten. Die kontrollierenden Veterinäre sind unzugänglich, wenn die geforderten Papiere nicht vorgelegt werden können, und es gab schon häufig genug Aussteller, die wieder nach Hause reisen mussten, weil sie diesen Teil der Formalien nicht ganz ernst genommen hatten. Besondere Vorsicht ist auch bei Ausstellungen im Ausland am Platze, weil dort oft auch noch Sprachschwierigkeiten die Verständigung erschweren können. Dort ist es ganz besonders ratsam, die Auflagen der Veterinärbehörden zu erfüllen.

Bei Internationalen Ausstellungen bekommt der Aussteller alsbald nach seiner Meldung eine Bestätigung, dass sein Hund angenommen worden ist und zur Ausstellung erscheinen kann. Bei den Spezialzuchtschauen der Klubs wird das seltener getan; dort bekäme allenfalls derjenige Nachricht, dessen Hund nicht zugelassen worden ist – was im Übrigen höchst selten vorkommt und nur dann, wenn gegen den Aussteller ein klubinternes Ausstellungsverbot verhängt worden ist oder wenn sich die Angaben über die Abstammung oder über Siegertitel wie Leistungszeichen als unrichtig herausgestellt haben sollten.

Impfpass, eventuell das Gesundheitszeugnis, die Ahnentafel und schließlich gegebenenfalls die Annahmekarte sind diejenigen Dinge, die der Aussteller sorgfältig aufbewahren und am Ausstellungstag zur Hand haben sollte.

Seit dem Mai 2002 besteht in Deutschland ein Ausstellungsverbot tierschutzwidrig kupierter Hunde. Den Ausschreibungen und Meldeformularen ist seither folgender Text beigefügt:

Ausstellungsverbot für tierschutzwidrig kupierte Hunde:

Nach der neuen Tierschutz-Hundeverordnung gilt ab 01. Mai 2002 ein Ausstellungsverbot für folgende Hunde aus dem **In- und Ausland:**

1. Ohren kupiert nach dem 01.01.1987.
2. Rute kupiert nach dem 01.06.1998 (Ausnahme: Jagdliche Verwendung gemäß deutschem Tierschutzgesetz).
3. Das Ausstellungsverbot gilt nicht in den Ausnahmefällen, wenn eine medizinische Indikation vorliegt, eine entsprechende Bescheinigung ist der Meldung beizufügen.

Kapitel 5

Der Hund vor der Ausstellung

Es wäre ein Irrtum zu glauben, dass es allein der formalen Vorbereitungen auf eine Ausstellung bedarf. Gerade auch der Mittelpunkt des Geschehens, nämlich der Hund, braucht seine ganz speziellen Vorbereitungen.

Das fängt damit an, dass der Hund unbedingt an Menschen, an andere Hunde und auch an einen gewissen Trubel gewöhnt werden muss. Was nämlich bei einer Ausstellung an neuen Eindrücken auf ihn zukommt, ist für die Hundepsyche gewiss nicht wenig. Das gilt in besonderer Weise für die meist sehr lauten Ausstellungen in oft gedrängt vollen Hallen; wann immer es möglich ist, sollte man daher den Einstieg in die Ausstellungswelt auf einer Spezialzuchtschau suchen, die im Freien stattfindet und die dem Hund die Gewöhnung an die neue Umgebung ein wenig leichter werden lässt. Man sollte also seinen Hund aus der Idylle des Zwingers oder der Wohnung rechtzeitig herausholen, um ihn eine auch hektische Umwelt kennen lernen zu lassen; das Zusammentreffen mit Hunden auch anderer Rassen, das Spazierengehen in belebten Straßen, der Besuch einer lauten Gaststätte – dies alles sind relativ leicht zu verwirklichende Gelegenheiten dazu.

Der vorbereitete Hund lässt sich anfassen

Kommt man mit einem gänzlich unvorbereiteten Hund zu einer großen Ausstellung, kann es durchaus passieren, dass dieser ansonsten völlig freie und fröhliche Hund mit einem Mal alle Unbefangenheit verliert, ängstlich oder manchmal sogar aggressiv wird und sich nicht im Entferntesten so präsentiert, wie sein Besitzer ihn bislang gekannt hat. Die Enttäuschung, die dann über den Formwert entstehen kann, nimmt manchem Anfänger die Lust am weiteren Ausstellen – obwohl er doch an einem solchen Fiasko selbst schuld ist. Nur ganz wesensfeste und vielleicht auch unsensible Hunde verkraften die Hektik einer großen Ausstellung beim ersten Mal ganz ohne Spuren.

PFLEGE DES HUNDES

Zur Vorbereitung des Hundes auf die Ausstellung gehört aber auch, dass – bei den Rassen, wo dies notwendig ist – das Haarkleid in »Schaukondition« gebracht wird. Dies sollten Anfänger nach Möglichkeit nicht allein tun. Sie sollten sich vielmehr unter allen Umständen in die Obhut eines erfahrenen Ausstellers, eines Züchters oder einer Kontaktperson des jeweiligen Klubs begeben, die ihnen genau sagen können, wo getrimmt werden soll oder muss, wo es nicht geschehen darf, mit welchen Hilfsmitteln man das tut oder zu welchem Zeitpunkt vor der Ausstellung.

Diejenigen Rassen, bei denen die Bewertung des Haarkleides eine Rolle spielt, zum Beispiel Bobtails, Spaniels, Afghanen, Pudel, um nur einige wenige zu nennen, haben meist genaue, vom Standard der Rasse vorgegebene Bestimmungen, wie das Haar auszusehen habe. Falsche Behandlung kann da schwere, lange nicht wiedergutzumachende Schäden verursachen, die bei der Bewertung des Hundes absolut negativ zu Buche schlagen müssen.

Die »Do-it-yourself-Methode« ist hier also so lange unangebracht, wie man nicht selbst die Sicherheit erworben hat, seinen Hund sachgerecht fertig zu machen. Und wie gesagt: Dies sollte nicht zu kurz vor der Ausstellung geschehen, weil sonst dem Richter sehr schnell deutlich wird, dass an dem Haarkleid gearbeitet wurde, und eventuell auch an Stellen, wo es die Vorschriften eigentlich nicht zulassen. Dieser Hinweis soll nicht als Anleitung zum Betrug missverstanden werden. Aber es gibt gerade bei den pflegeintensiven Rassen kaum einen Hund, der gewissermaßen völlig naturbelassen in den Ring zur Beurteilung gehen könnte. Weil das aber so ist, muss man das eine oder andere an seinem Hund tun – und dies wiederum sollte so rechtzeitig geschehen, dass es dem Richter nicht auf den ersten Blick auffällt. Der Richter kann schon erkennen, ob beispielsweise unerlaubt die Decke bearbeitet wurde, er weiß die Textur des Haares richtig einzuschätzen, und er weiß auch, wo bei allen Hunden Schönheitskorrekturen notwendig und daher zu akzeptieren sind.

Was für Richter und Zuschauer gleichermaßen unschön ist, sind ungepflegte Hunde im Ring. Das betrifft in ganz besonderer Weise die langhaarigen Rassen, aber auch all die anderen, deren Haarkleid einer regelmäßigen Pflege bedarf. Man muss von einem Aussteller verlangen können, dass er seinen Hund im optimalen äußerlichen Zustand vorstellt. Am Aussteller liegt es nämlich, ob er das regelmäßige Kämmen oder Bürsten gemacht oder ob er es versäumt hat. Vieles, wenn auch zugegebenermaßen nicht alles, ist beim Haarkleid des Hundes allein durch die regelmäßige, tagtägliche Pflege zu erreichen. Oft müsste ein Hund vor der Ausstellung gar nicht unbedingt stundenlang »fertig gemacht« werden, wenn er vorher die seiner Rasse entsprechende Pflege regelmäßig erfahren hätte. Im Übrigen geben alle Klubs genaue Hinweise, welche Pflegeinstrumente für ihre Rasse sinnvoll und richtig sind.

Jagdhunde lieben die Schau in der Natur

Über das Baden vor Ausstellungen wurde schon viel diskutiert. Grundsätzlich muss gesagt werden, dass ein Hund möglichst selten gebadet werden sollte – und ganz besonders selten mit mehr oder minder scharf wirkenden Shampoos. Zugleich ist aber auch richtig, dass ein offensichtlich schmutziger Hund vor der Ausstellung gebadet werden sollte. Denn es ist ein absolut unschöner Anblick, wenn bei einem Hund das Weiß im Haarkleid in ein leichtes Gelb übergegangen ist. Solche Nachlässigkeiten des Ausstellers – für die der Hund natürlich überhaupt nichts kann – können im

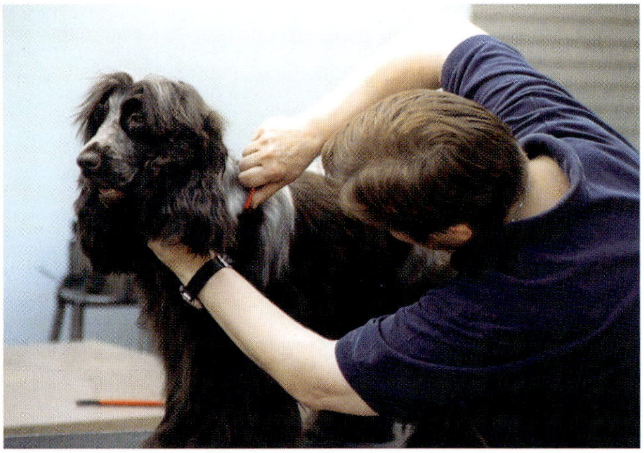

Vorsichtiges Trimming

Wettstreit der Schönsten entscheiden, denn eine Zuchtschau ist schließlich auch eine Schönheitskonkurrenz; und dazu gehört bekanntlich auch ein gepflegtes Äußeres!

Ein ungepflegter, sogar schmuddeliger Hund ist eine Zumutung für den Richter, der ihn ja ausführlich anfassen muss. Besonders auffällige Exemplare kann der Richter gut und gern »ohne Bewertung« lassen.

Um es ganz deutlich zu sagen: Es sollte niemals der Hund mit dem Bade ausgeschüttet werden! Unter keinen Umständen sollte also der Hund zu

Am Kopf werden Langhaarige gezupft

häufig, also vor jeder Ausstellung etwa, gebadet werden. Aber wenn es offensichtlich notwendig ist, muss es sein.

Zur vorbereitenden Pflege gehört im Übrigen auch ein kritischer Blick in den Fang des Hundes. Zähne, die mit allzu viel Zahnstein belegt sind, sollten gereinigt werden. Man kann dies, wenn es nicht zu weit fortgeschritten ist, manchmal mit dem Fingernagel erreichen. In der Regel muss aber der Tierarzt den Zahnstein entfernen. Das ist nicht nur eine ästhetische Forderung, sondern für den Hund eine gesundheitliche Notwendigkeit. Zu viel Zahnstein bewirkt leicht Entzündungen des Zahn-

Zahnstein muss entfernt werden

fleisches und eventuell vorzeitigen Zahnverlust. Oft reicht bei der heutigen Ernährungsweise und bei der Qualität des Wassers der viel zitierte Hinweis auf den regelmäßigen Kalbsknochen nicht mehr aus; in Zweifelsfällen sollte man in der Tat den Tierarzt aufsuchen.

Um beim Thema Zähne zu bleiben: Auf allen Zuchtschauen wird von den Richtern das Gebiss des Hundes geprüft. Er hebt dazu meist die Lefzen hoch oder öffnet auch den Fang, um einmal die Vollständigkeit des Gebisses (42 Zähne) zu prüfen, zum anderen auch, um die richtige Ausformung der

Kiefer zu sehen. Auch hier kann sich der Ausstellungsanfänger späteren Ärger ersparen, wenn er seinen Hund vorher schon einmal von einem Fachmann auf das korrekte Gebiss hin untersuchen lässt. Manche Zahnfehler sind formwertmindernd, einige sind sogar zuchtausschließend. Die Vorgaben der Rassehundezuchtvereine sind bei der Frage der Vollständigkeit des Gebisses unterschiedlich. Man muss sie als Aussteller kennen und sich rechtzeitig darüber informiert haben, um eine spätere Enttäuschung zu vermeiden. Es ist nämlich immer wieder erstaunlich, wie häufig doch Hunde mit Zahnanomalien auf Ausstellungen gezeigt werden – und dann schlechter bewertet werden müssen, als sie es vom sonstigen Erscheinungsbild her verdienten.

Und noch etwas ist dabei wichtig. Diese Zahnkontrolle muss unbedingt vor der Ausstellung häufig geübt werden. Es sollte auch von Freunden oder Bekannten der Familie getan werden, weil der Richter auf der Ausstellung ja auch keine dem Hund vertraute Person ist. Viele Hunde mögen es nicht, wenn ihnen ein Fremder in den Fang geht, manche reagieren sogar ausgesprochen aggressiv und versuchen zu schnappen – was wiederum zur Disqualifikation führen kann. Häufiges und intensives Üben kann hier also nur von Vorteil sein. Je einfacher und reibungsloser die Zahnkontrolle dann auf der Ausstellung vor sich geht, desto weniger Stress entsteht für den Aussteller und für den Hund.

AUCH LAUFEN UND STELLEN MUSS GEÜBT WERDEN

Beim Richten im Ring muss der Hund eine intensive anatomische Prüfung über sich ergehen lassen. Diese Prüfung erfolgt sowohl im Stand als auch in der Bewegung. Dabei ist es verständlicherweise besonders wichtig, dass sich der Hund in einer Weise präsentiert, die seine Qualitäten besonders gut zur Geltung bringt. Das Stellen, bei den meisten kleineren Rassen geschieht das auf einem Tisch, soll die ideale Haltung des Hundes hervorbringen. Es gibt da wahre Meister ihres Fachs, die es auch schaffen, einen Hund so phantastisch hinzustellen, wie er aufgrund seiner anatomischen Bedingungen gar nicht stehen dürfte. Ein erfahrener Richter erkennt das natürlich, weil er den Hund spätestens in der Bewegung in allen seinen Stärken und Schwächen sieht – und gerade die Schwächen in der Bewegung sind in aller Regel die Folge anatomischer Mängel. Gleichwohl gehört das richtige Stellen zum Einmaleins des Ausstellens. Es sollte, wie gesagt, ein möglichst natürlicher Stand vorgeführt werden, wobei kein Richter daran Anstoß nimmt, dass der Führer diesen Stand durch Korrekturen immer wieder zu verbessern sucht. Bei manchen Rassen ist im Stand eine ganz bestimmte Rutenhaltung vorgeschrieben: Dies muss immer und immer wieder zu Hause geübt werden, damit der Hund dann auf der Ausstellung

Da sind kaum Korrekturen notwendig

Das richtige Stellen des Hundes – die kleineren Rassen auf dem Tisch, die größeren auf dem Boden – soll nichts vortäuschen, was nicht vorhanden ist.
Aber es ist auch keineswegs zu beanstanden, wenn anatomische Pluspunkte eines Hundes durch gekonntes »Aufbauen« unterstrichen und nicht etwa verdeckt werden.

zu lang gestellt

Hinterhand stark unterstellt

auseinander gezogen

Vorderhand schlecht. Kopf!

Hinterhand schlecht. Kein Hals.

alles richtig

Ganz klein fängt man an

Zu dem, was man zusammenfassend »Ringtraining« nennt, gehört schließlich auch das richtige Laufen. Der Aussteller führt seinen Hund grundsätzlich mit der linken Hand und bewegt sich im Ring im umgekehrten Uhrzeigersinn. Dabei soll sich der Hund im Trab bewegen, weil dies die natürliche Fortbewegungsart der Hunde ist. Der Aussteller hat also darauf zu achten, dass sich sein Hund an der Leine im mittleren Trab flüssig vorwärts bewegt – ohne seinem Führer in die Beine zu springen, ohne nach der Leine zu hüpfen und ohne sich wie ein Flipper tollend im Ring zu gebärden. Dies kann man von früher Jugend an, und zwar vom vierten oder fünften Monat an, mit dem Hund auf jeder Wiese oder auf jedem asphaltierten Parkplatz üben. Dabei ist es gut, wenn der Hund seinen Kopf aufrecht trägt, weil dies seine Außenlinie besser zur Geltung bringt, und es ist auch gut, wenn der Führer mit seinem Hund beim Laufen spricht, um ihn zu einer Rutenbewegung zu bringen. Bei einigen Rassen wirkt die beim Vorführen im Ring geklemmte Rute nämlich formwertmindernd; mit ein wenig Ansprache und etwas Aufmunterung kann man da vieles erreichen. Unter allen Umständen sollte vermieden werden, den Hund an der Leine im Ring so hochzuziehen, dass die Vorderläufe – überspitzt gesagt – beinahe den Kontakt zum Boden verlieren. Dies ist eine häufig zu beobachtende Unsitte von Ausstellern, die damit eine bessere Nacken-Rückenlinie herbeizaubern wollen, als sie der Hund in Wahrheit hat. Der Richter wird in einem solchen Fall mit Sicherheit dazu auffordern, die Leine locker durchhängen zu lassen – und so sollte man das Laufen auch üben.

überhaupt begreift, was er soll. Bei manchen Rassen wiederum soll der Hund ohne die Unterstützung des Führers frei an der lockeren Leine stehen. Es ist natürlich auch für den Richter das schönste Bild, wenn der Hund seine Idealhaltung von sich aus findet und über eine gewisse Zeit auch beibehält.

Das Verfahren ist bei den verschiedensten Rassen sehr unterschiedlich, und der Anfänger ist gut beraten, sich auch darüber frühzeitig zu informieren.

Wichtig ist noch der Hinweis, dass für die Ausstellung nach Möglichkeit eine Vorführleine benutzt werden sollte. Diese gibt es in jedem Fachgeschäft oder auf Verkaufsständen auf der Ausstellung. Es sind schmale, sehr leichte Leinen, die es in verschiedenen Farben gibt. Dabei kann der Aussteller auch darauf achten, dass die Farbe der Vorführleine mit der Farbe des Haarkleides seines Hundes harmoniert. Es sollten jedenfalls keine Leinen genommen werden, die durch einen allzu abrupten Farbkontrast etwa die Halslinie des Hundes unterbrechen und den Hals somit optisch kürzer erscheinen lassen, als er in Wirklichkeit ist. Das sind allerdings Feinheiten, auf die es zunächst sicher nicht unbedingt ankommt, die aber irgendwann, wenn es um höhere Ehren des Hundes geht, ins Gewicht fallen können.

GEFÄLLIGES AUSSTELLEN

Aus alledem wird schließlich auch deutlich, dass Ausstellung eben auch ein bisschen Schau (Zuchtschau) ist; das gekonnte Vorführen, das Ringtraining, die gefällige Präsentation, haben nicht primär mit der Anatomie des Hundes zu tun. Aber beides zusammen, der korrekt gebaute Hund und das gefällige Ausstellen schaffen jene Kombination, auf die es im Ring letzten Endes ankommt. Man muss in diesem Zusammenhang nicht England oder die Vereinigten Staaten zitieren, wo professionelle Vorführer (»handler«) das Ausstellen des Hundes nahezu zur Perfektion gebracht haben. Ausstellungen dort beinhalten viel mehr als bei uns das zitierte Show-Element, auch wenn natürlich an der Substanz des Ganzen nichts verlorengeht: Hier wie dort geht es in erster Linie selbstverständlich um den standardgerechten Hund. Aber eine intensive Vorbereitung des Hundes auf das, was im Ring von ihm verlangt wird, kann niemals schaden. Wenn das einigermaßen spielerisch angefangen wird und von der frühen Jugend des Hundes an kontinuierlich fortgesetzt wird, ist es überhaupt keine Zauberei, einen einwandfrei laufenden und phantastisch stehenden Hund zu präsentieren. Diese Kunst ist keineswegs nur den Züchtern vorbehalten, sondern es kann sie jeder erlernen, der ein wenig Zeit und natürlich Geduld zu investieren bereit ist. Wer vor hat, öfter auf Ausstellungen zu gehen, sollte diese eigentlich geringe Mühe auf sich nehmen; das Ergebnis wird es in jedem Fall lohnen.

Gute Präsentation gehört zum Gewinnen

Kapitel 6

Der Ausstellungstag

Der Tag, an dem der Hund – sei es nun zum ersten oder zum wiederholten Mal – auf einer Ausstellung den gestrengen Augen des Richters vorgestellt wird, sollte sorgfältig geplant und in allen Punkten genau vorbereitet werden. Da man nicht davon ausgehen kann, dass die gewählte Ausstellung gewissermaßen vor der eigenen Haustür stattfindet, müssen sich die Vorbereitungen sinnvollerweise bereits auf die notwendige Reise erstrecken.

FÜR UNTERKUNFT SORGEN

Oft kommt es vor – vor allem im Ausland –, dass große Internationale Ausstellungen, also solche für alle Rassen, in verhältnismäßig kleinen Städten stattfinden. Dort gibt es dann meistens nur begrenzte Übernachtungsmöglichkeiten. Zwar sind den Ausschreibungen der Ausstellungen häufig Hotel- und Pensionsadressen beigefügt, aber sie reichen niemals für alle Übernachtungswilligen aus.

Nichts aber ist für Aussteller und Hund nervenaufreibender, als am Vorabend der Schau irgendwo herumzuirren, ohne zu wissen, wo man schließlich sein müdes Haupt zur Ruhe betten kann! Die dabei entstehende, stündlich wachsende Nervosität überträgt sich erfahrungsgemäß auf den vierbeinigen Begleiter – und vor allem der soll ja am nächsten Morgen fit im Ring erscheinen. Deswegen sollte man sehr rechtzeitig eine Unterkunft in dem Ort bestellen, in dem die Ausstellung stattfindet. Eine oft praktizierte Möglichkeit ist auch, sich in unmittelbarer Nähe des betreffenden Ortes etwas zu suchen, von wo aus man am Ausstellungstag ohne größeren zeitlichen Aufwand zum Schaugelände gelangen kann.

Niemand sollte glauben, dass eine bequeme, gut verbrachte Nacht nicht auch Auswirkungen auf das Befinden des Hundes am Ausstellungstag hätte. Freilich gibt es viele Hunde, die – ohne etwa darunter zu leiden – die Nacht im Auto verbringen können. Sinnvoll ist das vor allem bei großen Hunden oder wenn man mehrere Tiere zur Ausstellung bringt. Vor allem für den Einzelhund, der es eben nicht gewohnt ist, die Nacht im Auto zu verbringen, sollte man aber im Hinblick auf die Übernachtung vorplanen. Am wohlsten fühlt sich der Hund immer in seiner gewohnten Umgebung. Deswegen fahren viele Aussteller, wenn immer dies möglich ist, am liebsten erst am Ausstellungstag los: Der Hund, der bekanntlich ein Gewohnheitstier ist, wird dann natürlich am kürzesten und für ihn selbst am wenigsten belastend aus »seiner« Welt gerissen.

Wenn dies aber nicht möglich ist, sollte man in seinem eigenen und in seines Hundes Interesse für eine unproblematische, ruhige und ausführliche Nachtruhe sorgen. Am Morgen der Ausstellung ist rechtzeitiges Aufbrechen angezeigt. Wer noch mit dem Auto unterwegs sein muss, sollte nicht riskieren, auf der Autobahn in einen Stau zu kommen; er sollte auch nicht so schnell fahren müssen, dass er psychisch und physisch erschöpft auf dem Schaugelände eintrifft und dort – wahrscheinlich – keinen Parkplatz in unmittelbarer Nähe der Halle oder des Freigeländes findet.

So gefällt es dem Veranstalter

RECHTZEITIG AUFBRECHEN

Schließlich muss man ja auch mit seinem oder seinen Vierbeinern vom Auto zum eigentlichen Veranstaltungsort laufen: Voll bepackt mit allen notwendigen Utensilien ist das meistens nicht das reine Vergnügen. Erwischt man dann noch einen Tag mit richtigem »Schmuddelwetter« und hat man zudem noch einen pflegeintensiven Hund und landet schließlich auf einem unbefestigten, fast unter Wasser stehenden Parkplatz (der Fall ist keineswegs konstruiert, sondern schildert immer wiederkehrende Ausstellerwirklichkeit!), dann kann es schon sein, dass man sich am Rande seiner Nervenkraft glaubt und am liebsten umkehren würde, um einen gemütlichen Sonntag im eigenen, trockenen Heim zu verbringen.

Ein bisschen kann man dies – wie gesagt – vermeiden, indem man bei seinen Aufbruch- und Fahrtzeiten so großzügige Toleranzen einkalkuliert, dass man am Ausstellungsort beispielsweise die Zeit hat, mehrmals zum Wagen zu gehen, den oder die Hunde unabhängig vom Gepäck in die Halle zu bringen und sich und dem Hund die Ruhe zu gönnen, die zur Sammlung und Konzentration für beide Teile notwendig ist.

DER EINLASS

Rechtzeitiges Aufbrechen und Ankommen bewahrt auch vor lästigem Warten am Einlass. Bei allen größeren Ausstellungen sind die Eingänge für Besucher und Aussteller voneinander getrennt. Am »Einlass für Hunde» erfolgt dann auch die Kontrolle des Veterinärs. Bissige, kranke, krankheitsverdächtige, mit Ungeziefer behaftete Hunde sowie Hündinnen, die läufig, sichtlich trächtig, in der Säugeperiode oder in Begleitung ihrer Welpen sind, dürfen nicht in das Zuchtschaugelände eingebracht werden. Sie sind von der Bewertung in jedem Fall ausgeschlossen. Der Veterinär überprüft die Gültigkeit des Impfpasses; meistens wird ein gültiges Tollwutschutz-Impfzeugnis verlangt oder, wie bereits beschrieben, ein

Manchmal schwierig: die Veterinär-Kontrolle

amtstierärztliches Attest. Diese Veterinärkontrolle hält bei größerem Andrang oft recht lange auf, obwohl sie sich im Allgemeinen auf die Prüfung der geforderten Papiere beschränkt.

Schlangen vor der Halle ...

Es empfiehlt sich unter allen Umständen, diese Papiere zur Hand zu haben. Um es zu wiederholen: Wer den Impfpass vergessen hat, muss damit rechnen, nicht eingelassen zu werden. Da hilft kein Lamentieren und kein Schimpfen, die veterinärpolizeilichen Vorschriften sind nicht umsonst sehr streng und werden im In- und Ausland fast immer restriktiv gehandhabt. Der kontrollierende Veterinär ist immer im Recht, wenn er Hunde abweist, deren Papiere nicht den geforderten Bestimmungen entsprechen.

In der Schlange der vor dem Hunde-Einlass wartenden Vierbeiner kann es dann schon einmal zu Knurrereien oder auch einmal zu einer Rauferei kommen, vor allem dann, wenn sich auf engstem Raum in Größe oder Temperament allzu unterschiedliche Rassen begegnen.

In jedem Fall muss man diesen Aufenthalt beim Einlass in die zeitlichen Dispositionen des Ausstellungstages einbeziehen. Rechtzeitiges Erscheinen sichert in diesem Fall nicht die besten Plätze, aber mit Gewissheit ein rasches und reibungsloses Durchkommen am Einlass.

Nach der Veterinärkontrolle kommt der Aussteller dann meistens an einen Stand, an dem er seinen Katalog erhält. Diesen Katalog hat er bereits mit der Entrichtung des Meldegeldes bezahlt. Manchmal bekommt er auch einen Umschlag überreicht, in dem sich darüber hinaus noch die Startnummer des Hundes, eventuelle Hinweise, Gutscheine für Erinnerungsgaben oder Futterproben etc. befinden können. Von manchen Veranstaltern werden diese Dinge aber auch rechtzeitig vor der Ausstellung zusammen mit der Annahmebestätigung zugeschickt.

... und Gedränge am Ring

DER KATALOG

Der Katalog gibt dem Aussteller über eine ganze Reihe wichtiger Fragen Auskunft. Er ist für den Ausstellungstag ein wichtiges Requisit.

Gechippte Hunde müssen identifiziert werden

Es beginnt damit, dass bei Internationalen Ausstellungen, die sich über mehrere Hallen erstrecken, im Katalog zu finden ist, wo sich die Ringe der jeweiligen Rassen befinden. Bei sehr ausgedehnten Ausstellungen wie Bundessieger- oder Europasiegerzuchtschau kann dies ein wertvoller Wegweiser im Labyrinth der Hallen sein. Oft sind da nämlich erhebliche Wege zurückzulegen, und dann ist es gut, wenn man sich mit Hund und all dem Gepäck vorher im Katalog kundig gemacht hat, wohin man zu gehen hat. Viele Klubs machen dann in den Hallen durch Transparente mit ihren Emblemen auf ihren Standort aufmerksam. Dies ist auch eine Hilfe und ein Service für Aussteller und Besucher, der sich im Blick auf mehr Informationen noch weiter durchsetzen sollte; er kommt letzten Endes auch der Selbstdarstellung eines Klubs zugute.

Der Katalog gibt ferner Auskunft über den genauen zeitlichen Ablauf der Ausstellung. Einlass der Hunde, Beginn des Richtens, Pausen, Beginn der Zuchtgruppenwettbewerbe oder Vorstellung der Siegerhunde sind dem am Anfang des Katalogs abgedruckten Zeitplan zu entnehmen. Natürlich kennt der Aussteller den Termin »Beginn des Richtens« bereits aus der Ausschreibung für die Ausstellung, so dass er nicht etwa erst am Ausstellungstag vor der unangenehmen Überraschung steht, aus Unkenntnis zu spät gekommen zu sein. Bei den Internationalen Ausstellungen ist in diesem Zusammenhang immer auch der »Schluss der Ausstellung« angeführt. Dies geschieht mit gutem Grund, denn es hat sich unter den Ausstellern eine inzwischen weitverbreitete Unsitte eingebürgert, die Hallen möglichst vorzeitig zu verlassen. Das gilt vor allem dann,

wenn der betreffende Hund sich nicht für eine Endkonkurrenz qualifizieren konnte. Natürlich ist dann die Versuchung groß, irgendwo ein Schlupfloch zu suchen, um eine vielleicht weite Heimreise ein paar Stunden früher antreten zu können. Manche Aussteller haben diesbezüglich geradezu Perfektion entwickelt: Bereits beim Betreten der Halle am Morgen halten sie Ausschau nach den späteren »Fluchtwegen«. Solches Verhalten ist indessen nicht nur unfair gegenüber allen anderen Ausstellern, die sich an die Spielregeln halten und das Ende der Schau für den Aufbruch abwarten. Es ist im hohen Maße auch unanständig gegenüber den zahlenden Besuchern, die vielleicht erst nach dem Mittagessen zu einem Gang durch die Hundeausstellung aufbrechen und, nachdem sie ein stattliches Eintrittsgeld entrichtet haben, vor leeren Boxen stehen. Die Schauleitungen ahnden solches Verhalten mit Recht sehr streng; dem ertappten Sünder droht sogar ein Ausstellungsverbot. Bei vielen Schauen wird übrigens schon in der Einladung darauf hingewiesen, dass derjenige, der seinen Hund vorzeitig von der Veranstaltung entfernen möchte, am besten gar nicht erst melden sollte. Im Ausland ist die Disziplin der Aussteller in diesem Punkt viel besser entwickelt als hierzulande; niemand käme dort auf die Idee, nach der Bewertung seines Hundes zu verschwinden.

Im Katalog sind dann die einzelnen Klassen aufgeführt, in denen die Hunde antreten. Im Allgemeinen gilt, dass in der im Katalog niedergelegten Reihenfolge auch gerichtet wird. Das heißt also, dass derjenige Hund als Erster in den Ring muss, der unter der angegebenen Rasse als Erster aufgeführt ist – und so weiter. Der Aussteller muss also anhand seines Katalogs und unter gleichzeitiger Beobachtung der aufgerufenen Klassen verfolgen, wann sein Hund an der Reihe ist. Der Aussteller hat sogar die Pflicht, sich über den Fortgang des Richtens auf dem Laufenden zu halten. Nichts ist nämlich zeitraubender und für den Ablauf der Veranstaltung hinderlicher, als wenn die Ringhelfer nach Ausstellern suchen müssen, die sich irgendwo verplaudert haben und nicht bemerkten, dass sie eigentlich mit ihrem Hund »dran« wären. Das rechtzeitige Erscheinen im Ring gehört zu den Pflichten des Ausstellers, und er dürfte sich nicht einmal wundern, wenn seine Klasse ohne ihn gerichtet worden wäre, weil er nicht aufgepasst hatte. Gleichwohl bemüht sich die Schauleitung immer wieder, fehlende Hunde noch in den Ring zu bringen, weil man dem Aussteller gegenüber gefällig sein will.

Im Katalog findet der Interessierte bei den Hunden eine ganze Reihe wichtiger Angaben: die Startnummer als Erstes, den korrekten Namen, die

Gekonnt präsentierter Afghane

Elterntiere, Zuchtbuchnummern und Wurfdaten, Züchter und Besitzer. Jeder Zuschauer kann sich also über jeden vorgestellten Hund ein genaues Bild machen, der Insider natürlich ein detaillierteres und von mehr Hintergrundwissen und Interesse geprägtes als der zufällige Besucher, der aber aufgrund der Katalogangaben vielleicht einen Zwingernamen findet, bei dem er sich selbst einmal nach einem Hund umsehen könnte – einfach weil ihm der auf der Ausstellung Gesehene gefallen hat.

Der Katalog als eine Sammlung von Visitenkarten der Hunde – dies ist eine keineswegs unwichtige Funktion.

Auf Internationalen Schauen erreicht der Katalog oft schon den Umfang eines dicken Buches; auf kleineren Schauen ist er oft weniger kunstvoll gestaltet, genügt aber dennoch den Wünschen, die Aussteller und Besucher zu Recht von ihm erwarten. Da genügen oft kopierte Seiten, mit dem PC geschrieben und mit Klammern geheftet. Wichtig ist vor allem, dass die Angaben über die Hunde korrekt sind und bei späteren Nachforschungen sich die Namen und Daten als richtig erweisen.

Ganz wichtig ist schließlich noch der Hinweis, dass nur Hunde, die im Katalog aufgeführt sind, auch bewertet werden können.

DIE BOXEN

Mit Katalog und Unterlagen versehen, sucht der Aussteller schließlich die Box seines Hundes. Bisweilen leisten sich Schauleitungen den für Aussteller überaus angenehmen Luxus, schon am Eingang Lagepläne für Ringe und Boxen anzubringen. Dem reichlich bepackten Aussteller kann dies oft langwieriges und mühsames Suchen im Gewirr der Hallen mit den zahllosen Ständen und Geschäften vermeiden helfen. Da diese Freundlichkeit aber keineswegs immer anzutreffen ist, muss der Aussteller auch für diesen Teil seiner morgendlichen Unternehmung eine gewisse Zeit einkalkulieren, um rechtzeitig zum Beginn des Richtens am Ring anwesend zu sein.

Für den Ausstellungstag stellt die Box die Unterkunft des Hundes dar. Er soll sie nur verlassen in der Zeit, in der er gerichtet wird, und – selbstverständlich – zum Lösen. Man findet die richtige Box anhand der dort angebrachten Startnummer des Hundes, die dem Aussteller ja bereits bekannt ist. Auch dies läuft gelegentlich etwas zeitraubend ab, weil freundliche Zeitgenossen gern einmal die angebrachten Nummern vertauschen. Manchmal geschieht dies im Übrigen gar nicht aus Böswilligkeit, sondern ganz einfach deswegen, weil ein Aussteller mehrere Hunde in verschiedene Klassen gemeldet hat, diese von den Startnummern her in auseinanderliegenden Boxen untergebracht wären, verständlicherweise aber zusammen oder zumindest nebeneinander gehalten werden sollen. So kann es schon vorkommen, dass die eigene Start- beziehungsweise Boxennummer nicht in der normalen Reihenfolge zu finden ist. Dies sollte kein Anlass zu längeren Diskussionen sein, sondern von den Ausstellern ganz pragmatisch gehandhabt werden.

Die Box, die von der Industrie auch in zusammenlegbarer Form angeboten wird, sollte für den Hund möglichst »wohnlich« eingerichtet werden. Zur Mindestausstattung gehört eine Decke, weil Hallenböden in aller Regel kalt sind. Gelegentlich sind auf Ausstellungen in den Boxen bedauernswerte Hunde zu sehen, die ohne Unterlage, ohne Wassernapf und, vielleicht auch noch kurz angeleint, über viele Stunden allein in der Box zubringen müssen, derweil Herrchen oder Frauchen sich sonstwo amüsieren. Dies spricht nicht für Verständnis oder gar Zuneigung zu seinem Hund, hier wird der Hund zu einem bloßen Ausstellungsobjekt degradiert. Wer von seinem Hund am Ausstellungstag eine gute Leistung erwartet – und eine gute Präsentation ist eine Leistung! – muss ihm die meist ungewohnte und unsympathische Umgebung so angenehm wie möglich machen. Oft ist der Hund auch höchst zufrieden, wenn in seiner Box persönliche Dinge wie Taschen, Beutel oder ähnliches aufbewahrt werden, er hat dann ein Stück vertrauten Besitzes bei sich, das ihn die Aufregungen des Tages viel gelassener ertragen lässt. Der Aussteller selbst ist gut beraten, wenn er sich mit einer leicht transportablen Sitzgelegenheit ausrüstet, die er dann vor der Box aufstellt. So lässt sich die Wartezeit bis zum Auftritt im Ring oder später bis zum Ende der Veranstaltung erheblich leichter überstehen. Für den Hund ist es im Gewühl einer Internationalen Ausstellung in jedem Fall eine Beruhigung, wenn Herrchen oder Frauchen nahe bei ihm sind, ihn hin und wieder mit Wasser oder Futter versorgen, ihn auch auf dem vorgesehenen Löseplatz laufen lassen und sich immer wieder mit ihm befassen. Gerade für junge und noch ausstellungsungewohnte Hunde ist eine solche Veranstaltung nämlich durchaus eine nervliche Belastung.

Alle drei sind Sieger

VOR DEM RICHTEN

Konzentration auf den Hund, Vorbereitung auf den Auftritt im Ring, Sich-Einfühlen in den Hund – dies sind zu Beginn des Ausstellungstages dann die wichtigsten Pflichten des sich sorgfältig verhaltenden Ausstellers. Hunde sind gottlob keine Maschi-

Er zeigt sich unbefangen

nen, sie funktionieren nicht auf Knopfdruck. Deswegen ist es sinnvoll und wichtig, den Hund auf das, was dann auf ihn zukommt, vorzubereiten. Jeder Sportler weiß, dass er nicht »kalt« in einen Wettkampf gehen darf. Er muss sich warmlaufen, lockern, sich auf seinen Start so vorbereiten, dass er im richtigen Augenblick topfit ist.

Ähnlich und im übertragenen Sinne gilt dies auch für den Start des Hundes im Ring. Er soll sich dort auch topfit präsentieren, er soll, um in der Sportler-Sprache zu bleiben, im richtigen Moment »explodieren«.

Dazu gehört beispielsweise, dass man dem Hund Gelegenheit gibt, sich auf den jeweiligen Boden einzustellen. Es gibt nur noch selten Hallen, in denen der Bodenbelag spiegelblanken Eisflächen gleicht. Dort haben es die Hunde selbstverständlich unerhört schwer, sich in der Aktion voll zu entfalten. Sie treten vorsichtiger und damit meist kürzer, sie wirken staksig, verspannt und verkrampft, die Außenlinie verschlechtert sich zwangsläufig. Wenn der Hund ausreichend Gelegenheit hatte, sich auf solchem Boden einzulaufen, wird er sich auf glattem Boden zwar auch nicht optimal bewegen, aber doch schon so viel Sicherheit gewonnen haben, dass er nicht allzu wackelig wirkt. Mit Gewissheit wird sich dieser Hund gegenüber seinem nicht-eingeübten Konkurrenten besser in Szene setzen können.

Solcherart Einlaufen empfiehlt sich im Übrigen auch, wenn die Ausstellung auf einem Freigelände, insbesondere auf Rasen, stattfindet. Vor allem die Besitzer feinnasiger Jagdhunde wissen ein Lied davon zu singen, wie schwer es dann oft wird, beim Vorführen den Kopf des Hundes vom Boden wegzubringen. Ausführliches »Einriechen«-Lassen kann auch hier gute Erfolge bringen. Niemals wird sich im Ring ein Hund sehr frei zeigen, der bis unmittelbar vor seinem Auftritt in der Box gelegen hat und sich längere Zeit nicht bewegen konnte. Ein solcher Hund wirkt entweder träge und müde, oder aber er hat einen so großen Bewegungsdrang, dass er kaum unter Kontrolle zu bringen ist. Der Aussteller darf sich nicht wundern, wenn der Hund bei der so wichtigen Beurteilung des Gangwerkes und der Bewegung keine Pluspunkte sammeln kann.

NERVLICHE BELASTUNG

Ganz besonders für noch nicht so routinierte Hunde können große Ausstellungen in Hallen zu einer nervlichen Belastung werden. Der Geräuschpegel ist dort in der Tat selbst für Menschenohren beträchtlich – um wie viel mehr müssen übersteuerte Lautsprecherdurchsagen, das Gebell aus vielen hundert Hundekehlen und das Stimmengewirr der Besucher auf den Hund wirken. Auch die räumliche Enge ist oft erschreckend. Dies alles muss der Hund erst einmal kennen lernen, er muss daran gewöhnt werden. Je mehr Einfühlungsvermögen der Aussteller dabei aufbringt, desto vertrauter und gefestigter wird sein Hund in die Prüfung dieses Tages gehen.

Aussteller und Hund sollen zu einem Team werden, das optimal aufeinander abgestimmt und eingestellt ist. Bald wird der Hund nämlich genau wissen, worauf es an diesem Tag ankommt, was er tun soll und vor allem, wann er es soll. Es gibt Hunde, die mögen an bestimmten Tagen überhaupt nicht laufen – sei es, dass es ihnen zu heiß ist, sei es, dass sie müde sind. Solche Hunde können, wenn sie die entsprechende Routine erworben haben, für die Dauer der Vorführung im Ring zu völlig anderen Hunden werden, so als ob sie quasi durch die Vorführleine hindurch den Kontakt zu ihrem Führer herzustellen in der Lage wären und wüssten, worauf es in diesen Minuten ankommt.

Bis solche Zusammenarbeit entsteht, dauert es natürlich einige Zeit. Vor allem ist dafür das Bemühen des Ausstellers um seinen Hund notwendig. Je intensiver er sich auf der Ausstellung mit seinem Hund beschäftigt, je mehr er den Lernprozess des Hundes fördert, desto früher wird er zu dem gewünschten Ergebnis kommen können. Das bedeutet nicht, dass sozusagen jeder »Trick« erlaubt wäre. So hat der VDH für seine Zuchtschauen vorgegeben, dass jede Form von »double handling«, d. h., die versuchte oder tatsächliche Beeinflussung des zu bewertenden Hundes von außerhalb des Ringes verboten ist. Die Zuchtrichter können den betreffenden Hund bei Zuwiderhandlung sogar von der Bewertung ausschließen. Auch ein über das Kämmen und Bürsten hinausgehendes Zurechtmachen des Hundes unter Verwendung von Hilfsmitteln wie Puder und Spray, Trimmgeräten etc. ist untersagt. Die Verwendung von so genannten »Galgen«, an denen Hunde festgemacht werden, um sie für ihren Auftritt im Ring noch einmal »fit« zu machen, ist unter keinen Umständen erlaubt. Nicht zuletzt die immer wiederkehrende negative Berichterstattung im Fernsehen hat zu dieser Entscheidung geführt.

Die Vorführung im Ring selbst erfordert in aller Regel keinerlei Hilfsmittel, wenn man davon absieht, dass bei den meisten Rassen die Vorführleine verwendet wird. Dabei handelt es sich um eine leichte, glatte, schnörkellose und meist schmale Leine. Über die Vor- und Nachteile bestimmter Farben ist bereits an anderer Stelle geschrieben worden. Wie auch schon gesagt wurde, handelt es sich dabei um Feinheiten, die zum großen Einmaleins des Ausstellens gehören und nicht zu den Dingen, die man als Anfänger zu beachten hätte. Hier ist es erst einmal wichtig zu wissen, dass man im Ring nicht mit einem schweren Leder- oder Metallhalsband erscheinen sollte, zumindest dann nicht, wenn mittelgroße oder gar kleinere Hunde vorgeführt werden sollen.

Wann der Hund im Ring erscheinen muss, ist fast immer auf der dort aufgestellten Tafel zu erkennen. Dort stehen nämlich die Startnummern derjenigen Hunde geschrieben, die gerade zur Beurteilung im Ring sind oder aufgerufen wurden. Hinter den Startnummern wird anschließend auch das Ergebnis des Richtens, der »Formwert«, veröffentlicht. Aussteller und Publikum erfahren auf diese Weise, wie jeder Hund abgeschnitten hat.

Mit dem Aufruf an der Tafel (bei kleineren Ausstellungen kann das auch über eine Mikrofondurchsage erfolgen) versammelt sich also die jeweilige Klasse im Ring. In der Reihenfolge der sichtbar zu tragenden Startnummern stellen und reihen sich die Aussteller mit ihren Hunden auf. Dabei führt man den Hund generell mit der linken Hand. Nach einem ersten, vorläufigen »Aufbauen« oder Aufstellen der Hunde können sie sich oft bei einigen vom Richter gewünschten Runden im Ring akklimatisieren. Die Hunde können sich ein wenig lockern und vermitteln zugleich dem Richter einen ersten Eindruck über die Qualität ihres Gangwerks.

Später folgt dann bei jedem Hund die Detail-Kontrolle, über die im nächsten Kapitel ausführlich die Rede sein wird. Haben alle Hunde der Klasse die Prozedur überstanden und sind die Klassensieger ermittelt, ist für alle Hunde, die nicht in der späteren Endkonkurrenz erscheinen müssen, der Ausstellungstag praktisch zu Ende. Bei Spezialzuchtschauen verläuft dann das Abwandern viel unkomplizierter und geradezu gemütlicher als bei den Internationalen Ausstellungen, wo mit dem offiziellen Schluss der Veranstaltung der große Ansturm auf die Parkplätze vor Beginn der Heimreise einsetzt.

Für manchen Aussteller ist die Heimreise noch einmal mit einer Übernachtung verbunden. Alles das kostet inzwischen viel Geld – vom Engagement, vom Opfer an Freizeit gar nicht zu sprechen. Aber für viele ist eben gerade das Ausstellen sinnvoll verbrachte Freizeit. Die Ausstellungen aller Klubs und Vereine von Neumünster bis Friedrichshafen leben von dieser Begeisterung professioneller und nichtprofessioneller Aussteller – wobei professionell in diesem Zusammenhang nicht bedeutet, dass jemand hier zu Reichtümern oder überhaupt zu Geld kommen könnte, im Gegenteil. Ob sie wiederkommen zu einer der vielen Ausstellungen, die fast an jedem Wochenende stattfinden, hängt nicht zuletzt auch von denen ab, die das Zuchtschaugeschehen in ganz wesentlichem Maße prägen: den Richtern.

Ein Luzerner Laufhund gewinnt seine Gruppe. Copyright Roberto

Kapitel 7

Der Richter und das Richten

In der Zuchtrichter-Ordnung des VDH, die für sämtliche Ausstellungen und für alle deutschen Zuchtrichter maßgebend ist, steht über den Richter folgendes: »Die Zuchtrichter erfüllen eine wichtige Aufgabe im Hundewesen. Von den fachlichen Fähigkeiten der Zuchtrichter, ihrer charakterlichen Zuverlässigkeit und ihrer vorbildlichen Haltung in allen Bereichen der Kynologie und des privaten Lebens hängen Bestand und Weiterentwicklung der Rassehundezucht und das Ansehen aller kynologischen Bestrebungen des Verbandes für das Deutsche Hundewesen e.V. (VDH) und seiner Mitgliedsvereine in der Öffentlichkeit ab. Die Zuchtrichter können ihrer verantwortungsvollen Aufgabe nur gerecht werden, wenn sie für dieses Ehrenamt über große Fachkenntnisse verfügen, hohe geistige und charakterliche Persönlichkeitswerte besitzen und in jeder Weise unabhängig sind. Der Zuchtrichter repräsentiert gegenüber Aussteller und Öffentlichkeit den Rassehunde-Zuchtverein, den VDH und die Fédération Cynologique Internationale (FCI). Der Zuchtrichter hat sich diese Verpflichtung stets vor Augen zu halten. Er hat sich dementsprechend zu verhalten und auch in seinem Äußeren die Wertvorstellungen der von ihm repräsentierten Verbände und der Öffentlichkeit zu berücksichtigen.«

Dies sind hohe Anforderungen, und tatsächlich zeigt sich, dass die einzelnen Vereine den Maßstab sehr streng anlegen, wenn es um die Heranbildung neuer Richter geht.

Man unterscheidet Spezialrichter, Gruppenrichter und Allgemeinrichter. Bei den meisten Klubs sind Spezialrichter im Einsatz, also solche, die von den zuständigen Rassehundezuchtvereinen nach der Ausbildung dem VDH als ernannt gemeldet und zur Eintragung in die VDH-Zuchtrichterliste vorgeschlagen werden. Solche Spezialrichter haben, wie der Name es ausdrückt, spezielle Kenntnisse aufgrund einer besonderen Ausbildung für ihre Rasse.

Gruppenrichter sind nach entsprechender Ausbildung berechtigt, eine oder mehrere aufgrund der FCI-Einteilung festgelegte Gruppen zu richten.

Die Allgemeinrichter, auch »Allrounder« genannt, kommen insbesondere auf Internationalen Schauen zum Einsatz, und zwar bei weniger bekannten und verbreiteten Rassen, deren Klubs sich keine Spezialrichter leisten können und die nicht mit einer Sonderschau vertreten sind. Allrounder müssen nicht nur eine vieljährige Tätigkeit als Spezialrichter nachweisen, sondern auch genaue Kenntnisse des gesamten Hundewesens und der in Frage kommenden Rassen einschließlich der bei der FCI hinterlegten Standards.

DIE AUSBILDUNG

Die Richter sind vorrangig verantwortlich für die Qualität einer Rasse, und das nicht nur mit Blick auf den Phänotyp, sondern auch mit Blick auf den Genotyp. Weil das aber so ist, muss der Richter neben einem guten Auge – was vielleicht die wichtigste Voraussetzung überhaupt ist! – auch detaillierte Kenntnisse theoretischer Art haben. Die Rassehundezuchtvereine haben daher die Ausbildung ihrer Richter so angelegt, dass sie im Laufe ihrer

»Anwärterzeit« sowohl die Theorie als auch die Praxis lernen müssen. Die VDH-Zuchtrichter-Ordnung macht für alle Vereine identische Vorgaben.

Zunächst muss der Richteranwärter wenigstens fünf Jahre Mitglied im Klub sein. Er soll ferner Erfahrung als Züchter haben, bevor er durch den Vorsitzenden des Klubs zum Anwärter ernannt wird. Sodann muss er nach einer erfolgreich absolvierten Vorprüfung mindestens mehrere Male auf Schauen als Anwärter tätig werden. Dabei hat er die gezeigten Hunde selbstständig zu beurteilen und einen Bericht darüber zu verfassen, den der amtierende Richter mit seinem eigenen vergleicht. Nach einer gewissen Zeit muss er eine Prüfung ablegen, die aus einem praktisch-mündlichen Teil und einem schriftlichen Teil besteht. Bei der praktisch-mündlichen Prüfung muss der Anwärter mehrere Hunde vor der Richterkommission besprechen und beurteilen. In der schriftlichen Prüfung hat er Fragen aus den Gebieten Standards, Zucht, Vererbung, Anatomie und Physiologie sowie Reglements und allgemeine Richterfragen zu beantworten. 75 Prozent der Fragen aus jedem Bereich müssen richtig beantwortet werden.

Einer der Großen des deutschen Ausstellungswesens: Fr. Bazille im Pudelring, München 1926

Aus dieser kurzen Schilderung des Ausbildungsweges eines Richters wird deutlich, dass sich ein Bewerber intensiv mit der Sache beschäftigen muss und dass er die Ernennung zum Richter keineswegs geschenkt bekommt, und immer mehr setzt sich bei allen Rassehundezuchtvereinen die Erkenntnis durch, dass nur ein gut ausgebildeter und intensiv vorbereiteter Richter der Verantwortung seiner Rasse gegenüber in allen Belangen gerecht werden kann.

Später im Ring steht der Richter allein mit seiner Verantwortung. Weil das so ist, muss die Richterausbildung und schließlich auch die Ernennung nach Möglichkeit die ureigene Angelegenheit der Rassehundezuchtvereine sein und bleiben. Verantwortungsvolle Züchter tun viel für das Wohl einer Rasse. Noch mehr aber bewirken die Richter, und deswegen müssen sie die von ihnen gerichteten Hunde in allen Nuancen und Einzelheiten des Standards kennen. Sie müssen wissen, wie der gegenwärtige Stand der Zucht ist, welche Fehler sich möglicherweise eingeschlichen haben, welche Mängel vielleicht sogar schon genetisch gefestigt sind. Dies weiß der Richter nur, wenn er sich sehr intensiv und kontinuierlich mit seiner Rasse beschäftigt, wenn er sich fortbildet und praktisch wie theoretisch auf dem Laufenden bleibt. Deswegen ist für die Beurteilung einer Rasse grundsätzlich ein Spezialrichter besser; bei ihm ist nämlich das Wissen über die Entwicklung und den Stand der Zucht ausgeprägter zu erwarten als beim Allgemeinrichter, der zwar den Standard kennt, aber nicht immer die aktuellen Probleme der Rasse.

AUTORITÄT

Der Richter muss immer Autorität sein, und zwar im Sinne seines Verantwortungsbewusstseins, seines Wissens und Könnens und schließlich auch im Sinne seines souveränen Auftretens im Ring. Ohne Zweifel hat der amtierende Richter im Ring gewisse Rechte; von ihnen sollte er aber zurückhaltend und maßvoll Gebrauch machen. Es ist niemandem und schon gar nicht der Rasse gedient, wenn sich der Richter bei der Bewertung selbstherrlich oder überheblich gebärdet. Leicht sind dann Fehlurteile nach oben wie nach unten ausgesprochen, die eventuell schlimme Folgen haben können. Unbestechlichkeit (der Hund wird beurteilt, und nicht die Person, die ihn vorführt!), Sachlichkeit, keine Emotionen, Gerechtigkeit und Lauterkeit – dies sind neben den selbstverständlichen fachlichen Voraussetzungen diejenigen Eigenschaften, die in der Person des Richters für Aussteller und Zuschauer jederzeit erkennbar sein müssen.

Ein Richter sollte seine Aufgabe nicht darin sehen, Hunde »hinzurichten«; allzu strenge, kleinliche Urteile sind der Rasse genauso wenig dienlich wie Gefälligkeitsurteile. Ein Richter sollte weder für das eine noch für das andere bekannt sein, aber er sollte bekannt für seine sachlich begründeten, gerechten Wertungen sein. Wenn sich das bei den Ausstellern herumgesprochen hat, dann besitzt der Richter jene selbstverständliche Autorität, ohne die er sein wichtiges Amt auf die Dauer nicht hinreichend ausfüllen kann.

So darf beispielsweise ein Richter nicht von vornherein beim Hund nur Fehler suchen und sein Urteil schließlich mit der Summe der gefundenen Fehler begründen. Es gibt keinen fehlerfreien Hund, und wer nur nach Fehlern sucht, der wird auch welche finden. Nur kann dies nicht der Sinn des Richtens sein.

Vielmehr geht es dem verantwortungsvollen Richter darum, zunächst einmal den ganzen Hund zu sehen, seine Harmonie und seinen Typ. Er sucht also zunächst einmal die Qualitäten. Hat der Hund dann eklatante Mängel, werden sich diese ohnehin auf die Bewertung auswirken.

Vor dem Zuchtrichter

Robert Bandel (»Der Hundeaussteller und sein Richter«, 1975) hat sicher recht, wenn er schreibt, dass derjenige Richter ein kleinlicher Bürokrat sei, »dem jeder ästhetische Sinn für die Herrlichkeiten der Schöpfung abgeht und der unfähig ist, das Schöne zu sehen«.

Das bedeutet natürlich nicht, dass der Richter gravierende Fehler übersehen oder dass er die vom Standard seiner Rasse vorgegebenen Punkte nicht beachten dürfte. Dies wäre nämlich genauso falsch und verwerflich und würde niemandem, am wenigsten den Hunden, nützen. Fehler erkennen und zugleich nicht das Positive übersehen: Mit dieser Einstellung kommt der Richter am ehesten zu einem gerechten Urteil.

DER STANDARD

Grundlage des Richtens muss immer der jeweilige Rassestandard sein. In ihm ist alles festgelegt, was das typische Bild und die typische Erscheinung des Hundes ausmacht. Dieser Standard hat offiziellen Charakter, er gilt für die jeweilige Rasse in allen Ländern. Er wird für jede Rasse in deren Herkunftsland erarbeitet und dann der FCI vorgelegt. Nach der endgültigen Prüfung durch die FCI-Standardkommission wird der Standard offiziell anerkannt. Zugleich wird von der FCI das Ursprungsland der Rasse bestimmt, das damit das Recht erhält, eventuelle spätere Änderungen dieser offiziellen Rassebeschreibung zu beantragen.

Der Standard, der im Übrigen jedem Interessierten leicht zugänglich ist, beschreibt also das Idealbild der Rasse. Dies geschieht in unterschiedlicher Ausführlichkeit; die Standards sind mehr oder weniger detailliert formuliert, beschreiben aber fast immer auch diejenigen Fehler, die man bei der Rasse nicht sehen möchte. So ist der Standard nicht nur Maßstab für den Richter bei der Beurteilung der Hunde, sondern auch Anleitung für den Züchter. Innerhalb des vom Standard vorgegebenen Rahmens hat sich der Richter bei seiner Tätigkeit zu bewegen. Dabei steht er immer wieder vor Schwierigkeiten, etwa wenn es darum geht, wie gravierend er einen im Standard vermerkten Fehler ahndet, wenn der Hund gleichzeitig wieder viele besondere Pluspunkte aufweist. Was ist beispielsweise noch ein verzeihlicher Mangel, den der Richter zwar nicht übersehen, aber vielleicht noch tolerieren kann, und wann beginnt es ein Fehler zu sein, der im Interesse der Zucht nicht mehr akzeptiert werden kann? In solchen Fällen – und das sind im Ring die häufigsten! – muss der Richter aufgrund seines Wissens, seiner Kenntnisse über die Zucht, aber auch aufgrund seiner Erfahrung rasch, aber kompetent entscheiden. Wenn er lange zögert und immer noch nicht zu einer Entscheidung kommt, ist das nicht nur ein Zeichen der Unsicherheit, er wird auch den Zeitplan alsbald gehörig durcheinanderbringen. Namentlich auf Internationalen Schauen ist dies ein immer wieder zu beobachtendes Ärgernis. Da haben anderswo schon Zuchtgruppenwettbewerb oder Vorstellung der Siegerhunde begonnen, und in einzelnen Ringen finden Richter immer noch kein Ende.

DAS RICHTEN

Wenn sich die Klasse vollzählig im Ring versammelt hat, verschafft sich der Richter meist einen ersten vorläufigen Eindruck über die Hunde. Sie stehen dann in der Reihenfolge der Startnummern in einer Linie oder in einem großen Kreis, und die Aussteller sind gut beraten, wenn sie schon zu diesem Zeitpunkt ihren Hund möglichst vorteilhaft zur Geltung bringen. Oft betrachtet sich der Richter

Die Körperbeschaffenheit kann nur durch direkten Kontakt geprüft werden

nämlich die Klasse so, dass er bereits eine allererste, aber keineswegs endgültige Auswahl trifft. Aber es ist sicher einzusehen, dass ein Hund, der seine Vorzüge von Anfang an zeigt, mehr Eindruck beim Richter hinterlässt, als ein anderer, der uninteressiert oder krumm herumsteht. Wenn es die Ringgröße erlaubt, lässt der Richter die ganze Klasse dann erst einmal im Kreis traben. Auch dies verschafft ihm einen ersten Eindruck, es wird ihm der eine mehr und der andere weniger durch seine Bewegung auffallen. Gleichzeitig gibt dieses erste Laufen im Ring den Hunden Gelegenheit, sich zu akklimatisieren und mit den Gegebenheiten vertraut zu machen. Bei diesem ersten Laufen in der größeren Gruppe sollte der Aussteller immer einen Abstand zu seinem Vordermann einhalten. Einmal läuft man so unbehindert, und zum anderen kann man den eigenen Hund besser zur Geltung bringen, als wenn er praktisch neben einem anderen Konkurrenten läuft. Vorbildlich verhalten sich dabei die Aussteller in England oder in Skandinavien. Da wird nicht überholt, die Reihenfolge wird eingehalten, keiner versucht, sich einen Vorteil auf Kosten anderer zu verschaffen. Noch einmal sei daran erinnert, dass das Laufen immer im umgekehrten Uhrzeigersinn vor sich geht, der Hund also mit der linken Hand geführt wird. Bei sehr großen Klassen kann es jedoch auch vorkommen, dass der Richter noch einmal unterteilt. Auf die spätere Platzierung hat das natürlich keinen Einfluss. Der Aussteller kann aber davon ausgehen, dass deutliche Bewegungsmängel, Fehler in der Rutenhaltung oder ähnliches dem Richter schon bei dieser ersten Orientierung auffallen.

DIE EINZELBEURTEILUNG

Ist dies abgeschlossen, folgt die Einzelbewertung der Hunde. Bei kleineren und auch bei manchen mittelgroßen Rassen wird der Hund dem Richter auf einem Tisch vorgestellt. Nun kann es sein, dass ein Hund kurz vor der Ausstellung bei einem Tierarzt war und auf dem Behandlungstisch vielleicht schmerzliche Erfahrungen gemacht hat. Dies kann, muss aber nicht, Nachwirkungen dergestalt haben, dass sich der Hund auf dem Tisch verkrampft, dass er partout nicht auf diesem Tisch stehen will. Kein Richter wird dann darauf beharren, den Hund unbedingt auf dem Tisch beurteilen zu wollen. Er wird auf einen entsprechenden Hinweis des Ausstellers bereit sein, den Hund auf dem Boden zu prüfen. Lässt er sich dann auch nicht anfassen, hat es meist andere Gründe als den Tierarzt. Es empfiehlt sich also für den Aussteller unter allen Umständen, das Stellen auf dem Tisch vorher zu Hause intensiv zu üben. Es kommt ihm am Ausstellungstag für den gesamten Eindruck zugute. Dieses Problem entfällt natürlich bei den großen Rassen.

Richter werden von Kollegen immer kritisch beobachtet

Auf dem Tisch prüft der Richter unter anderem die Zähne. In allen Standards sind die jeweiligen Gebissformen genannt. Meistens wird das Scherengebiss gefordert, diejenige Gebissform also, bei der

Zahnkontrolle auf dem Tisch ...

die Kronen der oberen Schneidezähne die der unteren leicht überdecken, ohne dass der Kontakt zwischen oberen und unteren Schneidezähnen verloren ginge. Das Zangengebiss, das auch bei einigen Rassen toleriert wird, bedeutet, dass die Kronen der oberen und der unteren Schneidezähne aufeinanderliegen, also eine Zange bilden.

Es würde hier zu weit führen, aufzuzählen, welche Gebissform bei welcher Rasse gewünscht ist. Auskunft geben in jedem Fall die Rassestandards. Es sei jedoch erwähnt, dass Vor- und Rückbiss bei den meisten Rassen ein zuchtausschließender Fehler ist. Generell hat das fertige Hundegebiss 42 Zähne, und zwar im Oberkiefer: sechs Schneidezähne, zwei Fangzähne (auch Eckzähne genannt), vier vordere und zwei hintere Backenzähne (Prämolaren und Molaren); im Unterkiefer: ebenfalls sechs Schneidezähne, zwei Fangzähne, vier vordere und drei hintere Backenzähne. 42 Zähne sind die Norm. Die häufigste Abweichung davon betreffen Über- oder Unterzahl von Prämolaren. Dieser Fehler wird von den Rassehundezuchtvereinen je nach Grad und Schwere unterschiedlich geahndet. In manchen Vereinen schließt ein Zahnfehler den höchsten Formwert aus, in manchen Klubs ist man wiederum vor allem in der Frage der Prämolaren großzügiger. Wenn es sich um P1-Verluste handelt, wird das recht häufig nicht so dramatisch gesehen, wohingegen beispielsweise ein fehlendes P4 fast immer Zuchtausschluss bedeutet, denn der P4 ist nun einmal im Gegensatz zum P1 ein funktional wichtiger Zahn. Schwere Fehler sind dagegen Kiefer-Anomalien; sie sind vererblich und können zur Degeneration einer Rasse führen. Sie werden auch immer streng bestraft.

Bei der Detail-Prüfung – ob nun auf dem Tisch oder auf dem Boden – kontrolliert der Richter bei den Rüden, ob sie zwei normal entwickelte Hoden haben. Das Fehlen eines oder beider Hoden oder auch eine Hodenatrophie sind zuchtausschließende Fehler.

... und detaillierte Beschreibung auf dem Boden

Ferner geht es in diesem Teil der Beurteilung um die Knochenstärke, die Substanz, die Ausformung des Brustkorbes, die Gebäudetiefe, die Winkelungen in der Vor- und Hinterhand, die Schulterblattlage, die Widerristlage oder um die Länge des Oberarms. Auch die Festigkeit der Pfoten und der Gelenke wird jetzt vom Richter auf das genaueste untersucht. Die Kontrolle der Augen – bei vielen Rassen sind lose Augenlider verpönt, das »offene Auge« ist meist ein schwerer Fehler – erfolgt ebenfalls in diesem Teil der Bewertung. Bei Rassen, bei denen das Haarkleid für die Beurteilung eine Rolle spielt, wird jetzt die Textur des Haares geprüft, auch, ob der Hund etwa unsachgemäß im Haarkleid bearbeitet wurde.

Bei dieser Einzelkontrolle erkennt der Richter sehr schnell, ob die Erwartungen in Erfüllung gegangen sind, die beim ersten Sehen der Hunde im Ring vielleicht entstanden sind. Vor allem die anatomischen Einzelheiten werden dem geübten Richter jetzt sofort offenbar.

Anschließend folgt die überaus wichtige Beurteilung des Gangwerkes. Spätestens jetzt werden

Im Gehen ...

alle anatomischen Defekte oder Mängel des Hundes deutlich. Viele Richter lassen den Hund nun wieder im Kreis traben, die meisten lassen ihn im Dreieck laufen. Das Dreieck hat den Vorteil, dass der Richter den Hund im Gehen, von der Seite und

... von der Seite

... im Kommen

im Kommen sehen kann, und alle drei Phasen sind ja für die Bewertung des Gangwerks wichtig. Ganz besonders die Richter von Gebrauchshund- oder Jagdhundrassen halten sich oft lange bei der Bewegungsprüfung auf, und zwar deswegen, weil die Standards dieser Rassen eine ausdauernde, korrekte Bewegung zur Erfüllung der von diesen Hunden geforderten Aufgaben verlangen. Im Gehen, das heißt von hinten gesehen, erkennt der Richter, ob der Hund seine Hinterläufe senkrecht parallel bewegt, wie das meistens gefordert wird. Fehler sind zum Beispiel hackenenges Laufen (die Hinterläufe bewegen sich von den Sprunggelenken abwärts zu eng), kuhhessiges Laufen (die Sprunggelenke werden nach innen gedreht) oder auswärts gedrehte Pfoten. Alle diese Fehler gehen auf eine anatomisch nicht korrekte Stellung der Hinterläufe zurück. Von der Seite sieht der Richter, ob der Hund eine aktive Hinterhand hat (sie ist ja der Sitz der Bewegung beim Hund!), ob er also Schub entwickelt und genügend weit unter den Körper tritt. Bei allen Rassen, bei denen eine straffe oder sogar eine leicht abfallende Rückenlinie gefordert wird, kann sie der Richter allein in der Bewegung und von der Seite zweifelsfrei erkennen. Hier sieht er, ob hinter dem Widerrist ein Knick im Rücken entsteht, ob der Hund den Rücken aus welchen Gründen auch immer zieht (man spricht auch vom Karpfenrücken), und er sieht schließlich auch, wie er seine Vordergliedmaßen bewegt. Die Hunde sollen einen raumgreifenden Vortritt zeigen. Das können sie aber nur, wenn bei einer schräg gelagerten Schulter ein Winkel von rund 90 Grad zum richtig langen Oberarm gebildet wird. Dann kann der Hund den Vorderlauf frei nach vorn bringen. Ist der Winkel zu offen, die Winkelung also zu »steil«, und der Oberarm zu kurz, kann der Hund die Vorderläufe nicht genügend nach vorn bringen, die Bewegung wird abgebrochen, und es entsteht das unschöne Trippeln oder Steppen. Kein Aussteller sollte die Bedeutung des korrekten Gangwerks unterschätzen. Es ist bei der Beurteilung des Hundes manchmal mehr entscheidend als der eine oder andere Schönheitsfehler im kleinen.

Die Platzierung steht fest

Von vorn, also im Kommen, erkennt der Richter nun noch, ob der Hund die Läufe richtig parallel nebeneinander setzt, ob er fassbeinig (man könnte auch sagen O-beinig) oder pfoteneng läuft. Auch diese Fehler gehen auf anatomische Mängel zurück, ebenso wie das öfter beschriebene lose Vorderfußwurzelgelenk.

Um all dies zu sehen, zu erkennen und für sein späteres Urteil zu gewichten, hat der Richter nicht viel Zeit. Er kann natürlich einen Hund mehrmals im Kreis oder im Dreieck laufen lassen, wenn ein Fehler nur sporadisch oder nicht ganz deutlich auftritt, aber auch, wenn der Hund während der Bewegung immer freier und entspannter und damit besser wird. Einmal mehr Laufen ist jedenfalls für das gerechte Urteil besser als einmal zu wenig. Meist beansprucht das Laufen auch den Aussteller erheblich mehr als den Hund, und der Hinweis des keuchenden Führers auf den »armen Hund« meint in Wahrheit meist ihn selbst. Es muss noch einmal darauf hingewiesen werden, dass bei sehr vielen Rassen die Bewegung ein Kriterium ist, das den Formwert ganz entscheidend beeinflusst. Oft sind Stand und Bewegung eines Hundes zwei Welten; der attraktiv aufgebaute Hund fällt bisweilen in der Bewegung völlig in sich zusammen, und es bleibt wenig von der vorher gezeigten Pracht. Andererseits gibt es auch Hunde, die entfalten erst beim Laufen ihre Qualitäten. Sie zeigen erst dann, was in ihnen steckt, und sammeln dabei entscheidende Pluspunkte.

Wenn das Einzel-Laufen nach ein paar Minuten überstanden ist will der Richter den Hund noch einmal im Stand, sozusagen als »Gesamtkunstwerk« sehen. Nun summiert er die Eindrücke, die er zuvor in der Detailkontrolle und im Laufen gewonnen hat; das Ergebnis diktiert er dann in den Richterbericht. Es kann keinesfalls schaden, wenn der Aussteller dieses letzte Hinstellen während der Einzelbewertung noch einmal ernst nimmt. Zweifellos kann hier noch einmal ein guter Eindruck hinterlassen werden, der sich möglicherweise in der Platzierung am Ende auswirkt.

Ein Traum wurde wahr

DIE PLATZIERUNG

Die Platzierung erfolgt, wenn alle Hunde der Klasse gerichtet worden sind und der Richter nun vor der oft sehr schweren Aufgabe steht, aus einer Reihe schöner Hunde die vier schönsten zu ermitteln. Hierbei können oft Kleinigkeiten, die dem Zuschauer aus der Entfernung überhaupt nicht aufgefallen sind, eine Rolle spielen. Eine unpigmentierte Nickhaut vielleicht, die kein gravierender Fehler ist, aber doch den Ausdruck stören kann, eine regelmäßige Zeichnung, die positiv ins Gewicht fällt oder ähnliches. Bei den Besten geht es schließlich oft nur um Nuancen und Details – sonst wären sie nicht die Besten! Über die Formwerte wird im Einzelnen noch zu schreiben sein. In diesem Zusammenhang sei gesagt, dass für die Platzierung Hunde mit den Formwerten »Vorzüglich« und »Sehr gut« in Frage kommen. Der Richter kann sich also beispielsweise für die Reihenfolge V1, V2, V3, Sg4 entscheiden, er kann nur ein V vergeben, so dass nach dem V1 das Sg2 und so weiter folgt, oder er kann gar kein V vergeben, so dass der Klassensieger Sg1 erhält. Der Formwert »Gut« kommt nicht mehr in die Platzierungen. Bis die vier Ersten auf ihren Plätzen stehen, kann durchaus noch einmal einige Zeit vergehen, und zwar dann, wenn sich der Richter noch nicht endgültig schlüssig ist, wen er »vorn« haben will. Dann lässt er die Kandidaten meist noch einmal einzeln und zusammen laufen und entscheidet nach dem direkten Vergleich der Hunde in der Bewegung. Das geschieht, wie gesagt, recht häufig. Oft macht es eine Konkurrenz vor allem auch für die Zuschauer noch einmal besonders spannend.

Wenn der Richter eine Klasse mit zwanzig oder mehr Hunden zu Ende gerichtet hat, wird er sich hinterher immer wieder einmal fragen, ob er schließlich richtig platziert hat oder ob vielleicht doch ein anderer an erster Stelle hätte stehen können. Ohne Zweifel ist die Entscheidung über den Sieg – und damit über einen eventuellen Titel oder zumindest eine Anwartschaft darauf – immer schwer. Aber der Richter muss sich entscheiden, und zwar in relativ kurzer Zeit. Die Aussteller sollten auch dies bedenken, wenn sie einmal der Meinung sein sollten, der Richter habe daneben gegriffen. Das Urteil des Richters ist nach der VDH-Zuchtschauordnung unantastbar und endgültig. Daher bringt es überhaupt nichts, seinem Unmut oder seiner Enttäuschung hinterher mit Beschimpfungen oder Beleidigungen Luft machen zu wollen. Hundeführer, die sich in dieser Weise »daneben benehmen«, müssen daher mit Strafen von ihrem Verein rechnen. Sie reichen vom befristeten Ausstellungsverbot bis zum Ausschluss in besonders gravierenden Fällen.

DER RICHTERBERICHT

Vom Richterbericht war kurz schon die Rede. Er hat nicht nur für den einzelnen Aussteller, sondern auch für Züchter und Richter eine große Bedeutung. Die Ausstellungsberichte sind eine Dokumentation über die dort gezeigten Hunde mit genauen Beschreibungen ihrer Vorzüge und Schwächen. Aus ihnen ist für den Fachmann zu erkennen, welche besonderen Merkmale einen Hund auszeichnen, Merkmale, die wiederum für die weitere Zuchtverwendung von Bedeutung sein können.

Damit ist die Frage, wer denn eigentlich die Richterberichte lese, beantwortet: alle, die am einzelnen Hund oder an der Präsentation bestimmter Hunde ein züchterisches, privates oder sonstiges kynologisches Interesse haben. Der Richterbericht wird in aller Regel einer Ringsekretärin diktiert und nach dem Richten dem Aussteller ausgehändigt; er erfährt somit ganz aktuell, wie sein Hund beschrieben wurde und was die Kriterien waren, die zu dem vergebenen Formwert führten. Der Richterbericht hat also vor allem für Züchter erhebliche Bedeutung, aber auch die Hobby-Aussteller interessieren sich dafür.

Daher sollte der Bericht alle wesentlichen Punkte des Hundes beschreiben. Das heißt nicht, dass der Richter einen kleinen Roman über jeden Hund schreiben sollte. Dazu würde wohl auch die Zeit fehlen. Aber mit stenogrammartigen Kurzfassungen ist auch niemandem gedient. »Sehr schöner Hund, bewegt sich gut, fröhliches Wesen« ist als Aussage sicher zu wenig, damit kann niemand etwas anfangen. Es müssen dann schon die besonderen Vorzüge dieses »sehr schönen Hundes« angeführt werden. Schließlich soll ja der vom Richter vergebene Formwert aus der Beschreibung des Hundes gewissermaßen logisch hervorgehen, der Leser soll den Eindruck haben, dass aufgrund der Beschreibung nur dieser und kein anderer Formwert vergeben werden konnte.

Dies erfordert vom Richter große Konzentration und sicherlich auch einige Übung. Richteranwärter merken das immer wieder bei den Korrekturen ihrer Berichte.

Was sind nun die wesentlichen Punkte, die im Bericht enthalten sein sollen? Professor Emil Hauck, einer der großen Kynologen der vergangenen Zeit, sagt dazu folgendes: »Der Beurteiler muss das Ergebnis seiner Feststellung in Worte fassen, das beurteilte Tier beschreiben. Die Beschreibung fällt verschieden aus, je nach dem Wissensstand dessen, für den sie bestimmt ist, und dessen, der sie gibt. Meist setzt aber der Berichterstatter voraus, dass sein Bericht von Sachkundigen gele-

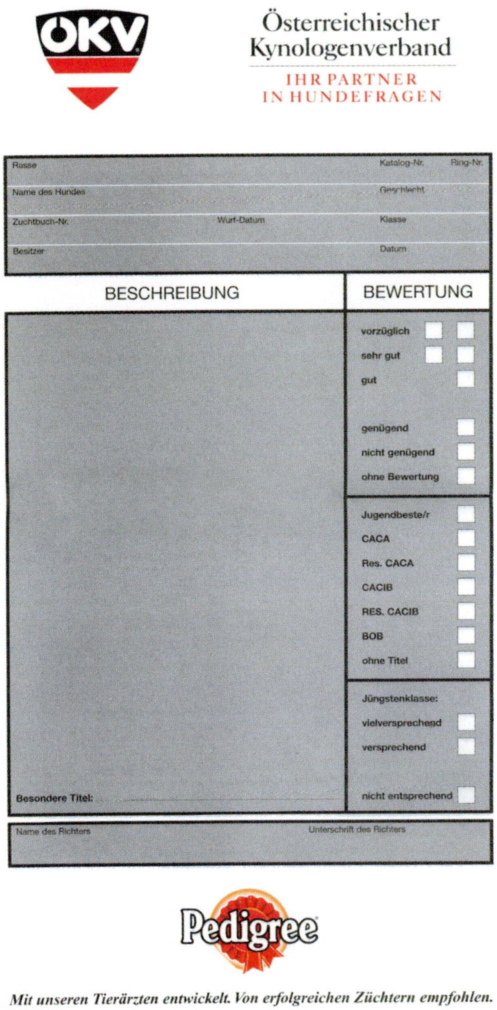
ÖKV

Österreichischer Kynologenverband

IHR PARTNER IN HUNDEFRAGEN

Rasse | Katalog-Nr. | Ring-Nr.

Name des Hundes | Geschlecht

Zuchtbuch-Nr. | Wurf-Datum | Klasse

Besitzer | Datum

BESCHREIBUNG

Besondere Titel:

BEWERTUNG

vorzüglich

sehr gut

gut

genügend

nicht genügend

ohne Bewertung

Jugendbeste/r

CACA

Res. CACA

CACIB

RES. CACIB

BOB

ohne Titel

Jüngstenklasse:

vielversprechend

versprechend

nicht entsprechend

Name des Richters | Unterschrift des Richters

Pedigree

Mit unseren Tierärzten entwickelt. Von erfolgreichen Züchtern empfohlen.

sen wird. Der Durchschnittsleser wieder vertraut auf die Sachkunde des berichtenden Beurteilers und kann sich da manchmal irreführendes, ja schadenbringendes Halbwissen oder Scheinwissen aneignen. Die Kunst der Beschreibung ist vielleicht nicht lehrbar, wohl aber durch heißes Bemühen soweit erlernbar, dass der Kenner sich das beschriebene Tier mit den wesentlichen Vorzügen und Mängeln vorzustellen vermag. Die fachlichen Voraussetzungen der guten Beschreibung sind Kenntnis der Rassekennzeichen, Kenntnis der nahe verwandten Rassen, allgemeine Rassenkunde, Kenntnis der Familientypen innerhalb der Rasse, allgemeine Tierzuchtlehre und Exterieurlehre ...«

Diese Sätze sind zwar schon ein paar Jahrzehnte alt, aber sie treffen im Kern immer noch die Voraussetzungen, die für einen informativen Bericht notwendig sind.

Darin geht es zunächst um den Gesamteindruck. Es gehören dazu Größe, Substanz, Harmonie, Typ. Einige Fachbegriffe tauchen dabei immer wieder auf, wie zum Beispiel Konstitution (das Ererbte, Unveränderliche), Kondition (die derzeitige, am Tag der Ausstellung sichtbare Verfassung), Adel (typischer Aufbau, edel gemeißelter Kopf, stolze Haltung). Auch von der Außenlinie ist oft die Rede, wobei man zwischen der oberen (Nacken-Rückenlinie) und der unteren (Brust-Bauchlinie) unterscheidet.

Nächster Punkt der Beschreibung ist der Kopf. Dabei ist die Rede vom typisch rüdenhaften oder hündinnenhaften Kopf, bei einigen Rassen vom Stop (dem deutlich ausgeprägten Stirnabsatz), von der Stirnfurche oder dem Hinterhauptbein. Wenn notwendig, sollte der Bericht Anmerkungen zum Fang oder zu den Lefzen enthalten.

Auf das Gebiss wurde schon in anderem Zusammenhang hingewiesen. Die FCI hat 1980 die Einführung einer einheitlichen Nomenklatur für die Bezeichnung des Gebisses beschlossen. Dabei werden die Zähne in jeder Kieferhälfte von vorn nach hinten gezählt. Die Formel der 42 Zähne im Hundegebiss lautet demnach: I 1—3; C; Pm 1—4; M 1—2 im Oberkiefer bzw. 1—3 im Unterkiefer.

Für den Gebissschluss der Schneidezähne werden einheitlich folgende Bezeichnungen, gemäß der Funktion des Unterkiefers verwendet: Scherengebiss, Zangengebiss, Vorbiss, Rückbiss. Bezeichnungen wie Überbiss, Unterbiss, umgekehrte Schere und so weiter sollen nicht mehr verwendet

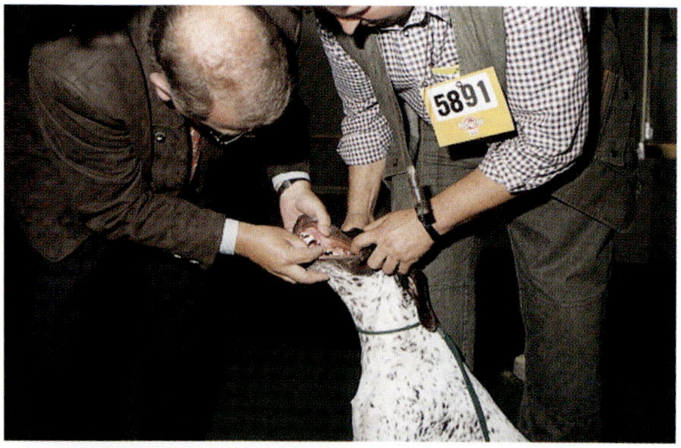

Alles gehört dazu: Messen, Gebisskontrolle, Vergleichen der Tätowiernummer, Kontrolle der Hoden

werden. (FCI — Rundschreiben 38/1980 vom 25.8.1980)

Über das Ohr (Behang bei den Rassen mit hängenden Ohren) wird auch gelegentlich geschrieben, meist im Zusammenhang mit dem richtigen oder falschen Ansatz.

Das Auge ist im Richterbericht ein oft beschriebener Punkt: Ob es beispielsweise tief oder zu weit auseinander liegt, ob der Hund schielt (was bei einigen Rassen recht häufig vorkommt!), ob die Augenfarbe den jeweiligen Standards entspricht, ob die Lider gut anliegen, ob ein Ektropium (Tütenbildung des unteren Lids) oder ein Entropium (einwärts gerolltes unteres Lid) vorliegt. Die beiden letztgenannten Erscheinungen sind in aller Regel zuchtausschließende Fehler.

Nächster Punkt bei der Beschreibung des Hundes ist der Hals, über dessen richtige Form es natürlich bei den verschiedenen Rassen sehr unterschiedliche Vorstellungen gibt. Meist geht es um die richtige Länge. Fast immer aber soll der Hals des Hundes harmonisch in eine schräg gelagerte Schulter übergehen, »überfließen«. Der Hals soll also nicht auf die Schulter aufgesetzt sein, sondern fließend in sie übergehen.

Der Rumpf (das Gebäude) ist selbstverständlich ein entscheidender Körperteil für die gesamte Beurteilung. Dabei geht es um die korrekte Rippenwölbung ebenso wie um die Tiefe und die Länge des Gebäudes. Die Weite der Brust, die für die Leistungsfähigkeit des Hundes von großer Bedeutung ist, der straffe Rücken (oder auch der abfallende, wo immer er gefordert wird) sind Kriterien für ein korrektes Gebäude. Eine muskulöse Lendenpartie, eine nicht zu stark geneigte Kruppe, richtiger Rutenansatz (nicht zu hoch und nicht zu tief) sind ebenfalls unverzichtbare Einzelheiten eines Richterberichts.

Entscheidende Bedeutung kommt der Winkelung der Gliedmaßen zu, und zwar nicht allein wegen des Anblicks, sondern in erster Linie wegen der Bedeutung für eine raumgreifende, flüssige Bewegung. Auf den für die meisten Rassen geforderten 90-Grad-Winkel zwischen Schulterblatt und Oberarm wurde bereits hingewiesen; der Winkel zwischen Oberarm und Unterarm beträgt etwa 135 Grad. Für die Hinterhand gilt bei der überwiegenden Zahl der Hunde folgendes: Der Winkel zwischen Oberschenkel und Unterschenkel beträgt etwa 110 Grad, der zwischen Unterschenkel und Hintermittelfuß etwa 125 Grad. Die Bewegung selbst wird ein wichtiger Punkt im Richterbericht sein, da – wie ausgeführt – direkte Zusammenhänge zwischen einer korrekten Anatomie und der Bewegung bestehen.

Das Haarkleid ist bei einigen Rassen ein Punkt, der in der vollständigen Beschreibung nicht fehlen darf. Und schließlich ist immer wieder die Rede vom Wesen des Hundes. Jeder Richter weiß natürlich, dass er über das Wesen eines Hundes in den wenigen Minuten, die er ihn zur Beurteilung im Ring hat, nur sehr Unvollständiges und Unvollkommenes aussagen kann. Mancher Hund ist zum ersten Mal auf einer großen Ausstellung, ist sehr beeindruckt von all dem, was um ihn herum vorgeht, mancher ist gar verschreckt oder ängstlich; er muss deswegen nicht unbedingt ein schlechtes oder instabiles Wesen haben. Andererseits muss der Richter das beschreiben, was er an diesem Tag sieht. Und dann muss er unterscheiden zwischen dem absolut wesensfesten Hund, der sich von dem Trubel um ihn herum überhaupt nicht beeindrucken lässt und gelassen und fröhlich auftritt. Ein solcher Hund ist natürlich im Wesen stabiler als der zuvor Geschilderte. Keinerlei Probleme gibt es bei der Beschreibung von Aggressivität oder Bissigkeit; dies sind eindeutige Wesensmängel, die auch in der Regel einfach zu beurteilen sind. Ansonsten aber ist die Beurteilung von Wesen im Gegensatz etwa zur Anatomie oder zur Bewegung eine unerhört diffizile Angelegenheit, die vom Richter viel Einfühlungsvermögen und Fingerspitzengefühl erfor-

Am Ziel der Wünsche

Die drei Besten der Welt Hunde Ausstellung 2003

dert. Aus den genannten Gründen sollte daher besser von »Verhalten« des Hundes im Ring gesprochen werden, als vom »Wesen«. Worauf es beim Richten grundsätzlich ankommt, sei noch einmal zusammenfassend erläutert.

Der Richter hat bei seiner Tätigkeit eine einzige wichtige Aufgabe zu erfüllen, nämlich auf Rassehunde-Zuchtschauen diejenigen Hunde auszuwählen, die den Forderungen des Rassestandards am nächsten kommen.

Dabei muss er den Hund zunächst in seiner Gesamtheit sehen, ihn zugleich aber im Blick auf die Anatomie, die Physiologie (auch der Nerven-Physiologie) und die Bewegungslehre beurteilen können. Es darf dabei nicht nur auf das Detail geachtet werden, sondern ein die Zucht förderndes Richten erfordert vor allem auch die richtige Einschätzung des Typs, der Konstitution und der Substanz.

Insgesamt, und das wird aus dieser Beschreibung deutlich, kann der Richter dem Züchter durch seine Bewertung und durch seine Beschreibung wertvolle Hinweise für seine Arbeit geben.

Ein Thema im Zusammenhang mit dem Richten von Hunden hat in den letzten Jahren zunehmend an Bedeutung gewonnen. Der Trend geht in zahlreichen Ländern »weg von züchterischer Übertreibung«, die zu gesundheitlichen Merkmalen führen. Unter der Überschrift »Wir tragen die Verantwortung« haben sich sechs nationale Dachverbände zu einer gemeinsamen Initiative zusammengeschlossen, die zum Ziel hat, solche Übertreibungen nicht nur nicht zu tolerieren, sondern sie sogar zu ahnden.

Der Richter und sein Team im Ring müssen harmonieren

Wir tragen die Verantwortung

Eine Initiative
des Verbandes für das Deutsche Hundewesen (VDH)
der Schweizerischen Kynologischen Gesellschaft (SKG)
des Österreichischen Kynologenverbandes (ÖKV)
des Raad van Beeher op Kynologisch Gebied in Nederland
der Union Cynologique Saint Hubert du Grand Duché de Luxembourg (UCHL)
und
des Zwiazek kynologiczny w Polsce

An unsere Richterinnen und Richter

Sehr geehrte Kollegin, sehr geehrter Kollege,

der Einfluss der Zucht-/Ausstellungsrichterinnen und -richter insbesondere im Hinblick auf gesundheitliche Aspekte und das Wohlbefinden unserer Rassehunde ist enorm; Ihnen obliegt damit eine große Verantwortung. Sie können sehr leicht dazu beitragen, dass ein Hund zur Plage wird, indem Sie Merkmale einer Übertypisierung dulden oder gar fördern, welche gesundheitliche Schäden oder Wesensmängel zur Folge haben können.

Ihre Entscheidungen beeinflussen die Züchter, welche die Fortentwicklung und das Vorhandensein von bestimmten physischen Merkmalen bei ihren Zuchttieren anstreben, um den Anforderungen der einzelnen Rassestandards zu entsprechen. Anforderungen, die in manchen Fällen so sehr von den akzeptablen Grundforderungen einer normalen Hundeanatomie abweichen, dass sie vielleicht gelegentlich einen gewissen Grad an physischen Beschwerden und/oder Behinderungen verursachen. Oftmals können die hervorgerufenen Leiden gravierend sein, dann nämlich, wenn die Zucht-/Ausstellungsrichterinnen und -richter durch die einseitige Auslegung des Rassestandards dazu beitragen und sie somit Übertreibungen fördern, welche der Gesundheit und Funktionalität abträglich sein können.

In den letzten Jahren wurden in den Medien und in der Öffentlichkeit die der Gesundheit unserer Rassehunde abträglichen Merkmale immer wieder angesprochen und etliche Rassen wurden zum Objekt öffentlicher Kritik. Es ist daher für den VDH, die SKG, den Raad van Beheer, die UCHL, den ÖKV und den Zwiazek kynologiczny w Polsce von allergrößter Bedeutung, dass Sie, als erfahrene(r) Zucht-/Ausstellungsrichter(in), vor Ihrer Richtertätigkeit einige Minuten Ihrer Zeit darauf verwenden dieses Schreiben zu lesen, um sich eingehend anhand der Beispiele (siehe Liste) mit den Kritikpunkten auseinander zusetzen.

Natürlich tragen Sie nur dann einen Teil der Verantwortung, wenn Sie negative Merkmale bei Ihrem Richten überhaupt selbst feststellen können. Daher ersuchen wir Sie bei der Beurteilung äußerst sorgfältig vorzugehen, können doch Ihre Bewertungen von entscheidender Bedeutung für die genetische Grundlage sein, soweit es sich um Erscheinungen handelt, die nicht verborgen und für die Zucht-/Ausstellungsrichterin und den -richter eindeutig erkennbar sind und von denen man weiß, dass sie sich vererben.

Es ist eine Tatsache, dass hochprämierte Hunde häufiger in der Zucht Verwendung finden als andere. Daher sollten Sie, als Zucht-/Ausstellungsrichterin und -richter, äußerst sorgfältig bei Ihrer Bewertung vorgehen und solche Hunde, welche die genannten, unerwünschte Merkmale aufweisen, die das Wohlbefinden der Hunde negativ beeinflussen, nicht auch noch mit höchsten Auszeichnungen prämieren.

Obwohl die Verbände mittels entsprechender Zuchtvorschriften bzw. –verbote zur Eindämmung genetischer Defektmerkmale wesentliche Vorkehrungen bereits getroffen haben, ist die Untermauerung dieser Vorgaben seitens der Richterschaft unentbehrlich.
Bei einer Reihe von Rassen ist eine deutlich erkennbare Entwicklung dahingehend feststellbar, dass einige Richter offenbar Merkmale dulden, die immer extremer werden, dies ohne jeglichen vernünftigen Grund. Absätze der Standardformulierungen, die üblicherweise im Widerspruch zu einer gesunden Hundeanatomie und normalen physiologischen Funktionen stehen, sind diejenigen:

- **hinsichtlich des Temperaments,**
- **bezüglich des Kopfes,**
- **der Augen,**
- **des Fangs,**
- **des Gewichts,**
- **des Haarkleides,**
- **der Haut sowie**
- **der Winkelung der Hinterhand und**
- **des Bewegungsablaufs.**

Wir ersuchen daher alle Zucht-/Ausstellungsrichterinnen und -richter, den Standard in der Weise zu interpretieren, dass der begutachtete Hund auch als „funktional gesund" eingestuft werden kann. Jegliche Abweichung in einem der vorhergehenden genannten Punkten muss als schwerer Fehler angesehen werden.

Die Zucht-/Ausstellungsrichter müssen den Hund als Teil der menschlichen Gesellschaft sehen. Dieser darf weder eine Plage noch eine Gefahr für den Menschen sein. Beißende, aggressive Hunde sind ein Gräuel, unabhängig davon ob sie groß oder klein sind und gleichgültig aus welchem Grund diese sich negativ entwickelt haben. Jeder Zucht-/Ausstellungsrichter muss ganz konsequent dafür sorgen, dass kein beißender Hund Eingang in die Zucht finden kann, er muss disqualifiziert werden. Einige Rasse Standards führen unter WESEN folgendes aus „zurückhaltend gegenüber Fremden", was am besten mit „distanziert" umschrieben werden kann. Hunde dieser Rassen müssen dennoch ein festes Wesen zeigen und sich, wie auch Hunde aller anderen Rassen, durch den(die) Richter(in) problemlos anfassen lassen, sofern sich diese(r) ihnen in natürlicher Haltung und mit ruhigen Bewegungen nähert und mit dem Führer des Hundes normal spricht.

Liebe Kollegin, lieber Kollege, wir sind überzeugt davon, dass Sie unsere Initiative unterstützen, damit unsere langjährigen Freunde, die Hunde, vor physischen und psychischen Schäden bewahrt werden.

Juni 2001

Uwe Fischer Präsident des VDH	Peter Rub Präsident der SKG	André van Fessem Präsident des Raad van Beheer	Dr. Michael Kreiner Präsident des ÖKV	Gitti Schwab Präsidentin der UCHL	Andrej Mania Präsident Zwiazek kynologiczny W Polsce

Richterberichte und Formulare für die diversen Anwartschaften auf Sieger-Titel gibt es in vielerlei unterschiedlicher Form.

Für die Internationalen und Nationalen Zuchtschauen hat der »Verband für das Deutsche Hundewesen« im Jahr 2005 eine neue Verfahrensweise entwickelt, die zum Ziel hat, die von vielen beklagte und im Laufe der Zeit immer aufgeblähtere Formulare-Flut einzudämmen. »Mehr Service – weniger Formulare« war die Devise, und wer sich vor Augen hält, was es in der Vergangenheit alles an Formularen gab, wird die neue Entwicklung nur begrüßen können.

Es gab Richterbücher (von Zuchtrichter selbst zu führen und auf jeder Seite zu unterschreiben), es gab Vorschlagszettel, Anwartschaftskarten für CACIB und Reserve-CACIB, Anwartschaftskarten für den Deutschen Champion (VDH) und natürlich die Karte für die Reserve-Anwartschaft, dasselbe für das neutrale CAC, dazu kamen die unzähligen Formulare für Vereins-CAC (und Reserve) sowie für andere Siegertitel – kurz: Es war für das Ringpersonal und für den Zuchtrichter ein manchmal nur schwer zu bewältigender Papier-Wust, einige Beispiele dafür werden – der Erinnerung wegen – in diesem Buch auch noch einmal gezeigt.

Seit Januar 2005 sind die Richterbücher entfallen, ebenso durchgängig die im VDH-Bereich üblichen Anwartschaftskarten (auch für den VDH-Jugendchampion und den VDH-Veteranenchampion werden entsprechende Kästchen angekreuzt); die sehr unterschiedlichen Anwartschaften der Vereine können, wenn gewollt, ebenfalls auf dem neuen Richterbericht kenntlich gemacht werden.

Da hat sich nach Jahrzehnten der hergebrachten Vorgehensweise etwas ganz Neues, zunächst sogar »revolutionär« Anmutendes installiert. Das ging nicht ohne gewisse Reibungen und es gab auch im Detail einige Verbesserungsvorschläge – aber wichtig ist, dass vom Grundsatz her etwas angeboten wird, was allen in den Ringen Beschäftigten zugute kommen wird – zumal der VDH auf den Internationalen/Nationalen Ausstellungen jeweils individuell gestaltete Richterberichtsformulare zur Verfügung stellt, die für jeden Hund komplett bereits fertig ausgeschrieben sind; für die Anträge auf Bestätigung eines Titels sind beim VDH künftig nur noch die Fotokopien der infrage kommenden Richterberichte notwendig.

Vereine, die das wollen, können das neue System auch für ihre Spezialzuchtschauen übernehmen.

ROYAL CANIN
WISSEN UND RESPEKT

VDH

FCI

Richterbericht / Judge's report

Name des Hundes: Name of the dog	[redacted]		
Rasse: Breed			
Rüde ☐ Dog	Hündin ☐ Bitch	Wurftag: Date of birth	
Klasse: Class	Kat.-Nr.: Cat.-No.		
Zuchtbuch-Nr.: Studbook number	[redacted]		
Tätowierung ☐ Tattoo	Mikrochip ☐ Micro-chip	Ident-Nr.: Ident-No.	Nicht lesbar ☐ Not readable

Beurteilung / Critique / evaluation

Gebiss: Bite	Schere ☐ Scissor bite	Zange ☐ Pincer bite	Vorbiss ☐ Undershot mouth	Rückbiss ☐ Vershot mouth	Sonstiges… Anything else…
Es fehlen: Missing teeth	Prämolare… Premolars	Schneidezähne… Incisars	Eckzähne… Canines	Molaren… Molaren	

Für den Zuchtrichter

Widerristhöhe: Height at withers	Sonstiges: Anything else

Formwertnote	Platz	BOB	Anw. Dt. Ch. VDH	Res.-Anw. Dt. Ch. VDH

CAC	Res. CAC			

Datum
Date

Name des Zuchtrichters
Judge's name

Unterschrift des Zuchtrichters
Judge's signature

VDH

Bewertungsbogen
Internationale und Nationale Zuchtschauen

0004

Ausstellung/Zuchtschau: ______________________
Datum: ______________________
Rasse: ______________________
Zuchtrichter: ______________________
Klasse: ______________________
Rüden ☐ Hündinnen ☐

Achtung: Bitte ankreuzen! Weitere mögliche Anwartschaften/Titel in dieser Klasse sind vom Sonderleiter vorher zu ergänzen.

Für den Zuchtrichter

Katalog-Nr.	Bemerkungen Zuchtrichter	Formwertnote	Platz	BOB	CACIB	Res.-CACIB	Anw. Dt. Ch. VDH	Res.-Anw. Dt. Ch. VDH	CAC	Res.-CAC	Anw. Dt. Jug. Ch. VDH	Res.-Anw. Dt. Jug. Ch. VDH			

ROYAL CANIN
WISSEN UND RESPEKT

____
Unterschrift Zuchtrichter

Kapitel 8

Die Formwerte

Von den Formwerten war im Zusammenhang mit dem Richten schon mehrfach die Rede. Am Ende der Beurteilung eines Hundes muss der Richter eine Entscheidung treffen, die bisweilen alles andere als einfach ist: Er muss dem Hund einen Formwert zuerkennen. Nach der Zuchtschau-Ordnung des VDH wird unterschieden zwischen den Formwerten »Vorzüglich«, »Sehr gut«, »Gut«, »Genügend« und »Disqualifiziert«. In der Jüngstenklasse gibt es »Viel versprechend«, »Versprechend« und »Wenig versprechend«.

Die Formwerte sagen so als nackte Begriffe wenig aus. Deswegen sollen an dieser Stelle die Erläuterungen zitiert werden, wie sie im Artikel 19 des Ausstellungsreglements der FCI niedergelegt sind. Es heißt dort:

Vorzüglich darf nur einem Hund zuerkannt werden, der dem Idealstandard der Rasse sehr nahekommt, in ausgezeichneter Verfassung vorgeführt wird, ein harmonisches, ausgeglichenes Wesen ausstrahlt, der »Klasse« und eine hervorragende Haltung hat. Seine überlegenen Eigenschaften seiner Rasse gegenüber werden kleine Unvollkommenheiten vergessen machen, aber er wird die typischen Merkmale seines Geschlechts besitzen.

Sehr gut wird nur einem Hund zuerkannt, der die typischen Merkmale seiner Rasse besitzt, von ausgeglichenen Proportionen und in guter Verfassung ist. Man wird ihm einige verzeihliche Fehler nachsehen, jedoch keine morphologischen. Dieses Prädikat darf nur einem Klassehund verliehen werden.

Gut. Dieses Prädikat ist einem Hund zuzuerteilen, der die Hauptmerkmale seiner Rasse besitzt, aber Fehler aufweist, unter der Bedingung, dass diese nicht verborgen werden.

Genügend erhält ein Hund, der seinem Rassetyp genügend entspricht, ohne dessen allgemein bekannte Eigenschaften zu besitzen bzw. dessen körperliche Verfassung zu wünschen übrig lässt.

Disqualifiziert wird ein Hund, der nicht dem durch den Standard vorgeschriebenen Typ entspricht, ein eindeutig nicht standardgemäßes Verhalten zeigt oder aggressiv ist, mit einem Hodenfehler behaftet ist, einen erheblichen Zahnfehler oder eine Kieferanomalie aufweist, einen Farb- und/oder Haarfehler hat oder eindeutig Zeichen von Albinismus erkennen lässt. Dieser Formwert ist ferner dem Hund zuzuerkennen, der einem einzelnen Rassenmerkmal so wenig entspricht, dass die Gesundheit des Hundes beeinträchtigt ist. Mit diesem Formwert soll auch ein Hund bewertet werden, der nach dem für ihn geltenden Standard einen schweren bzw. disqualifizierenden Fehler hat.

Ohne Bewertung bleibt ein Hund, dem keiner der vorgenannten Formwerte zuerkannt werden kann, d. h. beispielsweise, dessen Gangwerk nicht beurteilt werden kann, der eine Gebisskontrolle nicht zulässt, dessen Haarkleid offensichtlich unzulässig bearbeitet wurde oder an dem nach dem Eindruck des Richters Eingriffe vorgenommen wurden, die über ursprüngliche Befunde hinwegtäuschen sollten. Der Grund muss allerdings im Richterbericht angegeben werden. Gelegentlich kommt es vor, dass Aussteller ihren Hund zurückziehen wollen, wenn sie merken, dass es nicht so richtig läuft am Ausstellungstag. Die VDH-Zucht-Schauordnung schreibt jedoch ganz eindeutig vor, dass als »zurückgezogen« nur der Hund gelten kann, der vor Beginn des Bewertungsvorganges aus dem Ring genommen wird.

Erfolgreiche Vertreter der FCI-Gruppe 6

»VORZÜGLICH« ODER »SEHR GUT«?

Die Aussteller sollten sich die FCl-Beschreibung der Formwerte einmal sehr gründlich durchlesen. Die Anforderungen, die hier an den Formwert »Vorzüglich« gestellt werden, sind so hoch, dass dieses Prädikat vom Sinn her tatsächlich selten und nur bei ganz hervorragenden Hunden vergeben werden dürfte. Aber auch das »Sehr gut« verdient größte Aufmerksamkeit: Dieses Prädikat darf nur einem Klassehund vergeben werden – so heißt es im Reglement. Und wenn dann die enttäuschten Aussteller mit dem Richter oder vielleicht sogar mit ihrem Hund hadern, dass er »nur« ein »Sehr gut« erhalten hat, haben sie sich gewiss nicht vor Augen gehalten, dass er das Prädikat eines Klassehundes bekommen hat. Die Qualität der Formwerte zu erkennen, dies ist für jeden Aussteller eine wichtige Sache. Selbstverständlich ist es schön, wenn ein Aussteller – und zumal ein Anfänger – mit seinem Hund den höchsten Formwert erreicht. Aber das »Vorzüglich« kann und darf nicht der Normalfall werden, oder anders ausgedrückt: Nicht jeder schöne Hund kann ein V bekommen. Im Interesse der Qualität der Rassen muss da differenziert werden. Es gibt Rassehundezuchtvereine, bei denen das V die herausragende Ausnahme für den wirklich herausragenden Hund ist. Nur die Allerbesten können dort diesen Formwert erreichen. Die dort amtierenden Richter tun gewiss Gutes für das Niveau der gesamten Zucht. Es gibt aber auch Fälle, wo man geradezu von einer »V-Schwemme« sprechen kann – und das kann für eine verantwortungsbewusste Richterei mit Blick auf die Zucht nicht gut sein. Natürlich kann ein Richter nicht von vornherein sagen, dass er an einem bestimmten Tag nur soundsoviele V vergibt. Das muss sich allein nach der Qualität der gezeigten Hunde und nicht nach einem vorher vorgenommenen Prozentsatz richten. So geschieht es auch bisweilen, dass Klassen zusammenkommen, in denen mehrheitlich ein V vergeben werden muss. Nur kann dies nicht die Regel sein, der Maßstab muss sehr hoch angesetzt werden, wenn die Zuchtschau nicht zur »Show« degradiert werden soll.

Hunde, die dem Rassestandard nahekommen und keine eklatanten Fehler aufweisen, sollen ihr verdientes V bekommen. Hunde wiederum, bei denen der Richter mit sich kämpfen muss, die also nicht eindeutig »Vorzüglich« sind, sollten im Zweifelsfall den Formwert »Sehr gut« erhalten. Aber Sg bewirkt, wie gesagt, oft schon völlig zu Unrecht Enttäuschung, weil das V viel attraktiver ist und alles, was nicht V ist, eigentlich gar nicht mehr zählt. Wer so denkt, tut weder seinem sehr guten Hund einen Gefallen, noch hat er den Sinn der

Formwerte in ihrer Aussage und damit die wirkliche Aufgabe einer Rassehundezuchtschau verstanden.

Erfolgreiche Hunde ...

EINMAL »V« – IMMER »V«?

Ein anderes, immer wiederkehrendes Problem ist bei Ausstellern die Frage, wie es denn kommen könne, dass ihr Hund auf der einen Ausstellung ein V, vielleicht sogar mit Platzierung, erhalten hat, auf der nächsten Ausstellung dann und bei einem anderen Richter nur ein Sg. Hat sich denn der Hund, so die Frage, innerhalb von einer Woche oder von 14 Tagen so verschlechtert, dass er eine ganze Wertnote abrutschen konnte?

Nun, die Antwort auf diese Frage ist gar nicht so kompliziert, wie sie auf den ersten Blick erscheinen mag. Sicher hat sich der betreffende Hund in seinen anatomischen Qualitäten in der Zwischenzeit nicht verändert. Aber die sind ja, wie vorher ausführlich beschrieben, keineswegs allein für die Erteilung eines Formwertes entscheidend.

Der Richter kann einen Hund nur so beurteilen, wie er ihn am Ausstellungstag sieht. Selbst Siegerhunde haben einmal einen schlechten Tag, auch sie zeigen sich nicht immer in der gleichen Perfektion. Das heißt, dass sich Hunde aus ganz verschiedenen Gründen einmal so und ein anderes Mal ganz anders präsentieren. Der Hund ist keine Maschine, die man per Knopfdruck in Gang setzt und die dann mechanisch funktioniert. Er ist ein Lebewesen wie wir, und jedermann weiß, dass auch wir nicht jeden Tag unsere besten Leistungen bringen.

Professor Eugen Seiferle hat darauf hingewiesen, dass der Hund ein körperlich und seelisch sehr bewegliches und labiles Geschöpf sei. Die Muskulatur des Hundes, so Seiferle weiter, diene nicht nur der Bewegung, sondern auch zur Fixation der Gelenke und damit der Stabilisierung des

... und ihre Richter

Gebäudes im Stand wie in der Bewegung. Der Hund benötigt den Muskeleinsatz – vor allem der Hals-, Rücken- und der übrigen Rumpfmuskeln – schon zum Stehen, insbesondere zum aufrechten, ausstellungsgerechten Stehen. Daher ist es durchaus von Bedeutung, ob der Hund bei optimaler Gesundheit und bei bestem Wohlbefinden ist, ob er ausgeruht und nicht von einer langen Anreise ermüdet ist. Auch die Umwelteinflüsse auf einer Ausstellung können den Hund so negativ stimmen, dass er sich eben nicht so zeigt, wie er das bei anderer, ihm sympathischerer Gelegenheit getan hat. So kann es eben kommen, dass er sich im Ring auch einmal »hängen lässt«, dass er die Rute nicht so trägt, wie es verlangt wird, dass er lustlos und wenig raumgreifend läuft.

Seiferle meint, und das zu Recht: »Und so kann es geschehen, dass das mit Stolz heimgebrachte ‚Vorzüglich' unter einem anderen, unter Umständen aber auch unter dem gleichen Richter ein nächstes Mal zu einem ‚Sehr Gut' oder gelegentlich sogar zu einem ‚Gut' wird. Denn der Richter kann und soll ja nur darüber ein Urteil abgeben, was er am Tag der Ausstellung zu sehen bekommt: Eine Aufgabe, die ihm, wenn er den Hund kennt, allerdings nicht immer leicht fallen mag. Auf jeden Fall aber wäre es falsch, die gelegentliche Abwertung einer Qualifikation immer gleich mit der Unfähigkeit der Richter begründen zu wollen. Denn auch das Umgekehrte kommt bekanntlich vor, und auch dafür wird man ja nicht den Richter allein verantwortlich machen wollen.«

Damit ist alles ausgedrückt, was zu diesem immer wieder auftauchenden Thema zu sagen ist. Wer sich einmal klargemacht hat, dass sein Hund auch seine guten und seine weniger guten Tage hat, der wird bei einem solchen Urteil nicht gleich den Richter verurteilen wollen.

Für Aussteller nicht nachvollziehbar ist es allerdings, wenn derselbe Hund stark voneinander abweichende anatomische Merkmale aufweisen soll, also beispielsweise bei einem Richter eine gut gewinkelte Vorderhand attestiert bekommt, von einem anderen aber eine »steile Schulter« beschrieben wird.

Zusammenfassend: Der Formwert »Vorzüglich« darf nicht zu häufig vergeben und damit entwertet werden. Der vorzügliche Hund muss der herausragende Hund bleiben. Das V darf nicht der normale Formwert sein und das Sg gewissermaßen eine Bestrafung. Ein Sg-Hund ist ein Klassehund, dies muss immer wieder in Erinnerung gerufen werden.

Die Sieger stehen im Rampenlicht

An den Richtern liegt es in erster Linie, dass hier die Dinge bei den Ausstellern wieder gerade gerückt werden, wo sich die Maßstäbe vielleicht schon ein wenig verschoben haben.

STRENGE ODER MILDE RICHTER

Es muss kein Richter mit dem Image herumlaufen, er sei ein besonders scharfer Richter, weil er das V nur relativ selten vergibt. Es macht auch keinen Sinn, wenn ein Richter seine Strenge damit dokumentieren will, dass er vorzügliche Hunde – und zwar einwandfrei vorzügliche! – auf Sg herunterrichtet, nur um eben streng und gefürchtet zu sein. Solches »Hinrichten« kann nicht im Interesse der Zucht liegen, wenn schon andere Argumente den Richter von seinem Tun nicht abhalten könnten. Keine Richter-Autorität leidet darunter, wenn das V an diejenigen Hunde vergeben wird, die es verdienen. Autorität hat der Richter, der sachlich und gerecht seine Bewertungen abgibt und der nicht

Oben angekommen ...

dazu neigt, mit dem Drang nach oben oder nach unten in seinen Urteilen zu verfahren.

Geradezu verhängnisvoll ist dagegen der allzu milde Richter. Nicht nur, dass er bei den Ausstellern alsbald »die Preise verdirbt« – solche Richter werden bekanntlich besonders gern und häufig zu Ausstellungen eingeladen, weil sie viele Meldungen bringen und fast alle am Ende zufrieden sein können! –, er schafft auch Erwartungen bei manchem Aussteller, die dessen Hund schon bei der nächsten Schau und bei einem anderen Richter nicht im Entferntesten bestätigen kann.

Gelegentlich kann man erleben, dass nahezu dreiviertel der Hunde mit einem »Vorzüglich« aus dem Ring gehen. Es gibt kaum eine Rasse, deren Niveau so hoch geworden ist, dass mit Blick auf die FCI-Formwert-Beschreibung der Großteil der vorgestellten Hunde »dem Idealstandard der Rasse sehr nahe kommt«. Meistens ist bei einem solchen Ergebnis ein Richter am Werk, der einfach zu mild wertet und niemandem weh tun möchte.

Eine völlige Einheitlichkeit im Richten wird sich kaum jemals verwirklichen lassen. Wichtig ist aber, dass die Richter einer Rasse wissen, auf welche Points es ganz besonders ankommen muss, welche Fehler unbedingt mit einer Formwertminderung geahndet werden müssen – was also der Rasse dienlich und was ihr schädlich ist. Wenn das im Richterkollegium einer Rasse einmal grundsätzlich diskutiert worden ist, wird es kaum zu eklatanten Abweichungen kommen können – wenn man davon absieht, dass die Tagesform eines Hundes durchaus einmal zu einer Formwertminderung, aber auch zu einer besseren Bewertung führen kann.

»BIS« ist das Traumziel für jeden Aussteller

Kapitel 9

Anwartschaften, Siegertitel, Wettbewerbe

DAS CACIB

Die mit dem höchsten Formwert und der Platzierung »Vorzüglich 1« bewerteten Hunde konkurrieren auf den Ausstellungen schließlich um die ausgeschriebenen Anwartschaften beziehungsweise auch um Siegertitel.

Die wichtigste Anwartschaft auf einer Internationalen Zuchtschau ist das CACIB (Certificat d'Aptitude au Championat International de Beauté), das heißt also, die Anwartschaft auf das Internationale Schönheits-Championat der FCI. Die Bedingungen für die Vergabe des CACIB sind fest vorgegeben, der Richter hat da von den Formalien her keinerlei Spielraum.

Für das CACIB konkurrieren allein die V1-Hunde aus der Offenen Klasse, der Zwischenklasse, der Gebrauchshundklasse und aus der Championklasse. Diese Hunde müssen nach dem Reglement wenigstens 15 Monate alt sein.

In der Ausstellungspraxis sieht das so aus, dass am Ende des gesamten Richtens, wenn also alle Hunde, die im Katalog verzeichnet waren, ihren Formwert erhalten haben, die so genannten Endkonkurrenzen stattfinden. Sie sind nicht nur für die teilnehmenden Aussteller eine aufregende Angelegenheit (auch »altgediente« Profis kommen dabei immer wieder ins Schwitzen!), sondern auch für die Besucher logischerweise der Höhepunkt des Ausstellungstages. Das ist auch ganz verständlich, denn es geht dabei schließlich um nicht mehr und

Ausgeglichenheit im Typ

nicht weniger, als um den an diesem Tag schönsten anwesenden Vertreter seiner Rasse.

In einer letzten Ausscheidung wird vom Richter – getrennt nach Rüden und Hündinnen – die Besten ihrer Rasse ermittelt, »wenn diese mit V1 bewertet und wirklich hervorragend sind, unabhängig von der Zahl der Konkurrenten und dem Alter der Hunde«. So heißt es wörtlich in den Vergabebedingungen für das CACIB.

Ausdrücklich ist es dem Richter freigestellt, ob er das CACIB vergeben will: Er kann es vergeben, muss es aber keineswegs tun. Es ist wiederholt vorgekommen, dass sich ein Richter nicht zur Vergabe des CACIB entscheiden konnte, weil eben die von ihm zuvor mit V1 bewerteten Hunde – möglicherweise in einer nicht überragend besetzten Konkurrenz – aus seiner Sicht nicht so hervorragend waren. Eine solche Entscheidung ist bei den Ausstellern unpopulär. In der Tat muss in einem solchen Fall gefragt werden, ob der Richter dann nicht zuvor bei der Vergabe des Formwerts V hätte strenger sein sollen. Aber immerhin heißt es im FCI-Reglement wörtlich: »Das CACIB kann nur einem Hund erteilt werden, der in der ‚Vorzüglich'-Gruppe als Erster klassiert wurde, die Belohnung ist jedoch nicht automatisch mit dem ersten Platz verbunden. Es wird dem schönsten Hund zugesprochen, der das Prädikat ‚Vorzüglich' erhalten hat, unter der Bedingung, dass der Hund ganz hervorragend ist.«

Der mit dem CACIB ausgezeichnete Hund erhält dann vom Richter eine Anwartschaftskarte mit den Landesfarben, auf der bescheinigt wird, dass der Hund für das CACIB vorgeschlagen wird. Über die Geschäftsstelle des VDH wird dieser Vorschlag dann an die FCI weitergeleitet, die nach genauer Prüfung der Daten des Hundes später die Bestätigung ausspricht.

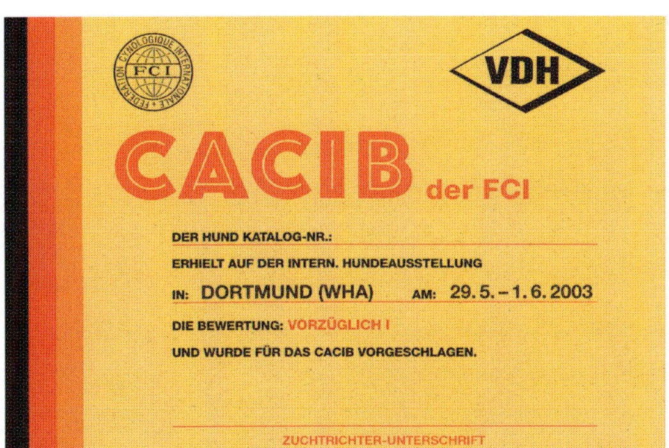
CACIB der FCI

DER HUND KATALOG-NR.:

ERHIELT AUF DER INTERN. HUNDEAUSSTELLUNG

IN: DORTMUND (WHA) AM: 29. 5. – 1. 6. 2003

DIE BEWERTUNG: VORZÜGLICH I

UND WURDE FÜR DAS CACIB VORGESCHLAGEN.

ZUCHTRICHTER-UNTERSCHRIFT

Nun gibt es auf den Internationalen Ausstellungen nicht nur das CACIB, sondern auch ein Reserve-CACIB. Dieses geht an den zweitbesten Rüden und die zweitbeste Hündin einer Rasse, wenn auch sie »wirklich hervorragend« sind. Nach den Vergabe-Bestimmungen kann der Reserve-CACIB-Hund aufrücken und das CACIB bestätigt bekommen, wenn er am Ausstellungstag 15 Monate alt war, die übrigen Bedingungen erfüllt und wenn sich bei der späteren Prüfung durch die FCI herausstellt, dass eine der geforderten Voraussetzungen beim CACIB-Hund nicht erfüllt war oder wenn dieser Hund bereits den Titel »Internationaler Schönheits-Champion« führte. Die Ermittlung des Reserve-CACIB bereitet auf den Ausstellungen indes gelegentlich Schwierigkeiten.

Wichtig ist nämlich, dass in den Wettbewerb um das Reserve-CACIB auch die mit V2 bewerteten Hunde der vier konkurrierenden Klassen eingreifen können. Das geschieht zwangsläufig, wenn der Richter aus den vier V1-Hunden den Gewinner des CACIB ermittelt hat. Dann kommt der V2-Hund der Klasse, aus der vorher der CACIB-Hund ausgewählt wurde, mit in den Wettbewerb. Da kann es durchaus sein, dass beispielsweise der V2-Hund der Offenen Klasse besser ist als die V1-Hunde der Gebrauchshund-, der Zwischenklasse oder der Championklasse oder dass der V1-Hund der Championklasse das CACIB erhielt und der V2-Hund dieser Klasse besser ist als die drei anderen V1-Hunde.

Entscheidend ist, dass der V2-Hund der Klasse in den Wettbewerb um das Reserve-CACIB kommt, deren V1-Hund das CACIB erhielt. Er kann – da nur vom CACIB-Hund geschlagen – besser sein als die drei anderen ermittelten V1-Hunde. Schauleiter und Aussteller sollten diese Regelung immer vor Augen haben, da es oft vergessen wird oder langwieriger Sucherei nach dem V2-Hund in der Endkonkurrenz bedarf. Aus Unkenntnis entfernen sich die Führer solcher Hunde und ahnen gar nicht, dass sie im Wettbewerb um den zweitschönsten Hund bei den Rüden oder Hündinnen stehen. Das CACIB, also die Anwartschaft auf das Internationale Schönheits-Championat, ist für sich allein genommen eine große Auszeichnung für einen Hund. Schwieriger noch ist es aber, den Titel zu gewinnen. Die FCI hat für die Erlangung des Schönheits-Championats strenge und keineswegs leicht zu erfüllende Bedingungen aufgestellt.

So viele Pokale für einen Hund. Copyright Roberto

Dabei wird unterschieden zwischen Rassen, die für das Internationale Schönheits-Championat eine Arbeitsprüfung benötigen – also eine ganze Reihe der Gebrauchshunde und der Jagdhunde –, und den Rassen, die eine solche Arbeitsprüfung nicht ablegen müssen. Die Liste der Hunderassen, die für den Erwerb des Titels eine Arbeitsprüfung vorweisen müssen, wird von der FCI in jedem Jahr unter gleichzeitiger Bekanntgabe der Art der Prüfung veröffentlicht. Hunde ohne Arbeitsprüfung benötigen demnach vier von der FCI bestätigte CACIB, und zwar unter drei verschiedenen Richtern in drei verschiedenen Ländern. Davon muss ein CACIB im Heimatland des Hundeeigentümers oder im Ursprungsland der Rasse erworben worden sein. Diese letzte Forderung ist natürlich bei all den Ländern nicht zu erfüllen, die für die Einfuhr von Hunden Quarantäne-Bestimmungen erlassen haben. Zwischen dem ersten und dem letzten CACIB muss im Übrigen ein Zeitraum von mindestens einem Jahr liegen.

Von Hunden mit Arbeitsprüfung werden zwei durch die FCI bestätigte CACIB unter zwei verschiedenen Richtern in zwei Ländern, davon einmal im Heimatland des Hundebesitzers oder im Ursprungsland der Rasse, verlangt. Außerdem ist der Nachweis zu führen, dass der Hund die von der FCI für den Erwerb des Titels vorgeschriebene Arbeitsprüfung abgelegt hat. Auch hier muss zwischen den beiden geforderten CACIB ein zeitlicher Abstand von mindestens einem Jahr liegen. Der Vollständigkeit wegen sei an dieser Stelle auch auf den FCI-Titel »Internationaler Arbeits-Champion« hingewiesen, der zwei durch die FCI bestätigte CACIT, erworben auf nationalen Arbeitsprüfungen mit Terminschutz der FCI aus zwei verschiedenen Ländern, erbringen muss. Auf Ausstellungsseite benötigt ein solcher Arbeits-Champion mindestens den Formwert »Sehr gut«, und zwar erworben auf einer CACIB-Rassehunde-Zuchtschau im In- oder im Ausland. Auch hier wird ein zeitlicher Zwischenraum von einem Jahr für die beiden Anwartschaften (CACIT) verlangt.

ANWARTSCHAFT FÜR DEN DEUTSCHEN CHAMPION (VDH)

Die Anwartschaft auf den Deutschen Champion (VDH) wird auf allen vom VDH geschützten Zuchtschauen vergeben. Das gilt auch für die Spezialzuchtschauen derjenigen Klubs, die unter dem Terminschutz des VDH stehen.

Diese Karte ist bei Titelbeantragung im Original einzureichen. Weitere Voraussetzungen siehe Rückseite.
Zusätzlich können Sie eine Schmuckurkunde bestellen (siehe Anhang).

FCI

Verband für das Deutsche Hundewesen e.V.
Postfach 10 41 54 · 44041 Dortmund
Mitglied der Fédération-Cynologique-Internationale
Telefon: (02 31) 5 65 00-0 Telefax: (02 31) 59 24 40

VDH

Auf der ______________________

am ______________ in ______________

erhielt der Hund Katalog-Nr.: ______________

in der „Offenen-" ☐ „Champion-" ☐ „Gebrauchshund-" ☐ Klasse

die Bewertung **VORZÜGLICH I** und wurde für eine **„Anwartschaft"**

auf den Titel **„Deutscher Champion (VDH)"** in Vorschlag gebracht.

______________ (Zuchtrichtername) ______________ (Zuchtrichter-Unterschrift)

Anwartschaftskarte für den Deutschen Champion (VDH)

Wie beim CACIB muss der Richter die Anwartschaft für den Deutschen Champion an die mit V1 bewerteten Hunde nicht zwangsläufig vergeben. Es gibt sie in der Offenen Klasse, in der Zwischenklasse, in der Gebrauchshundklasse und in der Championklasse. Auch hier erfolgt die Vergabe getrennt für Rüden und Hündinnen. Darüber hinaus kann der Richter für den zweitbesten Rüden und die zweitbeste Hündin der genannten Klassen eine Reserve-Anwartschaft vergeben.

Für den Deutschen Champion (VDH) sind folgende Bedingungen seit Herbst 2004 gültig: Es müssen fünf bestätigte Anwartschaften nachgewiesen werden, von denen mindestens drei auf Internationalen und Nationalen Zuchtschauen gewonnen wurden und höchstens zwei auf Spezialzuchtschauen. Eine auf den Dortmunder Titelausstellungen errungene Anwartschaft zählt doppelt, die Reserve-Anwartschaft zählt wie eine normale Anwartschaft.

Zwischen der ersten und der letzten Anwartschaft muss ein zeitlicher Mindestzwischenraum von 12 Monaten und einem Tag liegen. Die Anwartschaften müssen unter mindestens drei verschiedenen Zuchtrichtern gewonnen sein.

DER DEUTSCHE BUNDESSIEGER

Dieser Titel wird für alle Rassen alljährlich auf der Bundessiegerzuchtschau verliehen. Er ist inzwischen im Inland wie im Ausland gleichermaßen begehrt, so dass diese Ausstellung immer mehr Teilnehmer anlockt.

Der Bundessieger wird aus den V1-Hunden der Offenen Klasse, der Zwischenklasse, der Gebrauchshundklasse und der Championklasse ermittelt; also müssen auch Hunde, die den Bundessiegertitel erringen wollen, mindestens 15 Monate alt sein. In aller Regel erhält der/die Rassebeste auch den Bundessieger-Titel. Der Bundessieger-Titel und das CACIB gehören immer zusammen und werden an denselben Hund vergeben.

Seit der VDH den Bundessieger ausschließlich als Tagessieger vergibt, ist mehr Klarheit und für den Zuschauer mehr Überschaubarkeit in den Wettbewerb gekommen. Früher war dieser Titel bei einigen Vereinen an besondere Bedingungen geknüpft, beispielsweise an bestandene Prüfungen, was häufig genug zu unbefriedigenden Resultaten geführt hatte.

VDH-EUROPASIEGER

Auch dieser Titel wird alljährlich auf einer Internationalen Zuchtschau des VDH bei allen Rassen vergeben, und zwar nach denselben Vergabebestimmungen, die auch für den Deutschen Bundessieger gelten. Für beide Titel gilt im Übrigen, dass sie zwingend an die Vergabe des CACIB gekoppelt sind. Sowohl bei der Bundessieger-Zuchtschau als auch bei der Europasieger-Zuchtschau werden auch die Titel »Bundesjugendsieger« und »Europajugendsieger« vergeben. Dieser Titel kann an den mit V1 oder bei einigen Rassen mit Sgl bewerteten

Rüden oder die Hündin der Jugendklasse vergeben werden. Die Vergabe steht im Ermessen des Richters. Die Jüngstenklasse ist an diesem Wettbewerb nicht beteiligt.

Die Rassebesten (BOB) der Bundessieger- und der Europasiegerschau werden am Ende des Veranstaltungstages jeweils in einem Ehrenring den Zuschauern vorgestellt, eine gute Gelegenheit, die verschiedensten Rassen der Öffentlichkeit bekannt zu machen.

DEUTSCHER VETERANEN-CHAMPION (VDH)

Nach der Einführung der Veteranenklasse auf Internationalen und Nationalen Zuchtschauen im Juli 2004 hat der VDH-Vorstand die Einführung eines neuen Titels »Deutscher Veteranen-Champion (VDH)« beschlossen.

Die Vergabebestimmungen sehen so aus: Die Anwartschaften werden in der Veteranenklasse auf Internationalen und Nationalen Zuchtschauen an den erstplatzierten Rüden und an die erstplatzierte Hündin vergeben. Für den zweitplatzierten Rüden und die zweitplatzierte Hündin wird eine Reserve-Anwartschaft vergeben.

Der Titel »Deutscher Veteranen-Champion (VDH)« wird vergeben, wenn mindestens drei Anwartschaften nachgewiesen werden, und zwar ohne zeitliche Begrenzung und unter mindestens zwei verschiedenen Zuchtrichtern.

DEUTSCHER JUGEND-CHAMPION (VDH)

Auch dieser Titel wurde 2004 neu geschaffen und auch er soll die Attraktivität des Zuchtschauwesens in Deutschland erhöhen.

Die Anwartschaften werden nur in der Jugendklasse auf Internationalen und Nationalen Zuchtschauen an den erstplatzierten Rüden und die erstplatzierte Hündin vergeben, sofern die höchstmögliche Formwertnote vergeben wurde.

Für den zweitplatzierten Rüden und die zweitplatzierte Hündin wird eine Reserve-Anwartschaft vergeben, sofern der Rüde/die Hündin die höchstmögliche Formwertnote erhalten hat.

Der Titel »Deutscher Jugend-Champion (VDH)« wird verliehen, wenn mindestens drei Anwartschaften ohne zeitliche Begrenzung unter mindestens zwei Zuchtrichtern nachgewiesen werden.

Der VDH hat sich bei der Einführung der neuen Titel von der Überzeugung leiten lassen, dass tolle Junghunde und ebenso fitte Veteranen eine besondere Auszeichnung auf den Zuchtschauen verdient haben.

Die Objekte der Begierde

FCI-WELTSIEGER UND FCI-EUROPASIEGER

Diese beiden herausgehobenen Zuchtschauen werden von der FCI an ihre Mitgliedsverbände vergeben, sie finden jährlich in jeweils einem anderen Land statt. Da die FCI ein weltumspannender Dachverband ist, haben Weltausstellungen beispielsweise schon in Mexiko City, in Lima, in Buenos Aires oder 1997 in Puerto Rico stattgefunden. 2004 war Brasilien das Ausrichteland, 2005 Argentinien; danach kehrt die Weltsiegerausstellung der FCI wieder nach Europa zurück, nämlich nach Poznan. Die FCI-Europasieger-Schau wandert analog durch alle europäischen Mitgliedsländer der FCI.

Für die Titelvergaben ist daher auch ausschließlich die FCI zuständig, die nationalen Verbände können keine abweichenden Regelungen beschließen.

Nach Beendigung des Richtens der einzelnen Klassen wird aus den mit V1 bewerteten Rüden (und gleichermaßen Hündinnen) der Offenen-, Gebrauchshund-, Zwischen- und Championklasse eine FCI-Weltsieger-Klasse (oder analog eine FCI-Europasieger-Klasse) zusammengestellt, um daraus den Weltsieger (Europasieger) zu ermitteln. Diese beiden Titel kann nur der Hund erhalten, dem auch das CACIB zugesprochen worden ist. Die Vergabe des Titels »FCI-Weltsieger« liegt zwar im Ermessen des Richters, aber es ist nicht vorstellbar, dass bei einer solchen Zuchtschau der Titel nicht vergeben würde, wenn mit V1 bewertete Hunde da sind.

Der Titel »FCI-Weltjugendsieger« (und wiederum analog »FCI-Europajugendsieger«) kann an den erstplatzierten und mit der höchsten Formwertnote bewerteten Rüden (und gleichermaßen Hündin) vergeben werden. Das Mindestalter beträgt 9 Monate, das Höchstalter 18 Monate. Auch die Vergabe dieses Titels liegt im Ermessen des Richters. Der Weltjugendsieger wie der Europajugendsieger berechtigen nicht zum Start in der Championklasse; es sind Titel, die für den Besitzer und in besonderer Weise natürlich für den Züchter von reprä sentativem Wert sind und die sich beispielsweise auch in Anzeigen wirkungsvoll verwerten lassen.

DAS CAC

Zu den in nahezu allen Klubs gebräuchlichen Anwartschaften zählt das CAC, also das »Certificat d'Aptitude au Championat«. Es bedeutet die Anwartschaft auf das nationale Schönheits-Championat. Diese Anwartschaft hat also nichts mit der FCI und ihren Vergabebestimmungen zu tun. Diese liegen vielmehr allein in der Zuständigkeit der einzelnen Rassehunde-Zuchtvereine.

Die Verwendung des Begriffs CAC in Deutschland ist noch nicht allzu traditionsreich. Zweifellos

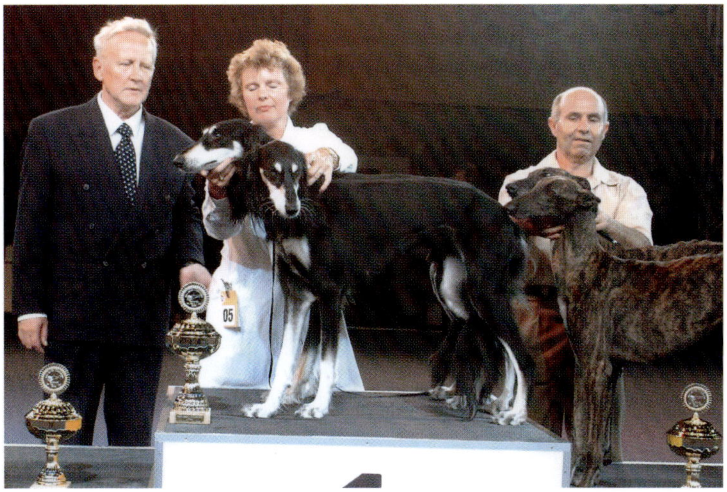

Erfolgreiche Paarklassen-Hunde

wurde das Verfahren aus dem Französischen übernommen, und es wurde für einige Klubs sogar dringlich, als bestimmte klubinterne Siegertitel nach einer Neufassung der entsprechenden Vorgaben des VDH nicht mehr für die Meldung in der

Ein stolzer Rüde und seine Nachkommen

Championklasse genügten. Logischerweise überlegte man sich dann auch in den deutschen Vereinen, wie man diese Klippe umschiffen könne. Der Ausweg war die Einführung des »Deutschen Champion (Klub)« also eines nationalen Siegertitels aufgrund bestimmter Anwartschaften (CACs). Damit bestand auch keine Schwierigkeit mehr für die Meldung in der Championklasse, da das Reglement unter anderem einen »Nationalen Champion« dafür verlangt.

Die Vergabebestimmungen der einzelnen Klubs sind recht unterschiedlich. Über weitere Einzelheiten geben die Vereine und Klubs jedem Interessenten gern Auskunft.

Auf den Internationalen und den Nationalen Zuchtschauen wird für die Rassen, die nicht mit einer Sonderschau vertreten sind, ein »neutrales« CAC in Wettbewerb gestellt. Es wird nach den Bestimmungen des CACIB vergeben und kann von dem für die Rasse zuständigen Zuchtverein als Anwartschaft auf den Titel »Deutscher Champion (Klub)« anerkannt werden.

WEITERE WETTBEWERBE

Seit einigen Jahren ist es zur Selbstverständlichkeit geworden, dass auf den Internationalen Zuchtschauen Wettbewerbe ausgeschrieben und abgehalten werden, die vor allem für das interessierte Publikum durchgeführt werden.

So wird nach dem Richten aller Klassen von Rüden und Hündinnen vom Zuchtrichter der Beste seiner Rasse BOB ausgewählt, und zwar aus der Jugendklasse, der Offenen Klasse, der Zwischenklasse, der Gebrauchshundklasse, der Championklasse, der Veteranenklasse und der Ehrenklasse. Die in Frage kommenden Hunde müssen aus der Offenen-, Zwischen-, Gebrauchshund- und Championklasse das CACIB erhalten haben, der Hund aus der Jugendklasse muss der Jugend-Beste sein, aus der Ehrenklasse nimmt der erstplatzierte Hund am Wettbewerb teil.

Der so ermittelte Rassebeste nimmt dann am Gruppen-Wettbewerb (Gruppe bedeutet: FCI-Gruppe) teil, der jeweils im Ehrenring gegen Ende des Veranstaltungstages stattfindet.

Alle Gruppen-Sieger, nach der FCI-Einteilung also insgesamt zehn, nehmen schließlich am Wettbewerb um den Schönsten Hund der Zuchtschau teil. Das sind jeweils »Show«-Teile, die im Ehrenring unter großer Anteilnahme eines immer zahlreich vorhandenen Publikums stattfinden. Ein erfahrener Allgemeinrichter, der vom Veranstalter schon vorher dafür eingeladen und in der Ausschreibung benannt wird, übernimmt diesen Höhepunkt einer jeden Internationalen Zuchtschau.

Im Ehrenring finden darüber hinaus weitere, auch kynologisch interessante Wettbewerbe statt, so der **Zuchtgruppen-Wettbewerb.** Zuchtgruppen bestehen aus mindestens drei Hunden einer Rasse aus dem gleichen Zwinger, also mit identischem Zwingernamen. Die Hunde müssen am Tag der Ausstellung mindestens den Formwert »Gut« bei der Einzelbewertung erhalten haben. Hier geht es für die beurteilenden Richter vor allem darum, in den Hunden den »Zwinger-Typ«, also die Ähnlichkeit im Erscheinungsbild (Farbe, Größe, Typ) zu bewerten, und je ähnlicher die drei Hunde einer Zuchtgruppe im Erscheinungsbild sind, desto höher wird es bewertet.

Im **Nachzuchtgruppen-Wettbewerb** werden sämtliche Nachkommen eines Rüden oder einer Hündin beurteilt. Die Gruppe besteht mindestens aus einem Elternteil und fünf Nachkommen beiderlei Geschlechts, die allerdings aus wenigstens zwei Würfen stammen müssen. Alle in der Nachzuchtgruppe gezeigten Hunde müssen auf einer Ausstellung zuvor mindestens den Formwert »Gut« erhalten haben, wenigstens zwei der vorgestellten Hunde müssen am gleichen Tag dem Richter zur Bewertung vorgestellt worden sein. Der Nachzuchtgruppen-Wettbewerb ist für Züchter schon eine Herausforderung, denn er bietet die Möglichkeit, die Qualität eines Deckrüden oder einer Hündin im Blick auf möglichst gleichmäßige Vererbung der äußeren Merkmale zu demonstrieren. Das ist keineswegs einfach, und unter gar keinen Umständen bedeutet hier Quantität auch Qualität. Eine Nachzuchtgruppe mit vielen Nachkommen unterschiedlichen Aussehens demonstriert dann letztendlich gar nichts im Blick auf die Vererberqualitäten des Rüden oder der Hündin. Also gilt hier wie bei der Zuchtgruppe, dass weitergegebener Typ und vererbtes Äußeres die Forderung sind, an der sich eine Nachzuchtgruppe orientieren muss.

Die »Show« gehört dazu

Aus dem Ausland übernommen, aber nun schon seit einigen Jahren im Programm der Zuchtschauen ist der **Paarklassen-Wettbewerb.** Die Paarklasse besteht in Deutschland aus jeweils einem Rüden und einer Hündin, die Eigentum eines Ausstellers sein müssen. Auch hier geht es bei der Beurteilung darum, ein im Typ möglichst ähnliches Paar herauszufinden, wobei natürlich sehr deutlich der Unterschied zwischen Rüde und Hündin zu erkennen sein soll.

Sensationelle Nachzuchtgruppe

Der **Veteranen-Wettbewerb** ergänzend zur Bewertung in der Veteranenklasse wird in jüngerer Zeit immer mehr gepflegt, und das völlig zu Recht. Der VDH, seine Rassehunde-Zuchtvereine und alle verantwortungsbewussten Züchter weisen immer wieder darauf hin, dass sie sich von der Dissidenz vor allem dadurch unterscheiden, wesensfeste und gesunde Hunde zu züchten. Gesunde Hunde heißt auch, dass sie nicht nur drei, vier oder fünf Jahre gesund sind, sondern es deutlich länger bleiben. Die Bewertung dieser Hunde erfolgt durch den Zuchtrichter selbstverständlich nach den Vorgaben des Standards, das ist die Voraussetzung. Daneben soll der Richter im Veteranen-Wettbewerb aber besonders die Gesamtkonstitution, die im Ring gezeigte Kondition und den Pflegezustand der Hunde beachten – und gegebenenfalls vor dem Publikum auch herausstellen.

Auf Internationalen und Nationalen Rassehundezuchtschauen werden die besten Veteranen aller Rassen und beider Geschlechter zusammengefasst. Wegen der Unterschiedlichkeit der Rassen tritt bei diesem Wettbewerb ein Allgemeinrichter in Aktion; Mindestalter für den Start im Veteranenwettbewerb ist acht Jahre.

Auch auf den Spezialzuchtschauen der Rassehundezuchtvereine gibt es die Konkurrenz der Veteranen. Dort wird sie als »Veteranenklasse« ausgeschrieben, die Bewertungskriterien sind identisch mit denen der VDH-Zuchtschauordnung. Betreut ein Verein mehrere Rassen, gibt es auch auf Spezialzuchtschauen den Veteranen-Wettbewerb nach VDH-Vorbild.

Immer größerer Beliebtheit bei Teilnehmern wie Zuschauern erfreut sich das **Junior-Handling,** also ein Vorführwettbewerb für Jugendliche. Es ist gedacht als eine nützliche Vorbereitung der Jugendlichen, die künftig Hunde auf Rassehund-Zuchtschauen auszustellen beabsichtigen. Es soll aber auch interessierten Jugendlichen die Möglichkeit bieten, auf spielerische Art in sportlichem, freundschaftlichem Wettbewerb den Umgang mit Hunden im Ring zu erlernen und zu üben. Daher ist es zunächst völlig unerheblich, von welcher Qualität die von den Jugendlichen vorgeführten Hunde sind; der Richter soll vielmehr nach ganz anderen Kriterien bei diesem Wettbewerb vorgehen: das der jeweiligen Rasse entsprechende Vorstellen eines Hundes im Stand; die Unterstützung des vorstellenden »Juniors« bei der Kontrolle des Hundegebisses durch den Richter; die Befolgung der Anweisungen des Richters, also ihre praktische Umsetzung beim Vorstellen; das der Rasse entsprechende Vorführen des Hundes in der Bewegung. In den VDH-Regeln für das Junior-Handling heißt es dazu: »Um den jeweiligen Hund so vorteilhaft wie möglich vorführen zu können, muss der Junior-Handler die wichtigsten Forderungen des Rassestandes

Die ersten Versuche

So jung und schon ein Profi

kennen und auch mit der Anatomie eines Hundes vertraut sein. Er muss versuchen, die Mängel des Hundes durch geschicktes Vorführen sowohl im Stand als auch in der Bewegung so wenig offensichtlich wie möglich in Erscheinung treten zu lassen.«

Das sind schon Anforderungen, die über ein bloßes Herumführen des Hundes deutlich hinausgehen; die Rücksichtnahme bei der Vorführung in der Gruppe, z. B. Abstand halten, in der Reihenfolge bleiben und ähnliches; den Pflegezustand des vorgestellten Hundes und schließlich auch die zweckentsprechende Kleidung des oder der Vorführenden.

Beim Junior-Handling werden die Jugendlichen in zwei Altersgruppen geteilt, nämlich in die Altersklasse 1, die von 9 bis 12 Jahre reicht, und in die Altersklasse 2, die von 13 bis 17 Jahre reicht. Der gesamte Wettbewerb ist darauf aufgebaut, dass nach Altersklassen getrennt alle Jugendlichen sich gemeinsam mit ihren Hunden im Ring zur Bewertung durch den Richter vorstellen. Die Vorführung der Jugendlichen wird sowohl einzeln beurteilt als auch innerhalb der Gruppe. Schließlich wählt der Richter aus jeder Altersklasse fünf Jugendliche für die Entscheidung aus, die in der Reihenfolge von eins bis fünf für das Publikum deutlich erkennbar platziert werden. Aus den beiden Erstplatzierten der zwei Altersklassen wird schließlich der Tagessieger ermittelt. Beim »Junior-Handling« werden jedesmal für Teilnehmer und Platzierte Punkte und Sonderpunkte vergeben. Diejenigen Jugendlichen, die über das gesamte Ausstellungsjahr hinweg die meisten Punkte gesammelt haben, treffen sich zu einem Jahresfinale, und wer dort wiederum als Sieger hervorgeht, kann am alljährlich in England stattfindenden Welt-Finale teilnehmen. Es ist also für die Jugendlichen ein erheblicher Anreiz vorhanden, und Teilnehmerzahl und Engagement beim »Junior-Handling« machen deutlich, dass dieser relativ junge Wettbewerb in der Ausstellungsszene angenommen wird.

Die Junior-Handler haben es drauf

Kapitel 10

Ein Blick zu den Nachbarn

Für viele Aussteller ist es zu einem besonderen Vergnügen geworden, mit ihren Hunden die Schauen im näheren und weiteren Ausland zu besuchen. Das betrifft keineswegs nur solche Aussteller, die beispielsweise zum Gewinn des Internationalen Schönheits-Championats der FCI ein ausländisches CACIB brauchen, sondern in der überwiegenden Zahl diejenigen, die aus reiner Freude an der Sache herumreisen und dabei andere Menschen, andere Städte und auch andere Ausstellungstypen kennen lernen wollen.

Im Rahmen dieses Buches sollen daher einige Anregungen gegeben werden, die den einen oder anderen neugierig machen oder auch vielleicht noch vorhandene Hemmungen überwinden lassen, sich zum Ausstellen ins Ausland zu begeben. Es können natürlich nicht die Reglements aller Länder dargestellt werden; für detaillierte Nachfragen sind im Anhang die Anschriften der nationalen Dachverbände in aktueller Form aufgeführt. Auch was die Bestimmungen für die Länder angeht, in denen es bis vor einigen Jahren wegen der strengen Quarantäne-Bestimmungen nicht möglich war, Ausstellungen mit Hunden aus Mitteleuropa zu besuchen, sind direkte Anfragen zu empfehlen, weil es hier immer wieder Veränderungen oder zumindest Modifizierungen gibt.

Ausstellungen, die man als Hundebesitzer wenigstens einmal mitgemacht haben sollte, gibt es schon einige. Zu den Ausstellungshöhepunkten im Ausland zählte über viele Jahre die »Mittelmeer-Woche«, die im Frühjahr an der schönsten Ecke des Mittelmeeres stattfand, nämlich in San Remo, Monte Carlo und Nizza. Innerhalb einer Woche hat der Aussteller die Möglichkeit, ohne sich dann jeweils weit bewegen zu müssen, in drei Ländern unter jeweils anderen Richtern seine Hunde zu zeigen – und, wenn er viel Glück hatte – eventuell sogar dreimal das CACIB zu gewinnen. Man muss den Auftrieb, die Atmosphäre und das Ambiente dieser drei mediterranen Ausstellungen einmal erlebt haben, um zu verstehen, warum die »Mittelmeer-Woche« immer wieder eine große Faszination auf die Hundeleute aus ganz Europa ausübt.

In Frankreich ist es vor allem die alljährliche Championats-Ausstellung, die in Kreisen der Hundefreunde weit über Frankreich hinaus ihre Anziehungskraft ausübt. Es ist, ob sie in Paris oder

Großes Publikumsinteresse auch im Ausland

anderswo stattfindet, eine Ausstellung mit viel Flair und mit meistens vielen guten Hunden, vor allem, wenn diese Ausstellung wie auf der Rennbahn in Longchamps im Freien stattfindet.

Die im Spätherbst stattfindende »Winner-Ausstellung« in Amsterdam gehört ebenso zu den jährlichen Ausstellungs-Attraktionen in Europa mit hoher Qualität, daneben Eindhoven, Zuidlarien, Brno in der Tschechischen Republik, Mailand oder auch Bellagio mit der traumhaften Kulisse des Comer Sees, Budapest, Stockholm, Tulln in Österreich wie dort auch Innsbruck, Salzburg oder Graz und andere, Lausanne am Genfer See, St. Gallen oder Luzern, Brüssel, Lüttich oder Antwerpen, Luxemburg, Odense und andere dänische Orte. Stettin hat eine attraktive jährliche CACIB-Schau, dazu in Polen neben anderen Warschau, Poznan und Torun oder Bratislava in der Slowakischen Republik. Dies sind nur ganz wenige Beispiele für sehr attraktive Reiseziele mit dem Hund. Wer die Zeit und das Geld hat, sollte sich im Laufe seiner Aussteller-»Karriere« so etwas nicht entgehen lassen. Man lernt vieles Neue kennen, man erfreut sich an der so ganz anderen Ausstellungs-Atmosphäre, als sie oft in Deutschland ist: Die Ringe sind meistens dicht belagert, es gibt für jeden Gewinner Beifall, man ist sehr locker untereinander und miteinander.

So ist es auch kein Wunder, dass viele deutsche Hunde inzwischen in einigen Ländern nationale Champion-Titel errungen haben. Die Bedingungen dafür ändern sich gelegentlich, sie sind aber in den jeweiligen Ausschreibungen sowie in den Katalogen enthalten oder können heute ganz einfach bei den Dachverbänden abgefragt werden.

Im Folgenden sei noch in kurzer, gedrängter Form auf die Ausstellungsmodalitäten einiger Nachbarländern hingewiesen.

DIE SCHWEIZ

Auch in der Schweiz unterscheidet man zwischen Internationalen Zuchtschauen (für alle Rassen), auf denen das CACIB/Reserve CACIB ausgeschrieben wird und solchen, auf denen das CAC (für den Nationalen Champion) vergeben wird – die also den Spezialzuchtschauen in Deutschland vergleichbar sind.

Es besteht auch in der Schweiz ein Ausstellungsverbot für Hunde, die an den Ohren (Stichtag 1. Juli 1988) kupiert wurden. Das gilt auch für Hunde mit kupierter Rute (Stichtag 1. Juli 1997).

Ein gültiges tierärztliches Tollwut-Impfzeugnis ist für Hunde aus dem Ausland vorgeschrieben. Und wie in Deutschland ist auf allen Ausstellungen ein über das Kämmen und Bürsten hinausgehendes Zurechtmachen unter Verwendung jeglicher Mittel und Hilfen untersagt. Das gilt auch für das Halten eines Hundes an einem so genannten Galgen sowie für das Wickeln oder Einflechten der Haare.

Bei den Formwerten wird in der Schweiz noch »ungenügend« und in der Jüngstenklasse »nicht entsprechend« verwendet. In Deutschland heißen die Bewertungen jetzt »disqualifiziert« bzw. »wenig versprechend« für solche Hunde, die ihrem Rassestandard nicht entsprechen, gesundheitsschädigende Fehler und/oder gravierende Verhaltens- oder Wesensmängel aufweisen.

EXPOSITION CANINE INTERNATIONALE
C.A.C. – C.A.C.I.B. – LAUSANNE

LE CHIEN N° ______

A OBTENU LE

C.A.C.I.B

CERTIFICAT D'APTITUDE AU CHAMPIONNAT INTERNATIONAL DE BEAUTÉ

L JUGE

Lausanne, le ______

Um den Titel »Schweizer Schönheits-Champion« der SKG, der Schweizerischen Kynologischen Gesellschaft, verliehen zu bekommen, muss ein Hund drei CAC unter mindestens zwei Richtern gewonnen haben, davon wiederum müssen zwei CAC auf Internationalen Zuchtschauen errungen worden sein. Wichtig ist ferner die Bestimmung im Ausstellungsreglement der Schweiz, dass das CAC nur an den Besten der V1-Hunde aus den drei Wettbewerbsklassen, also der Offenen Klasse, der Gebrauchshundklasse und der Championklasse vergeben wird – also nicht an jeden Klassen-Sieger, sondern nur an einen aus drei Klassen. Zwischen der ersten und der letzten Anwartschaft (CAC) müssen 366 Tage liegen. Ferner können die Rassehunde-Klubs für die Homologierung des Titels »Schweizer Schönheits-Champion« noch besondere Bedingungen knüpfen, also beispielsweise eine klubinterne Ankörung, bestimmte Gebrauchshundprüfungen bei Schutz- und Gebrauchshundrassen oder jagdliche Prüfungen bei den meisten Jagdhundrassen.

Vor einigen Jahren fanden in der Schweiz reizvolle und für das Publikum jeweils attraktive Schauveranstaltungen statt, wie zum Beispiel der »FCI Supreme World Champion of Champions Grand Prix«, ein Wettbewerb, bei dem die schönsten Hunde aus verschiedenen Ländern, die sich in ihrer Heimat qualifiziert haben mussten, gegeneinander konkurrierten. Für alle Internationalen und Nationalen Champions gab es den »Grand Prix Open Challenge« – alles sehr spektakuläre und aufwändige Veranstaltungen, deren Existenz eng von der Potenz der Sponsoren abhing, und als die nachließ, verschwanden auch solche Events, deren kynologische Bedeutung nie unumstritten war.

ÖSTERREICH

Das österreichische Ausstellungswesen unterscheidet zwischen Internationalen und Nationalen Ausstellungen für alle Hunderassen sowie Klubschauen (Klubsiegerschauen) für eine oder mehrere Rassen. Die Internationalen stehen – wie überall – unter dem Schutz der FCI, hier werden die Anwartschaften (CACIB) auf das Internationale Schönheits-championat (CIB) vergeben. Die Nationalen Ausstellungen stehen unter dem Schutz des Österreichischen Kynologenverbandes (ÖKV), hier werden die Anwartschaften auf das Österreichische Schönheitschampionat vergeben. Die Klubschauen für eine oder mehrere Rassen schließlich werden von den zuständigen Rassehundzuchtvereinen betreut.

Als eine eigene Art von Ausstellungen gibt es in Österreich den »Altersfrischenwettbewerb«, bei dem die Kondition, die Erscheinung und die »Frische« dem Alter und der Rasse entsprechend beurteilt wird. Diese Ausstellung kann von den Vereinen veranstaltet werden, muss aber vom ÖKV abgesegnet werden.

Die Klasseneinteilung bei den österreichischen Ausstellungen entspricht weitgehend der in Deutschland mit dem Unterschied, dass ernannte Österreichische Champions generell in der Championklasse gemeldet werden müssen – nicht aber solche Internationalen und Nationalen Champions, die den Titel »Österreichischer Schönheitschampion« noch anstreben.

Als eine Meldemöglichkeit gibt es noch »Außer Wettbewerb«; das ist für solche Hunde möglich, die bereits wenigstens einmal mit »Vorzüglich« bewertet wurden. Sie erhalten keine Beschreibung, sondern lediglich ein blaues Band.

Verschiedenfarbige Bänder haben im österreichischen Ausstellungswesen eine lange Tradition. Derzeit gelten folgende Farben: Gold für CACIB, Silber für Reseve-CACIB, Rot-Weiß-Rot für CACA, Orange-Weiß-Orange für Reserve-CACA, Rot-Weiß für Jugendbesten, Blau für »Vorzüglich«, Rot für »Sehr gut«, Gelb für »Gut«, Weiß für »Genügend« – Hunde mit der Bewertung »Nicht genügend« erhalten kein Band. Diese Bänder sind am Halsband oder an der Leine des Hundes zu befestigen – sie dienen damit der Information auch der Besucher. Hunde, die neben ihrer Formwertnote noch einen oder mehrere Titel gewonnen haben, bekommen die entsprechenden Bänder und haben sie nach dem Ausstellungsreglement zu tragen. In der Jüngstenklasse werden für die »Viel versprechenden« und für die »Versprechenden« rosa Bänder vergeben. Insgesamt ist diese Bänder-Regelung auch deswegen sehr ansprechend, weil sie auf allen österreichischen Ausstellungen identisch abläuft. Wer sein Bändchen nicht zeigt, muss sich schon einmal die mitleidige Frage gefallen lassen, warum sein Hund gar nichts gewonnen hat.

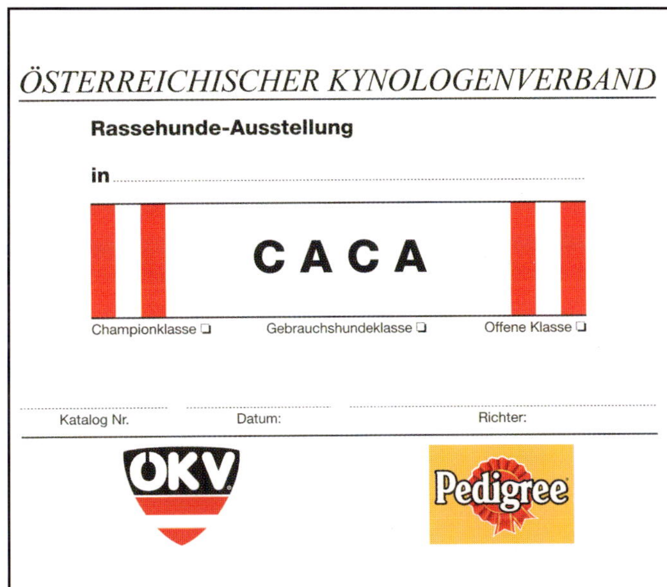

Wie in der Schweiz wird auch in Österreich der Formwert »Nicht genügend« vergeben, und zwar an solche Hunde, die nicht den durch den Standard vorgeschriebenen Typ repräsentieren, aggressiv sind, Hodenfehler, erhebliche Zahnfehler oder Kieferanomalien aufweisen, Farb-, Haarfehler oder Albinismus erkennen lassen.

Eine Besonderheit gibt es noch. Der Titel »Österreichischer Jugendchampion« kann errungen werden, wenn ein Hund dreimal in der Jugendklasse V1 gewonnen hat und damit »Jugendbester«

geworden ist, und zwar auf einer Ausstellung, bei der mindestens das CACA vergeben wird. Ein »Jugendbester« kann aber ersetzt werden durch ein CACA in der Zwischenklasse, der Offenen Klasse oder in der Gebrauchshundklasse, und zwar bis zu einem Höchstalter von 24 Monaten.

Der Titel »Österreichischer Champion« (ÖCH) für Rassen ohne Arbeitsprüfung wird vom ÖKV zuerkannt, wenn der Hund auf vier Internationalen Ausstellungen das CACA unter mindestens drei Richtern gewonnen hat, wobei zwischen der ersten und der vierten Anwartschaft mindestens ein Jahr liegen muss. Zwei CACA können allerdings auch auf Nationalen Ausstellungen oder auf Klubsiegerschauen mit CACA-Vergabe erworben werden.

Bei Gebrauchs- und Jagdhunden, bei denen für das Erreichen des Titels »Österreichischer Champion« eine Prüfung obligatorisch ist, sind für die Zuerkennung nur drei Anwartschaften notwendig, eine davon kann in der Zwischenklasse oder in der Offenen Klasse gewonnen werden, zwei müssen in der Gebrauchshundklasse gewonnen werden. Zwei CACA wiederum müssen auf Internationalen Zuchtschauen, eine kann auf Nationalen oder Klubsiegerschauen erworben werden.

Eine ganz andersartige Verfahrensweise ist, dass bei Rassen mit Arbeitsprüfungen auf Antrag des Vereins oder des ÖKV die drei Anwartschaften mit Arbeitsprüfung alternierend durch sechs Anwartschaften in der Zwischen- oder Offenen Klasse ersetzt werden können (zwei davon auf Nationalen oder Klubsiegerschauen).

Der »Veteranenbeste« schließlich kann nur in der Veteranenklasse an den mit »Vorzüglich 1« bewerteten Hund (sowohl an den Rüden, als auch an die Hündin) vergeben werden. Der Titel »Österreichischer Veteranenchampion« wird dem Hund zuerkannt, der dreimal auf einer Ausstellung, auf der mindestens das CACA vergeben wird, mit der höchsten Bewertung Sieger seiner Klasse wurde.

Österreichische Ausstellungen sind immer attraktiv, nicht nur, weil sie meistens in einer reizvollen Umgebung stattfinden. Sie sind auch immer hervorragend organisiert, es wird immer eine publikumswirksame Mischung aus kynologischem Anspruch und einem interessanten Programm im Ehrenring oder sonstwie im Zusammenhang mit der Ausstellung angeboten.

POLEN

Die Klasseneinteilung in Polen entspricht der in Deutschland. Die Anwartschaft auf das Nationale Championat kann also in der Mittel-, Offenen-, Gebrauchshund- oder Champion-Klasse gewonnen werden. Der Polnische Champion benötigt drei »CWC« (Certyfikat Na Championa Wystawowego) von drei verschiedenen Richtern, eines davon muss auf einer Internationalen Zuchtschau oder auf der Klubschau erreicht werden. Zwischen der ersten und der dritten Anwartschaft müssen sechs Monate und ein Tag liegen.

Polnischer Jugendchampion wird der Hund, der dreimal von drei verschiedenen Richtern mit »Vorzüglich 1« bewertet und Jugendsieger wurde. Auch hier muss eine Anwartschaft auf einer Internationalen Zuchtschau oder auf der Klubschau gewonnen werden.

International Pedigree Dog Show
MIĘDZYNARODOWA WYSTAWA
PSÓW RASOWYCH
SZCZECIN ....

CWC

Certyfikat na Wystawowego Championa Polski
Certificate for Polish Champion of Beauty

nr kat. ....
Cat. No

....
pieczęć i podpis sędziego
judge's stamp and signature

Auch in Polen werden verschiedenfarbige Bändchen vergeben, an denen man Formwert und gegebenenfalls Anwartschaften oder Titel des Hundes erkennen kann:

In der Jüngstenklasse gibt es Gelb für »Viel versprechend« und Weiß für »Versprechend«. Blau erhält der »Vorzüglich«-Hund, Rot gibt es für »Sehr gut«, Grün für »Gut«.

DÄNEMARK

und andere nordeuropäische Länder haben ein etwas anderes Bewertungssystem; hier werden keine Formwerte vergeben, sondern »Preise«. Es gibt einen 1. Preis (er würde dem »Vorzüglich« in etwa entsprechen), einen 2. Preis (vergleichbar dem »Sehr gut«), einen 3. Preis (etwa »Gut«, es gibt das KIP (der Hund kann nicht bewertet werden) und es gibt den 0 Preis (wie »Disqualifiziert«). Bei KIP und 0 Punkt muss im Richterbericht der Grund ausführlich beschrieben werden. Eine Besonderheit ist auch die »Zertifikatsklasse«, an der alle Hunde teilnehmen, die in der Jugendklasse, Mittelklasse (unserer Zwischenklasse), Offenen Klasse und in der Gebrauchshundklasse als 1. Sieger mit CK oder als höchster Sieger mit CK bewertet wurden. Es gibt eine »Bester des Geschlechts-Klasse«, an der die 1. Sieger der Jugendklasse, der Championklasse, der Mittelklasse, der Gebrauchshundklasse und der Offenen Klasse teilnehmen. Der erstplatzierte Hund nimmt an dem Wettbewerb »Bester der Rasse/Bester des anderen Geschlechts« teil.

Sehr einleuchtend und im Interesse der älteren Hunde ist die Aufteilung in eine (inoffizielle) »Seniorenklasse« für Hunde von 7 bis 10 Jahren. Inoffiziell ist der Wettbewerb deswegen, weil Hunde, die nur in der Seniorenklasse gemeldet wurden, nicht um den »Besten der Rasse/Besten des anderen Geschlechts« konkurrieren können. Allerdings können diese Hunde ein CK erhalten und damit am Wettbewerb »Bester Senior der Rasse« teilnehmen. Besonders guten Hunden ohne CK kann der Richter einen »Ehrenpreis« (HP) geben.

Die (inoffizielle) »Veteranenklasse« ist Hunden über 10 Jahren offen, der Ablauf ist derselbe wie in der Seniorenklasse.

NEUE ENTWICKLUNGEN

Die politischen Veränderungen zwischen 1990 und den letzten Jahren haben auch Auswirkungen auf die internationale Kynologie gehabt. So haben sich neue nationale Verbände gegründet, die inzwischen nach dem Regelwerk der FCI arbeiten – wie Russland, Estland, Lettland, Litauen oder Weißrussland und andere –, oder die ihre Aufnahme beantragt haben. In diesen Ländern gibt es jetzt Internationale Zuchtschauen mit bemerkenswert hohen Meldezahlen, hervorragenden Hunden und einer oft fabelhaften Organisation. Reglements und Schau-Bestimmungen dieser Länder sind bei den Verbänden aktuell abzurufen.

Die Welt der Kynologie ist seither vielgestaltiger geworden und im Ausstellungswesen farbiger. Der Präsident der FCI, der Schweizer Hans W. Müller, hat das zutreffend beschrieben und zugleich die Aufgaben umrissen, die es weiter zu bewältigen gilt: »Jedes Land pflegt einen eigenen

Ausstellungsstil und -charakter, und dies vermittelt den Eindruck einer gewissen Eigenständigkeit, der bei den Mitgliedsländern unserer Organisation sozusagen in allen Bereichen erkennbar ist. So soll es auch zukünftig bleiben. Trotzdem ist es ratsam, sich im eigenen Land nicht zu sehr abzukapseln und zu isolieren und hin und wieder einmal über die eigenen Landesgrenzen hinauszuschauen und gute Ideen und Konzepte von anderen Ländern zu übernehmen. In jedem Falle sind für die jeweiligen Bereiche die bestehenden Richtlinien und Vorschriften der FCI zu befolgen.

Auch hinsichtlich der Zusammensetzung der Richterkollegien bei internationalen Ausstellungen ist eine wirkliche Internationalität wünschenswert und notwendig. Dabei bin ich mir bewusst, dass solche Bestrebungen oft durch die zu sehr national abgefassten Reglements erschwert oder sogar verunmöglicht werden. Wir wollen jedoch, dass unsere CACIB-Ausstellungen wirklich internationale Veranstaltungen sind, und wünschen deshalb, dass sich die Richterkollegien entsprechend multinational zusammensetzen. Dies wiederum fördert innerhalb der FCI eine ausgewogene Beurteilung der Hunde und vermindert in den Mitgliedsländern gewisse Tendenzen zu unterschiedlichen, oft ausgesprochen national betonten Auslegungen der Rassestandards. Bereits sind bei verschiedenen Rassen unterschiedliche Typen erkennbar, eine Entwicklung, die nicht in unserem Interesse sein kann und die zudem den Richtern die Beurteilung erschwert.«

ANHANG

VDH-ZUCHTSCHAU-ORDNUNG

Erster Abschnitt: Allgemeiner Teil

§ 1 Begriffsbestimmung
Zuchtschauen sind eine zuchtfördernde Einrichtung. Sie sind öffentliche Veranstaltungen, die der Bewertung von Rassehunden im Eigentum in- oder ausländischer natürlicher Personen dienen.

§ 2 Einteilung der Zuchtschauen und Geltungsbereich der VDH-Zuchtschau-Ordnung
1. Vorbereitung und Ablauf der nachfolgend aufgeführten unterschiedlichen Zuchtschauen regeln sich nach den Bestimmungen dieser VDH-Zuchtschau-Ordnung, der VDH-Zuchtrichter-Ordnung sowie den betreffenden Bestimmungen des Ausstellungsreglements der Fédération Cynologique Internationale (F.C.I.)
   1. Internationale Zuchtschauen
   2. Allgemeine Zuchtschauen
   3. Termingeschützte Spezial-Zuchtschauen der Rassehunde-Zuchtvereine
   4. Nicht termingeschützte Spezial-Zuchtschauen der Rassehunde-Zuchtvereine
2. Die Bestimmungen dieses ersten Abschnittes »Allgemeiner Teil« gelten – sofern nicht ausdrücklich anders geregelt – für alle unter Abs. 1 1.–3. genannten Zuchtschauen.

§ 3 Terminschutz und Formalitäten
Die in § 2 unter Abs. 1 1.–3. aufgeführten Zuchtschauen bedürfen der Genehmigung des Verbandes für das Deutsche Hundewesen (VDH) e.V. Zur Bearbeitung aller einschlägigen Fragen unterhält der VDH eine Terminschutzstelle. Beim Antrag auf Genehmigung und Terminschutz sowie für alle im Katalog aufgeführten Hunde werden Gebühren fällig; diese werden durch den Vorstand des VDH festgesetzt und sind in der Zeitschrift »Unser Rassehund« zu veröffentlichen.

§ 4 Ausschreibung
1. In sämtlichen Drucksachen, die aus Anlaß einer Zuchtschau angefertigt werden, insbesondere in Ausschreibungen und Meldeformularen, ist auf die Mitgliedschaft im VDH und der F.C.I. deutlich hinzuweisen und ggf. darauf, daß die Veranstaltung vom VDH genehmigt und geschützt ist.
2. Die Ausschreibung muß über Veranstalter, Zuchtschauleitung, Ort, Termin, Tagesplan, Zuchtrichter, Rassen- und Klasseneinteilung sowie Formwertnoten, Titel und Titel-Anwartschaften erschöpfend Auskunft geben, wobei hervorzuheben ist, daß auf die drei Letztgenannten kein Rechtsanspruch besteht.

§ 5 Katalog
1. Der Katalog muß folgende Mindestangaben beinhalten:
   Veranstalter, Zuchtschauleiter, Ort, Datum, Art der Zuchtschau, Zugehörigkeit zu VDH und F.C.I., Zuchtrichter, gemeldete und zu bewertende Hunde mit Angabe des vollständigen Namens, Zuchtbuchnummer, Wurftag, Eltern, Züchter und Eigentümer, dessen Anschrift aufgeführt sein sollte.
2. Jeder Aussteller ist zur Abnahme eines Kataloges verpflichtet.

§ 6 Nachmeldungen
Nachmeldungen in Form eines Nachtrages oder z.B. von A-Nummern im Katalog sind nicht gestattet.

§ 7 Zulassung von Hunden
1. Zugelassen sind nur Rassehunde, deren Standard bei der F.C.I. hinterlegt ist, die in ein von der F.C.I. anerkanntes Zuchtbuch bzw. Register eingetragen sind und das vorgeschriebene Mindestalter von 6 Monaten am Tage vor der Zuchtschau vollendet haben.
2. Bissige, kranke, krankheitsverdächtige, mit Ungeziefer behaftete und mißgebildete Hunde sowie Hündin-

nen, die läufig oder sichtlich trächtig oder in der Säugeperiode oder in Begleitung ihrer Welpen sind, dürfen nicht in das Zuchtschaugelände eingebracht werden. Sie sind von einer Bewertung ausgeschlossen. Dennoch zuerkannte Titel und Titel-Anwartschaften können aberkannt werden, wenn die Umstände, die eine Bewertung ausschließen, offenbar werden. Die Entscheidung über ein Einbringen im Ausnahmefall steht allein der Zuchtschauleitung oder einem von ihr eingesetzten Kontrollorgan zu. Diese hat auf den Bewertungsvorgang keinen Einfluß. Wer kranke Hunde in eine Zuchtschau einbringt, haftet für die daraus entstehenden Folgen.

3. Nicht im Katalog aufgeführte Hunde können nicht bewertet werden; es sei denn, die Aufnahme in den Katalog ist durch ein Versehen der Zuchtschauleitung unterblieben.
4. Hunde, die sich auf einer Zuchtschau als bissig oder unangemessen aggressiv gegenüber Menschen oder anderen Hunden erwiesen haben, können mit einem befristeten oder unbefristeten Ausstellungsverbot für alle vom VDH geschützten Zuchtschauen belegt werden. Näheres regelt § 31.

§ 8 Zulassung von Ausstellern

1. Hunde im Eigentum von amtierenden Zuchtschauleitern oder mit ihm in Hausgemeinschaft lebenden Personen dürfen nicht ausgestellt werden.
2. Sonderleiter und Ringhelfer oder mit ihnen in Hausgemeinschaft lebende Personen können Hunde nur in Ausnahmefällen und nur mit schriftlicher Zustimmung des Zuchtschauleiters ausstellen. Sonderleiter und Ringhelfer dürfen nicht selbst vorführen und müssen während der Bewertung der Klasse, in der ihr Hund vorgestellt wird, den Ring verlassen.
3. Ein Zuchtrichter darf nur einen Hund derjenigen Rasse zu einer Zuchtschau melden, für die er an demselben Tag keine Zuchtrichtertätigkeit ausübt. Das gilt auch für die Personen, die mit dem Zuchtrichter in Hausgemeinschaft leben.
   Ein Zuchtrichter darf am Tag seiner Zuchtrichtertätigkeit keinen Hund vorführen. Personen, die mit dem Zuchtrichter in Hausgemeinschaft leben, dürfen einen Hund oder Hunde derjenigen Rasse(n) vorführen, für die der Zuchtrichter an demselben Tag keine Zuchtrichtertätigkeit ausübt.
4. Hundehändler dürfen an VDH-Zuchtschauen nicht teilnehmen.

§ 9 Meldung

1. Zur Meldung eines Hundes ist nur der Eigentümer berechtigt. Er kann sich vertreten lassen, die Vertretungsvollmacht ist nachzuweisen. Die Meldung kann nur unter dem im Zuchtbuch bzw. Register eingetragenen Namen des Hundes erfolgen. Die Abgabe der Meldung verpflichtet zur Zahlung der Meldegebühr.
2. Mit der Meldung erkennt der Eigentümer die VDH-Zuchtschau-Ordnung als für sich verbindlich an.
3. Doppelmeldungen sind unzulässig.
4. Ein Zurückziehen einer Meldung ist bis zum Tag des offiziellen Meldeschlusses in schriftlicher Form möglich. Die Zuchtschauleitung kann in solchen Fällen bis max. 25 % der Meldegebühr als Bearbeitungsgebühr einbehalten.
5. Der Eigentümer kann den Hund selbst oder durch einen Beauftragten ausstellen lassen. Der zur Abgabe der Meldung berechtigte Vertreter gilt auch als für die Zuchtschau beauftragt. Handlungen und/oder Unterlassungen des Beauftragten wirken für und gegen den Eigentümer.
6. Verlegt der Veranstalter den Termin, kann die Meldung schriftlich zurückgezogen werden. Der Veranstalter kann hierfür eine Ausschlußfrist setzen. Zur Wirksamkeit der Terminverlegung reicht eine Benachrichtigung des Veranstalters an den Eigentümer aus. Werden bei Verlegung des Veranstaltungstermins erfolgte Meldungen nicht innerhalb der Ausschlußfrist zurückgezogen, so gelten sie als für den neu festgesetzten Veranstaltungstermin abgegeben.

§ 10 Meldegelder

Das Meldegeld wird von den Veranstaltern festgelegt. Die finanzielle Begünstigung einzelner Ausstellergruppen ist untersagt.

§ 11 Haftung

Die Eigentümer der ausgestellten Hunde haften für alle Schäden, die durch ihre Hunde angerichtet werden.

§ 12 Pflichten des Ausstellers

1. Die Aussteller erkennen an, daß Formwertnoten und Plazierungen des Zuchtrichters unanfechtbar sind.

Sie unterliegen keiner Überprüfung. Beleidigung des Zuchtrichters oder öffentliche Kritik seiner Bewertungen und Plazierungen sind unzulässig.

2. Für das rechtzeitige Vorführen der Hunde sind die Aussteller selbst verantwortlich.
3. Die Abstammungsnachweise der gemeldeten Hunde, die Leistungsurkunden bei Gebrauchshunden sowie die Nachweise über Siegertitel sind auf Anforderung vorzulegen.
4. Die korrekte Katalognummer ist von der den Hund vorführenden Person deutlich sichtbar zu tragen.
5. Jede Form von »double handling«, d. h. der Versuch oder die Durchführung einer Beeinflussung des zu bewertenden Hundes von außerhalb des Ringes ist verboten. Bei Zuwiderhandlungen können die betreffenden Hunde von einer Bewertung ausgeschlossen werden.
6. Auf dem Zuchtschaugelände ist ein über das Kämmen und Bürsten hinausgehendes Zurechtmachen des Hundes unter Verwendung jedweder Mittel und Hilfen untersagt. Die Verwendung von sogenannten Galgen ist untersagt. Im Bewertungsring und im Ehrenring darf ein Hund nicht auf einem Podest vorgestellt werden.

§ 13 Rechte des Ausstellers

Formelle Beanstandungen an der Durchführung der Zuchtschau und an der Vergabe von Titeln und Titel-Anwartschaften sind unverzüglich unter Hinterlegung eines Sicherheitsgeldes in Höhe von drei Meldegebühren schriftlich der Zuchtschauleitung oder binnen zwei Tagen nach Schluß der Veranstaltung (Poststempel) der VDH-Geschäftsstelle zu melden. Im letzten Fall ist ein Verrechnungsscheck für die Sicherheitsgebühr beizufügen. Fristversäumnis gilt als Verzicht auf das Rügerecht.

§ 14 Hausrecht

Der Veranstalter ist Inhaber des Hausrechts. Er ist berechtigt, für die laufende und weitere von ihm durchgeführte Zuchtschauen gegen Personen, die den geordneten Ablauf stören oder gegen Bestimmungen dieser Ordnung verstoßen, Hausverbote zu verhängen. Den Anweisungen der Zuchtschauleitung und ihrer Beauftragten ist Folge zu leisten.

§ 15 Personen im Ring

Außer dem Zuchtrichter, dem zugelassenen Zuchtrichter-Anwärter, dem Sonderleiter, den Ringsekretären, den Ordnern, dem Dolmetscher und den Hundeführern, hat sich niemand im Ring aufzuhalten. Der Zuchtschauleiter, die Mitglieder des VDH-Vorstandes, der VDH-Hauptgeschäftsführer sowie die Obleute für das Zuchtrichter- und Zuchtschauwesen im VDH haben das Recht, die Bewertungsringe zu betreten. Auf die Beurteilung oder Plazierung der Hunde darf kein Einfluß genommen werden.

§ 16 Rassen- und Klasseneinteilung

1. Es gilt die Rasseneinteilung des jeweils gültigen F.C.I.-Ausstellungsreglements.
2. Klasseneinteilung:

1. Jüngstenklasse	*6 – 9 Monate*
2. Jugendklasse	*9 – 18 Monate*
3. Zwischenklasse	*15 – 24 Monate*
4. Offene Klasse	*ab 15 Monate*
5. Gebrauchshundklasse	*ab 15 Monate*

Eine Gebrauchshundklasse darf nur für die Rassen ausgeschrieben werden, die gemäß F.C.I.- und VDH-Bestimmungen hierfür vorgesehen sind. Eine Meldung ist nur möglich, wenn bis zum Tage des offiziellen Meldeschlusses das erforderliche Leistungs-/Ausbildungs-Kennzeichen bestätigt wurde. Die Bestätigung ist der Meldung in Kopie beizufügen. Fehlt der Nachweis, wird der Hund in die Offene Klasse versetzt.

6. Championklasse	*ab 15 Monate*

Eine Meldung ist nur möglich, wenn bis zum Tage des offiziellen Meldeschlusses ein erforderlicher Titel (Internationaler Schönheitschampion der F.C.I., Nationaler Champion der von der F.C.I. anerkannten Landesverbände, Deutscher Champion VDH+Klub) bestätigt wurde. Zur Meldung in der Championklasse berechtigen nicht mehr die Titel »F.C.I.-Weltsieger« und »F.C.I.-Europasieger«. Zur Meldung in der Championklasse berechtigen die Titel »VDH-Bundessieger« und »VDH-Europasieger« nur noch in Verbindung mit dem Nachweis einer Anwartschaft für einen Championtitel auf einer anderen Zuchtschau. Die Bestätigung hierüber ist der Meldung in Kopie beizufügen. Fehlt der Nachweis, wird der Hund in die Offene Klasse versetzt.

7. Ehrenklasse
Eine Meldung ist nur möglich, wenn bis zum Tage des offiziellen Meldeschlusses der Titel »Internationaler Schönheitschampion der F.C.I.« bestätigt wurde. Die Hunde bekommen keine Formwertnote, sie werden plaziert. Der an erster Stelle plazierte Hund nimmt am Wettbewerb »Bester Hund der Rasse« teil.
8. Veteranenklasse *ab 8 Jahren*
Eine Meldung ist nur möglich, wenn der Hund am Tage vor der Zuchtschau das 8. Lebensjahr vollendet hat. Die Bewertung dieser Klasse erfolgt durch den Zuchtrichter nach dem Standard. Daneben soll besonders auf die Kondition dieser Hunde geachtet werden. Die Hunde bekommen keine Formwertnote, sie werden plaziert. Aus dem erstplazierten Rüden und der erstplazierten Hündin wird der »Beste Veteran der Rasse« ermittelt, der dann an dem Wettbewerb »Bester Hund der Rasse (BOB)« teilnimmt. Auf Internationalen Zuchtschauen gibt es zusätzlich einen Veteranen-Wettbewerb, an dem der beste Veteran jeder Rasse teilnimmt. Bei Nationalen Zuchtschauen ist es dem Veranstalter freigestellt, ob er zusätzlich zur Veteranenklasse einen Veteranen-Wettbewerb durchführt.

3. Stichtag für die Alterszuordnung: Der Hund muß am Tag vor der Zuchtschau das geforderte Lebensalter jeweils vollendet haben.
4. Die Einrichtung der Klassen 2, 4, 5 und 6 ist für alle Zuchtschauen gemäß § 2 verbindlich vorgeschrieben.

§ 17 Versetzen eines Hundes

Das Versetzen eines Hundes in eine andere Klasse als gemeldet ist nur möglich, wenn dieser in Bezug auf Alter, Geschlecht, Farbschlag, Haarart, mangels Ausbildungskennzeichen, anderer Voraussetzungen oder durch einen Fehler der Zuchtschauleitung in eine falsche Klasse eingeordnet wurde. Ein solcher Fall ist durch Beiziehung des Meldeformulars zu klären. Ist die Klassenangabe nicht eindeutig, ordnet der Veranstalter den Hund einer Klasse zu. Es ist untersagt, einen Hund auf Wunsch eines Ausstellers hin zu versetzen, ohne daß obige Voraussetzungen vorliegen.

§ 18 Formwertnoten und Beurteilungen

Bei allen Zuchtschauen können folgende Formwertnoten vergeben werden:

Vorzüglich	(V)
Sehr Gut	(SG)
Gut	(G)
Genügend	(Ggd)
Disqualifiziert	(Disq)

In der Jüngstenklasse:

viel versprechend	(vv)
versprechend	(vsp)
wenig versprechend	(wv)

ohne Bewertung
Mit dieser Beurteilung darf nur ein Hund aus dem Ring entlassen werden, dem keine der vorgenannten Formwertnoten zuerkannt werden kann. Der Grund ist im Richterbericht anzugeben.
zurückgezogen
Als »zurückgezogen« gilt ein Hund, der vor Beginn des Bewertungsvorganges aus dem Ring genommen wird.
nicht erschienen
Als »nicht erschienen« gilt ein Hund, der nicht zeitgerecht im Ring vorgeführt wird.
Der Verein für Deutsche Schäferhunde (SV) e.V. kann seine bisherigen Formwertnoten beibehalten. Dieses gilt nicht auf Internationalen Zuchtschauen.

§ 19 Plazierungen

1. Die vier besten Hunde einer Klasse sind zu plazieren, sofern diese mindestens die Formwertnote »Sehr Gut« erhalten haben. Vergeben werden 1., 2., 3. und 4. Platz.Weitere Plazierungen sind unzulässig.
2. Erscheint in einer Klasse nur ein Hund und wird ihm die Formwertnote »Vorzüglich« oder »Sehr gut« zuerkannt, so erhält er die Bewertung »Vorzüglich 1«, »Sehr Gut 1«. Die Plazierung der Hunde hat unmittelbar nach der Bewertung der einzelnen Hunde der Klasse zu erfolgen.

§ 20 Verspätet erscheinende Aussteller

Wird ein Hund in den Ring gebracht, nachdem einer der Hunde der betreffenden Klasse bereits plaziert ist, so scheidet er für die Plazierung aus. Er kann nur noch eine Formwertnote erhalten.

§ 21 Bekanntgabe von Bewertungen
Die Bewertung auf den hierfür vorgesehenen Tafeln oder Listen darf erst bekanntgegeben werden, wenn die Bewertung und Plazierung der gesamten Klasse abgeschlossen ist.

§ 22 Zulassung von Zuchtrichtern
1. Auf sämtlichen Zuchtschauen dürfen nur die in der Richterliste des VDH aufgeführten Zuchtrichter tätig werden.
2. Auf sämtlichen Zuchtschauen dürfen ausländische Zuchtrichter nur dann tätig werden, wenn die ausländische Dachorganisation ihr schriftliches Einverständnis vorher erteilt hat. Diese »Freigabe« ist nur über die Geschäftsstelle des VDH zu beantragen.
3. Zuchtrichtern aus Ländern, deren Dachverband weder assoziiertes noch föderiertes Mitglied der F.C.I. ist, jedoch von dieser toleriert wird (z. Z. Großbritannien, Kanada und USA) ist mit der Einladung der vom VDH verbreitete Fragebogen der F.C.I. zuzusenden. Dem Antrag auf Genehmigung zur Zulassung von Zuchtrichtern aus solchen Ländern ist der von dem vorgesehenen Zuchtrichter ausgefüllte und unterschriebene Fragebogen beizufügen.

§ 23 Ausländische Zuchtrichter
1. Rassehunde-Zuchtvereine, die ausländische Zuchtrichter einladen, haben diesem rechtzeitig die VDH-Zuchtschau-Ordnung zu übergeben.
2. Vor ihrer Tätigkeit müssen ausländische Zuchtrichter von einem Sachkundigen mit den für das Zuchtschauwesen geltenden Regeln vertraut gemacht werden. Dies gilt insbesondere für das Bewertungssystem und die Bestimmungen über die Vergabe von Titeln und Titel-Anwartschaften. Beherrschen sie die deutsche Sprache nicht, so hat der Einladende einen Dolmetscher bereitzustellen. Der einladende Verein muß ausländischen Zuchtrichtern einen Ringsekretär zuteilen, der außer Deutsch eine der offiziellen F.C.I.-Sprachen spricht. Spricht der Zuchtrichter keine dieser Sprachen, kann der Veranstalter verlangen, daß der Zuchtrichter selbst und auf eigene Kosten für einen Dolmetscher sorgt.
3. Der Einladende hat ausländischen Zuchtrichtern mit der Einladung bekannt zu geben, welche Kosten von ihm übernommen werden.
4. Ungeachtet des § 46 Nr. 3 hat der Einladende ausländischen Zuchtrichtern bei deren Ankunft die Auszahlung der Reisekosten anzubieten.

§ 24 Pflichten des Zuchtrichters
1. Als Aussteller darf ein Zuchtrichter nur solche Hunde vorführen, deren Eigentümer oder Miteigentümer er ist oder die einem Mitglied seiner nächsten Verwandtschaft oder einer Person gehören, mit der er in Hausgemeinschaft lebt (Siehe auch § 8).
2. Die ausländischen Zuchtrichter sind verpflichtet, wie auch die in der VDH-Richterliste eingetragenen Zuchtrichter, nach dem bei der F.C.I. hinterlegten Standard zu richten. Der Zuchtrichter darf den Standard nicht in einer Weise auslegen, die der Gesundheit des Hundes abträglich ist.
3. Es ist untersagt, Hunde zu richten, die nicht im Bewertungsbuch und/oder im Katalog verzeichnet sind. Eine Ausnahme ist nur dann zulässig, wenn der Aussteller eine schriftliche Bescheinigung der Zuchtschauleitung vorweist, aus der ersichtlich ist, daß der Hund rechtzeitig gemeldet war, aber infolge eines Versehens nicht im Katalog aufgeführt wurde.
4. Der Zuchtrichter kann in Zweifelsfällen, z. B. um die Identität oder Abstammung eines Hundes festzustellen, den Abstammungsnachweis einsehen lassen. Die Einsicht in den Katalog vor Beendigung der Zuchtrichtertätigkeit ist ihm untersagt.
5. Während des Richtens hat der Zuchtrichter einen Bericht über jeden zu beurteilenden Hund zu schreiben oder zu diktieren, sofern dies vom Veranstalter gefordert wird. Das Bewertungsbuch muß er selbst führen.

§ 25 Pflichten des Veranstalters bzgl. Zuchtrichter
1. Die Veranstalter von Zuchtschauen haben einen Zuchtrichter schriftlich einzuladen. Dieser ist verpflichtet, die Annahme oder die Ablehnung der Einladung dem Einladenden schriftlich zu bestätigen. Dem Zuchtrichter sind baldmöglichst nach Meldeschluß die von ihm zu richtenden Rassen und die Anzahl der von ihm zu richtenden Hunde vom einladenden Verein mitzuteilen.
   Desweiteren ist ihm eine Ausschreibung zu übersenden.
2. Der Veranstalter muß für den Zuchtrichter eine Haft-

pflichtversicherung abschließen. Diese Versicherung wird bei termingeschützten Zuchtschauen vom VDH abgeschlossen.

3. Bei Rassen von kleinem Wuchs ist dem Zuchtrichter ein stabiler Tisch mit einer rutschfesten Unterlage bereitzustellen. In den einzelnen Ringen muß dem Zuchtrichter ermöglicht werden, seine Hände zu reinigen.
4. Einem Zuchtrichter sollen nicht mehr als 12 Hunde je Stunde zur Bewertung und Erstellung des Richterberichtes zugeteilt werden. Nur bei besonderen Umständen und besten technischen und personellen Voraussetzungen dürfen mehr Hunde zugeteilt werden. Die Entscheidung trifft der Zuchtschauleiter bzw. Sonderleiter und Zuchtschauleiter gemeinsam im Einvernehmen mit dem Zuchtrichter.

§ 26 Zuchtrichterwechsel
Die Zuchtschauleitung ist berechtigt, aus wichtigen Gründen einen Zuchtrichterwechsel vorzunehmen.

§ 27 Zuchtrichter-Anwärter
Spezial-Zuchtrichter-Anwärter dürfen nur mit vorheriger Zustimmung ihres Rassehunde-Zuchtvereins bzw. des VDH-Zuchtrichter-Obmanns, zugelassen werden. Spezial-Zuchtrichter-Anwärter müssen der Zuchtschauleitung vom zuständigen Rassehunde-Zuchtverein rechtzeitig schriftlich gemeldet werden.

§ 28 Zuchtgruppen-Wettbewerbe
Für alle Zuchtschauen kann ein Zuchtgruppen-Wettbewerb ausgeschrieben werden. Zuchtgruppen bestehen aus mindestens drei Hunden einer Rasse mit gleichem Zwingernamen. Sie müssen am gleichen Tage bei der Einzelbewertung mindestens die Formwertnote »Gut« erhalten haben oder in der Ehren- oder Veteranenklasse ausgestellt worden sein. Dieser Wettbewerb wird von einem einzelnen Zuchtrichter bewertet, welcher dazu berechtigt ist.

§ 29 Nachzuchtgruppen-Wettbewerb
Für alle Zuchtschauen kann ein Nachzuchtgruppen-Wettbewerb ausgeschrieben werden. Als Nachzuchtgruppen gelten sämtliche Nachkommen eines Rüden oder einer Hündin. Die Gruppe besteht aus solch einem Rüden bzw. solch einer Hündin sowie mindestens 5 Nachkommen beiderlei Geschlechts aus mindestens zwei verschiedenen Würfen. Alle vorgestellten Hunde müssen zuvor auf einer Zuchtschau mindestens die Formwertnote »Gut« erhalten haben, mindestens 2 der vorgestellten Hunde müssen am gleichen Tag ausgestellt worden sein. Die geforderte Formwertnote muß bei der Meldung nachgewiesen werden. Beurteilungskriterien sind die Qualität der einzelnen Nachkommen sowie die phänotypische Übereinstimmung mit dem Rüden bzw. der Hündin. Dieser Wettbewerb wird von einem einzelnen Zuchtrichter bewertet, welcher dazu berechtigt ist.

§ 30 Paarklassen-Wettbewerb
Für alle Zuchtschauen kann ein Paarklassen-Wettbewerb ausgeschrieben werden. Eine Paarklasse besteht aus einem Rüden und einer Hündin, die Eigentum eines Ausstellers sein müssen. Die Beurteilung der Paarklasse ist gleich der Beurteilung der Zuchtgruppen. Gesucht wird das idealtypische Paar. Beide Hunde müssen am gleichen Tag bei der Einzelbewertung mindestens die Formwertnote »Gut« erhalten haben oder in der Ehren- oder Veteranenklasse ausgestellt worden sein. Dieser Wettbewerb wird von einem einzelnen Zuchtrichter bewertet, welcher dazu berechtigt ist.

§ 30 a Veteranen-Wettbewerb
Bei Internationalen Zuchtschauen wird ein Veteranen-Wettbewerb durchgeführt. Teilnahmeberechtigt sind die »Besten Veteranen der Rasse«. Die Bewertung der Hunde in diesem Wettbewerb erfolgt durch den Zuchtrichter nach dem Standard. Daneben soll besonders auf die Kondition dieser Hunde geachtet werden. Die Hunde bekommen keine Formwertnote. Die Veranstalter haben die Veteranen dem Publikum besonders vorzustellen und zu plazieren (1–3). Dieser Wettbewerb wird von einem einzelnen Zuchtrichter bewertet, welcher dazu berechtigt ist.

§ 31 Ordnungsbestimmungen
1. Verstöße gegen diese Ordnung können mit Disziplinarmaßnahmen geahndet werden.
   a)Mit dem Verbot der Teilnahme auf allen von VDH-Mitgliedsvereinen oder vom VDH durchgeführten Zuchtschauen für mindestens ein Jahr oder auf Dauer kann belegt werden, wer insbesondere
   1. den geordneten Ablauf von Zuchtschauen stört,

2. einer Anweisung der Zuchtschauleitung zuwider handelt,
3. seinen Hund vor Veranstaltungsschluß aus dem Zuchtschaugelände entfernt,
4. sich ohne Berechtigung im Ring aufhält,
5. die den jeweils zur Bewertung anstehenden Hund bezeichnende korrekte Katalognummer nicht oder nicht deutlich sichtbar trägt,
6. einen nach § 7 Abs. 2 oder 4 nicht zugelassenen Hund in das Zuchtschaugelände einbringt,
7. aufgrund von »double handling« mehrfach von der Bewertung ausgeschlossen wurde,
8. gegen § 12 Nr. 6 verstoßen hat.

b) Mit unbefristetem Verbot der Teilnahme auf allen von VDH-Mitgliedsvereinen oder vom VDH durchgeführten Zuchtschauen kann belegt werden, wer insbesondere
1. einen Zuchtrichter beleidigt oder dessen Bewertung öffentlich mündlich oder schriftlich kritisiert,
2. sich die Teilnahme durch falsche Angaben bei der Anmeldung erschleicht,
3. Veränderungen oder Eingriffe am gemeldeten Hund vornimmt oder vornehmen läßt, die geeignet sein können, den Zuchtrichter zu täuschen, oder solche Hunde vorführt oder vorführen läßt.

c) Mitgliedsvereine, die gegen diese Ordnung verstoßen, können mit befristetem oder dauerndem Verbot der Angliederung von Sonderschauen an Internationale oder Nationale Zuchtschauen, Ordnungsgeld bis zu 5.000,00 Euro oder Ausschluß belegt werden. § 5 Abs. 4.8 der VDH-Satzung gilt entsprechend.

d) Veranstalter von Internationalen Zuchtschauen, die gegen diese Ordnung oder gegen die vom VDH-Vorstand verabschiedeten Verpflichtungserklärung zur Durchführung von Internationalen Zuchtschauen verstoßen, können mit einem Ordnungsgeld bis zu 5.000,00 Euro belegt werden.

2. Der vom VDH-Vorstand nach §10 Abs. 3 der Satzung berufene VDH-Zuchtschau-Ausschuß führt die Untersuchung, hört den Betroffenen und wertet die Beweismittel. Er unterbreitet dem VDH-Vorstand einen Entscheidungsvorschlag.
3. Der VDH-Vorstand entscheidet über Disziplinarmaßnahmen. Er ist an den Vorschlag des VDH-Zuchtschau-Ausschusses nicht gebunden. Hält er die Verhängung eines Ausschlusses für gerechtfertigt, stellt er einen entsprechenden Antrag an den VDH-Ehrenrat.
4. Gegen Disziplinarmaßnahmen des VDH-Vorstandes ist Widerspruch zum VDH-Schiedsgericht nur binnen zwei Wochen nach Zustellung der Entscheidung zulässig. Andernfalls wird die Entscheidung rechtskräftig. Der Widerspruch hat aufschiebende Wirkung.

Zweiter Abschnitt: Internationale und Nationale Zuchtschauen

§ 32 Terminschutz
1. Terminschutz für das kommende Jahr ist spätestens bis zum 1. Mai des Vorjahres und mindestens 12 Monate vor der Veranstaltung zu beantragen.
2. Termine gelten als geschützt, wenn sie in »Unser Rassehund« veröffentlicht sind. Nicht geschützte Termine werden in »Unser Rassehund« als geplante Veranstaltungen veröffentlicht.
3. Internationale und Nationale Zuchtschauen müssen mindestens zwei Wochen auseinander liegen, ansonsten ist die Zustimmung des Zuchtschauleiters der zuerst gemeldeten Zuchtschau erforderlich.
4. Der Terminschutz kann verweigert werden. Wird hiergegen Einspruch eingelegt, so entscheidet der VDH-Vorstand nach Anhörung des VDH-Zuchtschau-Ausschusses endgültig.

§ 33 Genehmigung
Internationale Zuchtschauen mit Vergabe des CACIB bedürfen zusätzlich der Genehmigung durch die Féderation Cynologique Internationale (F.C.I.).

§ 34 Formalitäten
Die Einreichung der CACIB-, Deutscher Champion (VDH)- sowie ggf. der Bundessieger- und der VDH-Europasieger-Vorschlagsunterlagen hat innerhalb eines Monats nach dem Veranstaltungstermin an den VDH zu erfolgen.

§ 35 Veranstalter
Veranstalter von Internationalen und Nationalen Zuchtschauen können örtliche kynologische Vereinigungen, die Landesverbände des VDH oder der VDH selbst sein. Anträge örtlicher kynologischer Vereinigungen auf Terminschutz müssen vom zuständigen Landesverband genehmigt und von diesem dem VDH zugeleitet werden.

§ 36 Ausfallen der Zuchtschauen
1. Kann aus irgendwelchen Gründen die Zuchtschau nicht stattfinden und auch nicht auf einen späteren Termin verlegt werden, so ist die Zuchtschauleitung berechtigt, bis zu 50 % der Meldegebühren zur Deckung entstandener Kosten zu verwenden.
2. Die Höhe des Anteils der Meldegebühr, der von der Zuchtschauleitung zur Deckung der entstandenen Kosten einbehalten wird, ist durch den Obmann für das Zuchtschauwesen des VDH im Zusammenwirken mit dem Hauptgeschäftsführer des VDH und dem jeweiligen Leiter der Zuchtschau festzulegen. Er darf immer nur so hoch festgelegt werden, daß er nur die tatsächlich entstandenen Kosten deckt.

§ 37 Angliederung von Sonderschauen
1. Für jede Rasse kann auf Internationalen und Nationalen Zuchtschauen eine Sonderschau angegliedert werden; Varietäten bleiben hierbei unberücksichtigt.
2. Bei Nationalen Zuchtschauen kann der Veranstalter selbst entscheiden, welchen Vereinen er die Angliederung einer Sonderschau ermöglicht. Diese Regelung gilt nur, wenn es nicht mehr als 8 Nationale Zuchtschauen pro Kalenderjahr gibt.
3. Wird zumindest eine der betreuten Rassen von mehreren Mitgliedsvereinen vertreten, gilt folgende Regelung: Die die Rasse bzw. Rassen vertretenden Rassehunde-Zuchtvereine einigen sich verbindlich auf die Durchführung der Sonderschauen und teilen dieses dem VDH schriftlich mit. Einigen sich die beteiligten Rassehunde-Zuchtvereine nicht bis zum 30. Juni des Jahres, das dem Veranstaltungsjahr vorangeht, teilt der VDH-Zuchtschau-Ausschuß die Sonderschauen bei den Internationalen und ggf. Nationalen Zuchtschauen zwischen diesen verbindlich auf. Hierbei kann der VDH-Zuchtschau-Ausschuß nach einem Verteilungsmodell vorgehen, das zuvor vom VDH-Vorstand zu genehmigen ist. Der VDH-Zuchtschau-Ausschuß kann die Zuteilung der Sonderschauen jeweils für einzelne Rassen oder für Rassegruppen vornehmen. Einem Rassehunde-Zuchtverein kann im Jahr seiner vorläufigen Aufnahme in den VDH eine Sonderschau für das Folgejahr nicht zuerkannt werden.
   Die Einigungen bzw. Zuteilungen des VDH-Zuchtschau-Ausschusses gelten für mindestens ein Jahr.
4. Gliedert der Rassehunde-Zuchtverein bis zu einem vom Veranstalter oder vom VDH festgesetzten Stichtag die Sonderschau nicht an, kann der Veranstalter die Sonderschau selbst durchführen oder einem anderen Rassehunde-Zuchtverein übertragen.

§ 38 Durchführung von Sonderschauen
1. Der die Sonderschau durchführende Rassehunde-Zuchtverein übernimmt folgende Verpflichtungen:
   1. Einladung und Bezahlung der Zuchtrichter gemäß VDH-Spesenordnung,
   2. Stellung eines Sonderleiters, der für den reibungslosen Ablauf der Veranstaltung in seinen Ringen verantwortlich ist,
   3. Stellung von Ringpersonal, das pro Ring mindestens aus einem Ringsekretär und einem Ringordner besteht,
   4. Ordnungsgemäße Aushändigung von Urkunden, von Vorschlagszetteln für vergebene Titel und Titel-Anwartschaften an die Aussteller sowie aller für die Zuchtschauleitung bestimmten Belege.
2. Der die Sonderschau durchführende Rassehunde-Zuchtverein erhält von der Zuchtschauleitung einen Teil des Meldegeldes zurückerstattet; die Höhe wird vom VDH-Vorstand mit einem Mindestsatz festgelegt. Grundlage ist die Zahl der eingegangenen Meldungen unter Berücksichtigung der hierauf geleisteten Zahlungen.
3. Sonderschauen durchführende Rassehunde-Zuchtvereine mit weniger als 50 gemeldeten Hunden müssen sich ggf. mit anderen Rassehunde-Zuchtvereinen einen Ring teilen wobei als Benutzungsgrundlage 1 Stunde für 10-12 Hunde gilt.

§ 39 Meldeformular
1. Als Meldeformular soll der einheitliche Vordruck des VDH Verwendung finden.
2. Bei Meldung zu Internationalen und Nationalen

Zuchtschauen erhält der Aussteller im Falle der Annahme seines gemeldeten Hundes eine diesbezügliche Bestätigung.

§ 40 Klasseneinteilung
Für Internationale und Nationale Zuchtschauen ist die Klasseneinteilung 1.-8. gemäß § 16 verbindlich.

§ 41 Boxen
Auf Internationalen Zuchtschauen sind vom Veranstalter zur Unterbringung von Hunden Boxen in ausreichender Anzahl bereitzuhalten. Entweicht ein Hund und/oder richtet Schaden an, ist der Eigentümer für alle sich hieraus ergebenden Folgen haftbar.

§ 42 Ringgröße
Die Mindestringgröße beträgt für kleinere und mittlere Rassen 60 m^2 und für größere Rassen 80 m^2, wobei keine Ringseite kürzer als 6,00 m sein darf.

§ 43 Einlaß
Die zur Zuchtschau angenommenen Hunde (Annahmebestätigung muß vorliegen) sind innerhalb der im Programm und in der Annahmebestätigung angegebenen Einlaßzeit einzubringen. Für jeden zur Zuchtschau angenommenen Hund hat eine Person freien Einlaß.

§ 44 Zulassung
Personen, die durch Beschluß eines Mitgliedsvereines des VDH von allen Veranstaltungen ausgeschlossen werden, sind auch von der Teilnahme an Internationalen und Nationalen Zuchtschauen ausgeschlossen, wenn der VDH-Vorstand den Beschluß auf Antrag des Mitgliedsvereines bestätigt hat. Gegen die Entscheidung des VDH-Vorstandes ist Widerspruch zum VDH-Schiedsgericht (2. Kammer) nur binnen zwei Wochen nach Zustellung des Bestätigungsbeschlusses zulässig. Der Widerspruch hat aufschiebende Wirkung. Andernfalls wird die Entscheidung rechtskräftig.

§ 45 Vorzeitiges Verlassen der Zuchtschau
Ausgestellte Hunde dürfen nicht vor Veranstaltungsschluß die Zuchtschau verlassen. Im Falle einer Zuwiderhandlung können Titel und Titel-Anwartschaften aberkannt werden.

§ 46 Zuchtrichterspesen
1. Die Spesen der Zuchtrichter bei ihrer Tätigkeit auf Internationalen und Nationalen Zuchtschauen regelt die Spesenordnung des VDH.
2. Die Zuchtrichterspesen sind von der Zuchtschauleitung zu bestreiten bzw. von der Sonderleitung, wenn die Vereinbarung mit der Zuchtschauleitung dieses vorsieht.
3. Die dem Zuchtrichter zustehenden Spesen und/oder Kosten sollen erst dann zur Auszahlung gelangen, nachdem dieser seine Tätigkeit ordnungsgemäß beendet und die Abschnitte aus dem Richterbuch sowie ggf. die Vorschlagszettel für CACIB, Anwartschaften für den Titel »Deutscher Champion (VDH)«, Bundessieger- und VDH-Europasiegertitel der Zuchtschauleitung ausgehändigt hat.

§ 47 Richterbericht
Bei Internationalen und Nationalen Zuchtschauen ist die Ausfertigung eines Richterberichtes Pflicht.

§ 48 Reihenfolge des Richtens
Bei Internationalen und Nationalen Zuchtschauen muß das Richten der Hunde wie folgt durchgeführt werden: Veteranen-, Ehren-, Jüngsten-, Jugend-, Zwischen-, Champion-, Gebrauchshundklasse, Offene Klasse.

§ 49 Wettbewerbe
1. Auf Internationalen Zuchtschauen ist die Durchführung folgender Wettbewerbe verbindlich vorgeschrieben:
   a) Bester Hund der Rasse (BOB)
   b) Gruppenwettbewerb (BIG)
   c) Wettbewerb »Bester Hund der Zuchtschau (BIS)«
   d) Zuchtgruppen-Wettbewerb
   e) Nachzuchtgruppen-Wettbewerb
   f) Paarklassen-Wettbewerb
   g) Veteranen-Wettbewerb
   h) Vorführwettbewerb für Jugendliche (nach den gültigen Bestimmungen des VDH)
2. Für Nationale Zuchtschauen ist a) verbindlich vorgeschrieben, b) bis h) wird empfohlen.

§ 50 Wettbewerb »Bester Hund der Rasse (BOB)«
1. Diesen Wettbewerb richtet ein einzelner Zuchtrichter. Richten mehrere Zuchtrichter eine Rasse, ist der

Zuchtrichter dieses Wettbewerbes vor dem Richten festzulegen.

2. Der Wettbewerb »Bester Hund der Rasse« wird für jede Rasse/Varietät, für die von der F.C.I. ein CACIB vorgesehen ist sowie für von der F.C.I. vorläufig anerkannte Rassen, durchgeführt.
3. Der »Beste Hund der Rasse« wird nach dem Richten aller Klassen vom Zuchtrichter aus den Rüden und Hündinnen der Jugend-, Ehren-, Zwischen-, Champion-, Gebrauchshundklasse, Offenen Klasse sowie dem »Besten Veteranen« bestimmt. Es nehmen die Hunde, die das CACIB erhalten haben, die Sieger der Jugendklasse, sofern sie die höchstmögliche Formwertnote erhalten haben sowie die erstplazierten Hunde der Ehrenklasse und der »Beste Veteran« am Wettbewerb teil. Sofern eine Rasse als »vorläufig« durch die F.C.I. anerkannt ist und somit kein CACIB vergeben wird, sind die Hunde, die eine Anwartschaft auf den Titel »Deutscher Champion (VDH)« erhalten haben, der »Beste Veteran« sowie die Sieger der Jugendklasse, sofern sie die höchstmögliche Formwertnote erhalten haben, teilnahmeberechtigt.

§ 51 Gruppenwettbewerb
Alle »Besten Hunde der Rasse« nehmen am Gruppenwettbewerb teil (Gruppe = F.C.I.-Gruppe). In den einzelnen F.C.I.-Gruppen wird 1-3 plaziert und somit der Gruppensieger ermittelt. Diesen Wettbewerb richtet ein einzelner Zuchtrichter.

§ 52 Wettbewerb »Bester Hund der Zuchtschau (BIS)«
Alle Gruppensieger nehmen am Wettbewerb »Bester Hund der Zuchtschau« teil. Aus den 10 Gruppensiegern wird der »Beste Hund der Zuchtschau (BIS)« ermittelt. Diesen Wettbewerb richtet ein einzelner Zuchtrichter.

§ 53 Neutrales CAC
Auf allen Internationalen und Nationalen Zuchtschauen wird für die Rassen, die nicht durch eine Sonderschau eines Rassehunde-Zuchtvereins betreut werden, ein »neutrales CAC« in Wettbewerb gestellt. Dieses wird analog den Bestimmungen für die Vergabe des CACIB vergeben und kann – sofern die betreffende Rasse von einem VDH-Mitgliedsverein betreut wird – von diesem als Anwartschaft auf den Titel »Deutscher Champion (Klub)« anerkannt werden.

§ 54 Bundessieger- und VDH-Europasieger-Zuchtschau
Der VDH kann alljährlich eine Bundessieger-Zuchtschau und eine VDH-Europasieger-Zuchtschau durchführen oder durchführen lassen. Ort, Termin und Veranstalter bestimmt der Vorstand des VDH. Die Vergabe der Titel »Deutscher Bundessieger« und »VDH-Europasieger« ist zwingend an die Vergabe des CACIB gekoppelt. Für die Vergabe der Titel »Deutscher Bundesjugendsieger« sowie »VDH-Europajugendsieger« gilt diese Bestimmung sinnentsprechend, d.h., daß diese Titel nur an Rassen/Varietäten vergeben werden können, die von der F.C.I. für ein CACIB vorgesehen sind. Diese Hunde müssen in der Jugendklasse die höchstmögliche Formwertnote erhalten haben.

Dritter Abschnitt: Termingeschützte Spezial-Zuchtschauen

§ 55 Veranstalter
Für die Durchführung von Spezial-Zuchtschauen sind die Rassehunde-Zuchtvereine zuständig. Über die Zulassung zu Spezial-Zuchtschauen entscheidet der Veranstalter in eigener Verantwortung unter Einhaltung der §§ 7 und 8.

§ 56 Terminschutz
1. Anträge auf Genehmigung und Terminschutz müssen so zeitig vor dem Veranstaltungstermin unmittelbar an die Terminschutzstelle des VDH gerichtet werden, daß eine Bearbeitung und Veröffentlichung in der Zeitschrift »Unser Rassehund« vor der Veranstaltung möglich ist. Hierzu gibt es entsprechende Mitteilungen der Chefredaktion.
2. Treten Untergliederungen eines Rassehunde-Zuchtvereins als Veranstalter auf, müssen die Anträge den Sichtvermerk des Vereinsvorsitzenden oder Zuchtschaubeauftragten enthalten.
3. Wenn im Umkreis von 200 km (Luftlinie) am gleichen Tag eine Internationale oder Nationale Zuchtschau stattfindet, ist die Zustimmung des Veranstalters dieser Zuchtschau erforderlich.
4. Ist für eine Spezial-Zuchtschau Terminschutz erteilt,

kann für weitere Spezial-Zuchtschauen, die am selben Tag und am selben Veranstaltungsort durchgeführt werden, Terminschutz nur erteilt werden, wenn der bereits berücksichtigte Rassehunde-Zuchtverein zustimmt und die insgesamt veranstaltenden Rassehunde-Zuchtvereine einen Verein und einen Zuchtschauleiter als dem VDH gegenüber Verantwortlichen benennen. Veranstaltungen dieser Art müssen von dem zuständigen Landesverband des VDH genehmigt werden. Wenn kein Landesverband vorhanden ist, ist die Zustimmung des VDH erforderlich. Sämtliche Terminschutzanträge müssen rechtzeitig und zusammen mit Sichtvermerk des zuständigen Landesverbandes bei der Terminschutzstelle sein. Bei mehr als drei beteiligten Vereinen bedarf es zusätzlich der Genehmigung durch den VDH.

5. Ein Rassehunde-Zuchtverein darf am gleichen Ort und am gleichen Tag nur eine Spezial-Zuchtschau durchführen.

Vierter Abschnitt: Nicht termingeschützte Spezial-Zuchtschauen

§ 57 Allgemeines

Auf solchen Spezial-Zuchtschauen dürfen weder Anwartschaften für den Titel »Deutscher Champion (VDH)« noch für den Titel »Deutscher Champion (Klub)« in Wettbewerb gestellt werden.

Fünfter Abschnitt: Titel und Titelanwartschaften

§ 58 Allgemeines

Die Vergabe von Titeln und Titel-Anwartschaften liegt im Ermessen des Zuchtrichters.

§ 59 Deutscher Champion (Klub)

Der von den Rassehunde-Zuchtvereinen vergebene Titel »Deutscher Champion (Klub)« kann nur durch mindestens vier Anwartschaften unter drei verschiedenen Zuchtrichtern errungen werden, wobei zwischen der ersten und der letzten Anwartschaft mindestens zwölf Monate und ein Tag liegen müssen. Die Anwartschaften können nur in der Zwischenklasse, Offenen Klasse sowie Champion- und Gebrauchshundklasse auf termingeschützten Zuchtschauen vergeben werden, wobei der Hund mit »Vorzüglich 1« bewertet worden sein muß. Die Vergabe der Reserve-Anwartschaften muß analog zur Vergabe des Res.-CACIB vorgenommen werden. Anwartschaften auf den Titel »Deutscher Champion (Klub)« dürfen von einem Rassehunde-Zuchtverein am gleichen Tag und Ort in den jeweiligen Klassen nur einmal vergeben werden. Ein Hund kann den Titel »Deutscher Champion (Klub)« nur einmal und nur von einem – die jeweilige Rasse betreuenden – Verein verliehen bekommen.

§ 60 Deutscher Champion (VDH)

Der VDH stellt für alle Rassen Anwartschaften für den Titel »Deutscher Champion (VDH)« in Wettbewerb. Die Verleihungsbestimmungen werden auf Vorschlag des Zuchtschau-Ausschusses vom VDH-Vorstand beschlossen.

Sechster Abschnitt: Schlußbestimmungen

§ 61 Zuchtschau-Ordnung des Rassehunde-Zuchtvereins

Rassehunde-Zuchtvereine können für die Regelung von Spezial-Zuchtschauen und der Vergabe von Titeln und Titel-Anwartschaften Vorschriften erlassen, welche diese VDH-Zuchtschau-Ordnung sinnvoll ergänzen; sie dürfen jedoch nicht im Gegensatz dazu stehen.

§ 62 Nichtigkeit von Teilen dieser Ordnung

Die Nichtigkeit von Teilen dieser Ordnung zieht nicht die Nichtigkeit der Ordnung insgesamt nach sich.

§ 63 Änderung der VDH-Zuchtschau-Ordnung

Der VDH-Vorstand wird ermächtigt, im Falle des § 62 sowie in dringenden Fällen diese Ordnung zu ändern und die Änderung durch Veröffentlichung in der Verbandszeitschrift »Unser Rassehund« in Kraft zu setzen. Nach Inkrafttreten der am 4. Oktober 1986 beschlossenen Satzung bedürfen diese Änderungen der nachträglichen Genehmigung durch die Mitgliederversammlung gemäß § 9 Abs. 3 litt. 1) der VDH-Satzung.

§ 64 Inkrafttreten

Diese Ordnung wurde von der Mitgliederversammlung des VDH am 06. März 1994 verabschiedet. Sie ist am 08. Mai 1994 in Kraft getreten.

Änderungsstand: Nov. 2003

VERGABEBEDINGUNGEN DES TITELS »INTERNATIONALER SCHÖNHEITS-CHAMPION«

1. Titel »Internationaler Schönheits-Champion« für Hunde ohne Arbeitsprüfung

Vier durch die FCI bestätigte CACIB unter drei verschiedenen Richtern in drei verschiedenen Ländern. Davon einmal im Heimatland des Hundeeigentümers oder im Ursprungsland der Rasse. Zwischen dem ersten und dem letzten CACIB muß ein zeitlicher Zwischenraum von mindestens ein Jahr und einem Tag liegen.

2. Titel »Internationaler Schönheits-Champion« für Hunde, die den Arbeitsprüfungen unterworfen sind

Zwei durch die FCI bestätigte CACIB unter zwei verschiedenen Richtern in zwei verschiedenen Ländern. Außerdem ist der Nachweis zu erbringen, daß der den Titel begehrende Hund die von der FCI für den Erwerb des Titels »Internationaler Schönheits-Champion« vorgeschriebene Arbeitsprüfung abgelegt hat. Zwischen den Terminen für die geforderten zwei CACIB muß ein zeitlicher Zwischenraum von mindestens ein Jahr und einem Tag liegen.

Die Art der erforderlichen Arbeitsprüfung wird vom zuständigen Rassehundezuchtverein aufgegeben.

Zuerkennung des Titels »Internationaler Schönheits-Champion«

Für die Zuerkennung durch die FCI müssen der VDH-Geschäftsstelle folgende Unterlagen eingereicht werden:

1. Vier bzw. zwei von der FCI bestätigte CACIB-Anwartschaftskarten (nicht zu verwechseln mit den auf der Ausstellung ausgehändigten CACIB-Vorschlagskarten);
2. Fotokopie einer Ahnentafel des für den Titel vorgesehenen Hundes;
3. (gilt nur für Hunde, die den Arbeitsprüfungen unterworfen sind): Nachweise der abgelegten Arbeitsprüfung mit Angabe des Prüfungsortes, des Prüfungsdatums und der zuständigen Richter.

Wir machen darauf aufmerksam, daß die Zustellung der von der FCI bestätigten Anwartschaftskarten in der Regel nicht vor Ablauf von sechs Monaten nach der durchgeführten Zuchtschau erfolgt.

Vergabe des CACIB

(nur in der Championklasse, der Offenen Klasse oder der Gebrauchshundklasse möglich, Mindestalter 15 Monate). Die Vergabe des CACIB liegt im Ermessen des Richters.

Vom Bewertungsrichter kann vorgeschlagen werden:

CACIB: Der beste Rüde und die beste Hündin einer Rasse, wenn diese mit »vorzüglich I« bewertet sind, unabhängig von der Zahl der Konkurrenten. Mindestalter: 15 Monate.

CACIB-Reserve: Der zweitbeste Rüde und die zweitbeste Hündin einer Rasse, wenn sie mit mindestens »vorzüglich II« bewertet sind. Der CACIB-Reserve-Hund kann aufrücken und auch das CACIB **bestätigt bekommen, wenn er am Ausstellungstage mindestens 15 Monate alt war und überprüft** wurde, daß der in Vorschlag gebrachte CACIB-Hund an diesem Ausstellungstage bereits den Titel »Internationaler Schönheits-Champion« von der FCI zuerkannt bekommen hatte. Ebenfalls kann der Reserve-CACIB-Hund aufrücken, wenn der CACIB-Hund am Tage der Ausstellung noch nicht 15 Monate alt war oder sonstige Bedingungen nicht erfüllt hatte.

Über die endgültige Zuerkennung des CACIB und des Titels »Internationaler Schönheits-Champion« entscheidet die FCI nach den gültigen Bestimmungen.

REGLEMENT FÜR DAS INTERNATIONALE CHAMPIONAT

I. Internationales-Schönheits-Championat der F.C.I. für alle Rassen

A. <u>Hunderassen, die den Arbeitsprüfungen nicht unterworfen sind</u>

Um den Titel eines Internationalen Schönheits-Champion zu erlangen, müssen die Hunde dieser Rassen erhalten haben:

a) In einer Zeitspanne von mindestens einem Jahr und einem Tag, vier Anwartschaftsnachweise auf das Internationale Schönheits-Championat (CACIB) in drei verschiedenen Ländern, unter drei verschiedenen Richtern, ohne Rücksicht auf die Anzahl der Konkurrenten.

b) Die Zeitspanne zwischen dem ersten und dem letzten CACIB ist wie folgt zu verstehen: z.B. vom 1. Januar 1996 bis zum 1. Januar 1997.

Für a) und b) können Ausnahmen gemacht werden, wenn sie vom FCI-Gesamtvorstand genehmigt wurden.

B. Hunderassen, die den Arbeitsprüfungen unterworfen sind

Um den Titel eines Internationalen Schönheits-Champions zu erlangen, müssen die Hunde dieser Rassen erhalten haben:

a) In einer Zeitspanne von mindestens einem Jahr und einem Tag, zwei Anwartschaftsnachweise auf das Internationale Schönheits-Championat (CACIB) in zwei verschiedenen Ländern, unter zwei verschiedenen Richtern, ohne Rücksicht auf die Anzahl der Konkurrenten.

b) Die Zeitspanne zwischen dem ersten und dem letzten CACIB ist wie folgt zu verstehen: z.B. vom 1. Januar 1986 bis zum 1. Januar 1997. Das Prüfungsdatum ist nicht relevant.

c) Mindestens einen dritten Preis oder die Qualifikation »Gut« an einer Arbeitsprüfung, bei der die Anwartschaft zum nationalen Championat (CACT) in Wettbewerb gestellt ist. Wenn jedoch die Prüfung nach Punkten beurteilt wird, werden die Preise nicht berücksichtigt und der Hund muss mindestens 75% der Maximalpunktzahl erlangt haben.

- Ausnahme für Fox-Terriers
  In den mit Punkten bewerteten Prüfungen muss der Hund bei den Bauprüfungen »unter der Erde« mindestens 60% der Punkte erhalten haben.

Für a) und b) können Ausnahmen gemacht werden, wenn sie vom F.C.I.-Gesamtvorstand genehmigt wurden.

- Gebrauchshunde: Internationale Prüfungen für Rettungshunde, nationale Schutzhundprüfungen oder IPO-Prüfungen, sind die einzigen Arbeitsprüfungen, die für den Internationalen Schönheitschampionstitel anerkannt werden.
  Bei Prüfungen nach der IPO (RCI) muss der Hund in der ersten Leistungsstufe mindestens 70% der Maximalpunktzahl jeder Teildisziplin (Unterordnung, Nasenarbeit und Schutzdienst) erreicht haben.
  Bei Schutzhundprüfungen müssen folgende Bedingungen erfüllt werden: ungeachtet der Leistungsstufe, in der er gemeldet ist, muss der Hund mindestens 70% in der Disziplin A (Nasenarbeit) und B (Unterordnung) und mindestens 80% in der Disziplin C (Schutzdienst) erreicht haben.

C. Gemeinsame Regeln für A und B

Bestehen bei einer Rasse mehrere Varietäten, welche sich untereinander durch das Gewicht, die Farbe, die Haarart usw. unterscheiden, so beschliesst die Generalversammlung der F.C.I., ob für alle Varietäten zusammen nur ein einziges CACIB oder allenfalls auch mehrere vergeben werden.

In Beanstandungs- und Zweifelsfällen entscheidet der Vorstand der F.C.I., nach Konsultation des Ursprungslandes der Rasse und der Standardkommission, endgültig.

II. Internationales Arbeitschampionat der F.C.I.

Um diesen Titel können nur Hunderassen konkurrieren, für die Arbeitsprüfungen unter dem Patronat der F.C.I. durchgeführt werden können.

Um den Titel eines Internationalen Arbeits-Champions zu erlangen, muss ein Hund erhalten haben:

- Ungeachtet seines Alters zwei Anwartschaftsnachweise auf das Internationale Arbeits-Championat (CACIT), die unter zwei verschiedenen Richtern, in zwei verschiedenen Ländern oder an Prüfungen von Klubs aus zwei verschiedenen Landesverbänden erzielt wurden. Die beiden CACIT müssen von zwei ersten Preisen an internationalen Arbeitsprüfungen unter dem Patronat der F.C.I. begleitet sein.
- Im Alter von mindestens 15 Monaten, an einer internationalen F.C.I.-Ausstellung, in der Arbeitsklasse, ***Zwischenklasse*** oder offenen Klasse, ungeachtet der Anzahl ausgestellter Hunde, wenigstens die Qualifikation »Sehr gut« oder in Ländern, welche diese Qualifikation nicht kennen, einen zweiten Preis.

- Gebrauchshunde: Das CACIT kann nur an internationalen Prüfungen für Rettungshunde, an nationalen Schutzhundprüfungen oder an IPO-Prüfungen (RCI) vergeben werden.
- Kontinentale Vorstehhunde: Für kontinentale Vorstehhunde bestehen folgende Internationale Arbeitschampionats: »Field Trial« und »Jagdprüfung«.

Zur Erlangung des Titels Internationaler Arbeitschampion »Field Trial«, ChIT (ft) muss ein Hund folgende Voraussetzungen erfüllt haben:

a. In einem Alter von mehr als 15 Monaten zwei CACIT oder ein CACIT und zwei RCACT, errungen auf Field Trials, die unter dem Patronat zweier verschiedener Landesverbände und unter verschiedenen Richtern durchgeführt wurden;
b. wurde die Anwartschaft auf einem Field Trial erzielt, an dem die Disziplin »Bringen« nicht verlangt wurde, so muss der Hund an einem anderen Trial, unter dem Patronat der F.C.I. mindestens die Qualifikation »sehr gut« oder in Ländern, die diese Bewertung nicht kennen, mindestens einen zweiten Preis in einem Field Trial mit einem Pflichtfach »Bringen« erreicht haben.
c. In einem Alter von mehr als 15 Monaten auf einer Internationalen, unter der Schirmherrschaft der F.C.I. abgehaltenen Ausstellung, unabhängig von der Zahl der ausgestellten Hunde, zumindest das Prädikat »sehr gut«, oder in Ländern, die diese Bewertung nicht kennen, mindestens einen zweiten Preis haben in der offenen, ***Zwischen-*** oder Arbeitsklasse.

Für die Erlangung des Titels Internationaler Arbeitschampion »jagdliche Prüfung« ChIT (ec) muss ein Hund folgende Voraussetzungen aufweisen:

a. in einem Alter von mehr als 15 Monaten zwei CACIT oder ein CACIT und zwei RCACIT, errungen auf jagdlichen Prüfungen, die unter der Verantwortung von zwei verschiedenen nationalen Dachverbänden und unter verschiedenen Richtern durchgeführt wurden.
b. wurden die Auszeichnungen auf Feld- und Wasserprüfungen erzielt, so muss der Hund zudem auf einer Vielseitigkeitsprüfung, die unter dem Patronat der F.C.I. durchgeführt wurde, zumindest das Prädikat »sehr gut«, oder in Ländern, die diese Bewertung nicht kennen, mindestens einen zweiten Preis, erreicht haben,
c. im Alter von mindestens 15 Monaten, an einer internationalen F.C.I.-Ausstellung, in der Arbeitsklasse, ***Zwischenklasse*** oder offenen Klasse, mindestens die Qualifikation »sehr gut«, oder in Ländern, die diese Bewertung nicht kennen, mindestens einen zweiten Preis, erhalten haben. Die Zahl der ausgestellten Hunde ist nicht relevant.

Wird ein Hund für das CACIT vorgeschlagen, der bereits Internationaler Arbeitschampion ist, so wird die Anwartschaft auf den Hund mit dem Reserve-CACIT übertragen.
Der Eigentümer des Hundes hat die Homologierung des Titels ChIT (ft) oder ChIT (ec), spätestens ein Jahr nach Erreichen der Bedingungen für den Titel über seinen nationalen Dachverband beim Generalsekretariat der F.C.I. zu beantragen. Die erforderlichen Unterlagen sind beizulegen.

• Dachshunde (Teckel): 3 Alternativen
- 2 CACIT für Bauhundfuchskunstbau (BhFK) in 2 verschiedenen Ländern und mindestens einen 3. Preis in einer Vielseitigkeitsprüfung (Vp) oder Spurlaut am Hasen (Sp).
- oder 2 CACIT auf einer Vielseitigkeits- oder Brackierprüfung sowie einen 3. Preis (BHFK) oder eine bestandene Naturbau-Prüfung auf Fuchs BhFN oder Dachs BhDN in 2 verschiedenen Ländern.
- oder 1 CACIT für Bauhundfuchskunstbau BhFK und ein CACIT an einer Vielseitigkeitsprüfung mit Spurlaut am Hasen Vp, in 2 verschiedenen Ländern.

• Kaninchenteckel: ist am gleichen Tag je ein CACIT in der Schleppe KSchlH und ein anderes CACIT in Sprengen KSpN notwendig, ausserdem das Leistungszeichen Sp (Spurlaut).

Die Anwartschaft kann auf ***Antrag des Eigentümers des Hundes, der das RCACIT bekommen hat oder auf Antrag des nationalen Dachverbandes*** auf den Hund mit dem Reserve-CACIT übertragen werden, ***wenn eine der folgenden Bedingungen erfüllt ist:***

1. der Hund, der für das CACIT vorgeschlagen wird, ist bereits Internationaler Arbeitschampion ***(gemeint ist der von der FCI bestätigte Titel) oder der für das CACIT vorgeschlagene Hund hat schon 2 CACIT erhalten, auch wenn für ihn der Internationale Arbeitschampionstitel von der FCI noch nicht bestätigt worden ist (Ausnahmen bestehen für kontinentale Vorstehhunde).***
2. für den Hund, der für das CACIT vorgeschlagen wird, besteht keine von der FCI anerkannte Ahnentafel mit den vorgeschriebenen 3 Generationen.

3. ***der Hund, der für das CACIT vorgeschlagen wird, ist gemäß den maßgebenden FCI-Reglementen für Arbeits- und jagdliche Prüfungen zu jung, um das CACIT zu erhalten.***

Pro Prüfung darf nur eine Anwartschaft erteilt werden.

a) Erdhunde, Dachshunde, Fox- und Jagdterrier sowie Welsh Terrier

Jeder Hund, der an einer Prüfung unter der Erde die maximale Punktezahl erreicht hat, kann das CACIT zugesprochen erhalten.

b) Dachshunde

Dachshunde, die an einer nationalen Vielseitigkeitsprüfung den 1. Preis mit mindestens 267 Punkten im 1. Rang erreicht haben, können das CACIT zugesprochen erhalten.

III. Kumulativer Titel eines Internationalen Arbeits- und Schönheits-Champion der FCI

Diejenigen Hunderassen, für welche Arbeitsprüfungen unter der Schirmherrschaft der FCI veranstaltet werden, können den doppelten Titel eines »Internationalen Arbeits- und Schönheitschampions« erhalten, wenn sie die Bedingungen der beiden Championate erfüllen.

IV. Allgemeine Bestimmungen

a) Wenn die Prüfung, für welche das CACIT ausgeschrieben ist, nach Punkten beurteilt wird und wenn mehrere Hunde die gleiche Punktzahl erlangt haben, so erfolgt die Rangierung nach dem Reglement des nationalen Landes-Championat, in welchem die Prüfung stattfindet.
Falls dieses Reglement diesen Fall nicht vorsieht, so werden die ex-aequo klassierten Hunde einem oder mehreren Ausscheidungswettkämpfen unterzogen, bis einer dieser Hunde eine höhere Bewertung als die anderen erlangt. Wenn dies möglich ist, umfassen die Ausscheidungswettkämpfe die Gesamtheit der Prüfungsübungen, andernfalls erstrecken sie sich nacheinander auf jede Übung gesondert, und zwar in der Reihenfolge des Programmes, und werden abgebrochen, sobald einer der Hunde eine höhere Bewertung als die anderen erreicht hat.

b) Der Vorstand der FCI prüft, ob die vorgeschriebenen Bedingungen erfüllt sind. Trifft dies zu, wird die Auszeichnung zuerteilt. Im Ablehnungsfall wird die Auszeichnung nicht zuerteilt.

c) Der endgültige Titel »Internationaler Champion« wird durch den Vorstand der FCI erteilt. Mit einigen Mitgliedsländern wurde vereinbart, dass das Generalsekretariat der FCI, auf Antrag des Eigentümers, ohne Konsultierung des zuständigen Landesverbandes, über die Ausstellung des Titels entscheiden kann, vorausgesetzt, dass ihm alle notwendigen Dokumente zugestellt wurden.

d) Die Anwartschaft kann auf Antrag des Eigentümers des Hundes, der das RCACIB bekommen hat oder auf Antrag des nationalen Dachverbandes, auf den Hund mit dem Reserve-CACIB übertragen werden, wenn eine der folgenden Bedingungen erfüllt ist.

1. ***Der Hund, der für das CACIB vorgeschlagen wird, ist bereits Internationaler Schönheitschampion (gemeint ist der FCI bestätigte Titel).***
2. ***Für den Hund, der für das CACIB vorgeschlagen wird, besteht keine von der FCI anerkannte Ahnentafel mit den vorgeschriebenen 3 Generationen.***
3. ***Der Hund, der für das CACIB vorgeschlagen wird, ist zu jung, um das CACIB zu erhalten (war in der falschen Klasse ausgestellt).***
4. ***Die Bedingungen (gemeint ist die geforderte Anzahl CACIB), um den Internationalen Schönheitschampiontitel zu erlangen, wie in den Absätzen I. A und B. erläutert wurde, sind vom Hund, der für das CACIB vorgeschlagen wird, am Tag der Ausstellung erreicht. Mit anderen Worten bedeutet das für Hunderassen, die nicht einer Arbeitsprüfung unterworfen sind, 4 Anwartschaftnachweise auf das Internationale Schönheits-Championat (CACIB) in 3 verschiedenen Ländern unter 3 verschiedenen Richtern in einer Zeitspanne von mindestens einem Jahr und einem Tag oder 2 Anwartschaftsnachweise auf das Internationale Schönheits-Championat (CACIB) für Hunderassen, die einer Arbeitsprüfung (Gebrauchshunde- und Jagdprüfung) unterworfen sind in zwei verschiedenen Ländern, unter zwei verschiedenen Richtern in einer Zeitspanne von mindestens einem Jahr und einem Tag.***

Die den Ländern und Sektionen gewährten Ausnahmen müssen berücksichtigt werden.

Die Änderungen in fetter Schrift wurden im Oktober 2003 durch den Gesamtvorstand in München genehmigt. Das Reglement trat am 1. Januar 2004 in Kraft.

VDH-ZUCHTRICHTER-ORDNUNG

Erster Abschnitt: Allgemeiner Teil

§ 1 Definition
Zuchtrichter im Sinne dieser Ordnung sind Spezial-Zuchtrichter, Gruppenrichter und Allgemeinrichter.

§ 2 Mitgliedschaft
Die Zuchtrichtertätigkeit ist mit der Mitgliedschaft in einem VDH-Rassehunde-Zuchtverein untrennbar verknüpft.

§ 3 Generelle Voraussetzungen zur Ausübung des Zuchtrichteramtes

1. Die Zuchtrichter erfüllen eine wichtige Aufgabe im Hundewesen. Von den fachlichen Fähigkeiten der Zuchtrichter, ihrer charakterlichen Zuverlässigkeit und ihrer vorbildlichen Haltung in allen Bereichen der Kynologie und des privaten Lebens hängen Bestand und Weiterentwicklung der Rassehundezucht und das Ansehen aller kynologischen Bestrebungen des Verbandes für das Deutsche Hundewesen e. V. (VDH) und seiner Mitgliedsvereine in der Öffentlichkeit ab. Die Zuchtrichter können ihrer verantwortungsvollen Aufgabe nur gerecht werden, wenn sie für dieses Ehrenamt über große Fachkenntnisse verfügen, hohe geistige und charakterliche Persönlichkeitswerte besitzen und in jeder Weise unabhängig sind.
2. Der Zuchtrichter repräsentiert gegenüber Aussteller und Öffentlichkeit den Rassehunde-Zuchtverein, den VDH und die Fédération Cynologique Internationale (F.C.I.). Der Zuchtrichter hat sich diese Verpflichtung stets vor Augen zu halten. Er hat sich dementsprechend zu verhalten und auch in seinem Äußeren die Wertvorstellungen der von ihm repräsentierten Verbände und der Öffentlichkeit zu berücksichtigen.

§ 4 Zulassung als Zuchtrichter

1. Der Zuchtrichter darf – auch im Ausland – nur diejenigen Rassen und Gruppen bewerten, für die er zugelassen ist. Dies gilt auch für eine Richtertätigkeit im Ehrenring; ausgenommen ist das Junior-Handling.
2. Die Zulassung setzt die Eintragung in die VDH-Richterliste und den Besitz des VDH-Richterausweises voraus.

§ 5 Generelle Pflichten des Zuchtrichters

1. In den Mitgliedsländern der F.C.I. hat der Zuchtrichter die Bewertung der Hunde ausschließlich nach dem bei der F.C.I hinterlegten gültigen Standard vorzunehmen (soweit dieser mit den nationalen Bestimmungen des Tierschutzrechtes vereinbar ist). Dabei darf er den Standard nicht in einer Weise auslegen, die der Gesundheit des Hundes abträglich ist.
2. Bei der Durchführung der Bewertung hat der Zuchtrichter diese Ordnung, die VDH-Zuchtschau-Ordnung, das Ausstellungsreglement und alle anderen einschlägigen Bestimmungen der F.C.I. strikt einzuhalten. Zusätzlich gelten die Zuchtrichter- und Zuchtschau-Ordnungen der jeweiligen Rassehunde-Zuchtvereine, soweit sie den vorgenannten Ordnungen und Bestimmungen nicht widersprechen.
3. Der Zuchtrichter hat sich auf jede Zuchtschau durch sorgfältiges Studium des Standards und der für die Ausübung der Zuchtrichtertätigkeit wichtigen Bestimmungen vorzubereiten.
4. Bei der Ausübung der Zuchtrichtertätigkeit hat der Zuchtrichter den Standard und die einschlägigen Ordnungen mit sich zu führen.
5. Zu Anfragen des VDH und des zuständigen Rassehunde-Zuchtvereins im Zusammenhang mit der Zuchtrichtertätigkeit hat der Zuchtrichter ohne Verzug Stellung zu nehmen.
6. Der Zuchtrichter hat an den Zuchtrichtertagungen des Rassehunde-Zuchtvereins und des VDH teilzunehmen.
7. Der ausbildungsberechtigte Zuchtrichter hat an der Ausbildung der Anwärter soweit wie möglich mitzuwirken. Dazu gehört: Anwärter für die Ableistung von Anwartschaften anzunehmen, deren Berichte fristgerecht zu prüfen und weiterzuleiten sowie eine Beurteilung über die Tätigkeit des Anwärters, z. B. durch Ausfüllung eines Anwärterzeugnisses, abzugeben.

8. Die Beurteilung der Hunde in Verbindung mit Zuchtzulassungen ist ebenfalls streng gemäß Abs. 1 vorzunehmen.
9. Der Zuchtrichter hat von sich aus dafür zu sorgen, daß er stets im Besitz des gültigen Rasse-Standards sowie aller gültigen Ordnungen ist, die für die Ausübung des Zuchtrichteramtes wichtig sind.
10. Der Zuchtrichter hat sich selbst in allen Bereichen, die für die Ausübung des Zuchtrichteramtes von Bedeutung sind, ständig fortzubilden.

§ 6 Kollegialität, Werbung

1. Ein Zuchtrichter (auch Zuchtrichter-Anwärter) handelt im höchsten Maße unsportlich, wenn er die Tätigkeit eines anderen Zuchtrichters öffentlich ungebührlich bespricht bzw. kritisiert; er verstößt damit in grober Weise gegen § 3 Abs. 1 dieser Ordnung.
2. Zuchtrichter dürfen nicht durch Visitenkarten, auf Briefbögen o.ä. auf ihre Zuchtrichtereigenschaft hinweisen.

§ 7 Zuchtrichtertagung

1. Zwecks Fortbildung der Zuchtrichter und -anwärter haben die Rassehunde-Zuchtvereine einmal jährlich, mindestens jedoch einmal innerhalb von zwei Jahren, eine Zuchtrichtertagung durchzuführen und dies dem VDH unaufgefordert nachzuweisen.

Zweiter Abschnitt: Tätigkeit als Zuchtrichter

§ 8 Allgemeines

Zuchtrichter dürfen nur auf Zuchtschauen tätig werden, die vom VDH und/oder der F.C.I. anerkannt sind oder von solchen Organisationen durchgeführt werden, die der F.C.I. nicht entgegenstehen.

§ 9 Voraussetzungen

Eine Zuchtrichtertätigkeit auf Allgemeinen- und Internationalen Zuchtschauen ist nur nach Eintragung in die VDH-Richterliste zulässig und setzt den Besitz eines gültigen VDH-Richterausweises voraus. Für die Zuchtrichtertätigkeit auf einer Internationalen Zuchtschau (CACIB) im Ausland müssen die Anforderungen gemäß § 26 Abs. 2 erfüllt und zusätzlich die Eintragung in die Richterliste der F.C.I. erfolgt sein.

§ 10 Tätigkeit im Ausland

1. Jegliche Zuchtrichtertätigkeit im Ausland bedarf der vorherigen Genehmigung des VDH. Besteht zwischen Rassehunde-Zuchtvereinen und VDH eine entsprechende Vereinbarung, so erteilt der VDH die Genehmigung erst, wenn die Genehmigung des RZV zur Zuchtrichtertätigkeit im Ausland vorliegt. Bei Gruppen- und Allgemeinrichtern bedarf es nur der vorherigen Genehmigung des VDH.
2. Ein ins Ausland berufener Zuchtrichter hat sich vor Erteilung der Zusage zu vergewissern, daß die betreffende Veranstaltung von einer der F.C.I. anerkannten Organisation ausgerichtet wird. Seine Zusage ist nur wirksam, sofern eine Zustimmung entsprechend den Vorschriften dieser Zuchtrichter-Ordnung erteilt wird.

§ 11 Einschränkende Bestimmungen

1. Zuchtrichter, die fünf Jahre und länger nicht als solche tätig waren, müssen sich einer rassebezogenen praktisch/mündlichen und einer das Zuchtschauwesen betreffenden theoretisch/schriftlichen Überprüfung bei der Institution unterzogen haben, welche sie berufen hat, bevor sie Einladungen zum Richten wieder annehmen dürfen.
2. Ein Zuchtrichter darf nur einen Hund derjenigen Rasse zu einer Zuchtschau melden, für die er an demselben Tag keine Zuchtrichtertätigkeit ausübt. Das gilt auch für die Personen, die mit dem Zuchtrichter in Hausgemeinschaft leben.
   Ein Zuchtrichter darf am Tag seiner Zuchtrichtertätigkeit keinen Hund vorführen. Personen, die mit dem Zuchtrichter in Hausgemeinschaft leben, dürfen einen Hund oder Hunde derjenigen Rasse(n) vorführen, für die der Zuchtrichter an demselben Tag keine Zuchtrichtertätigkeit ausübt.
3. Als Aussteller darf ein Zuchtrichter nur solche Hunde vorführen, deren Eigentümer oder Miteigentümer er ist oder die einem Mitglied seiner nächsten Verwandtschaft oder einer Person gehören, mit der er in Hausgemeinschaft lebt.
4. Ein Zuchtrichter darf grundsätzlich nicht in Begleitung eines Ausstellers, dessen Hunde er zu bewerten hat, zu einer Zuchtschau anreisen.
5. Ein Zuchtrichter darf vor einer Zuchtschau nicht bei einem Aussteller oder auf dessen Kosten wohnen, dessen Hunde er zu bewerten hat. Das Wohnen bei

einem Aussteller, dessen Hunde er zu bewerten hat, ist ihm nur erlaubt, wenn dies erst nach Beendigung der Zuchtschau durch die Zuchtschauleitung verabredet wurde. Gleiches gilt sinngemäß für private Treffen mit Ausstellern. Die zwecks Anreise getroffenen Maßnahmen des Veranstalters werden von dieser Vorschrift nicht berührt.

6. Ein Zuchtrichter darf keinen Hund bewerten, dessen Eigentümer, Miteigentümer, Ausbilder, Führer, Halter oder Verkäufer bzw. privater Vermittler er innerhalb der letzten sechs Monate vor dem Tag der Zuchtschau war. Das gilt auch für solche Hunde, die seiner nächsten Verwandtschaft oder mit ihm in Hausgemeinschaft lebenden Personen gehören.
7. Dem Zuchtrichter können Verstöße gegen Regelungen nach den Absätzen 2 bis 6 nur zur Last gelegt werden, wenn er den Sachverhalt kannte oder kennen mußte.

§ 12 Rechte und Pflichten im Zusammenhang mit der Annahme und Abwicklung des Zuchtrichteramtes auf Zuchtschauen

1. Zur Übernahme eines Zuchtrichteramtes ist ein Zuchtrichter nicht verpflichtet.
2. Die Zusage oder Ablehnung ist dem Veranstalter gegenüber unverzüglich zu erklären. Kann eine gegebene Zusage aus triftigen Gründen nicht eingehalten werden, so ist der Veranstalter möglichst frühzeitig zu verständigen. Bei einer Zusage ergibt sich ein für beide Seiten verbindlicher Vertrag, der nur im gegenseitigen Einverständnis gelöst werden kann.
3. Das Selbstanbieten gegenüber Veranstaltern bzw. die Zusicherung kostenloser oder verbilligter Zuchtrichtertätigkeit ist ein grober Verstoß gegen diese Zuchtrichter-Ordnung.
4. Die Teilnahme an einer vom Veranstalter anberaumten Richterbesprechung ist Pflicht.
5. Der Zuchtrichter soll die von der Zuchtschauleitung vorgegebene Zeit für die Bewertung der Hunde einhalten.
6. Der Zuchtrichter hat pünktlich zu der im Programm genannten Zeit zur Stelle zu sein, er darf die Zuchtschau erst nach vollständiger Erfüllung aller Aufgaben verlassen.
7. Während der Beurteilung der Hunde darf der Zuchtrichter nicht rauchen.
8. Ein Zuchtrichter hat sich vor und während seiner Tätigkeit alkoholischer Getränke zu enthalten.
9. Der Zuchtrichter hat sich stets korrekt und höflich zu verhalten. Seine Bekleidung muß zweckmäßig sein.
10. Der Zuchtrichter hat die Formbewertung aller Hunde sowohl im Stand als auch in der Bewegung stets nach gleichbleibendem System durchzuführen. Die Beurteilung von kleinen Hunden im Stand hat grundsätzlich auf einem Tisch zu erfolgen.
11. Der Zuchtrichter ist verpflichtet, jede Form eines »double handlings« zu unterbinden. Einen Wechsel des Vorführers darf der Zuchtrichter nur ausnahmsweise zulassen bzw. veranlassen.
12. Es ist untersagt, Hunde zu richten, die nicht im Bewertungsbuch und/oder im Katalog verzeichnet sind. Eine Ausnahme ist nur dann zulässig, wenn der Aussteller eine schriftliche Bescheinigung der Zuchtschauleitung vorweist, aus der ersichtlich ist, daß der Hund rechtzeitig gemeldet war, aber infolge eines Versehens im Katalog nicht aufgeführt wurde.
13. Der Zuchtrichter kann in Zweifelsfällen, z. B. um die Identität oder Abstammung eines Hundes festzustellen, die Ahnentafel einsehen lassen. Die Einsicht in den Katalog vor Beendigung der Zuchtrichtertätigkeit ist ihm untersagt.
14. Während des Richtens hat der Zuchtrichter einen Bericht über jeden zu beurteilenden Hund zu schreiben oder zu diktieren, sofern dies vom Veranstalter gefordert wird. Das Bewertungsbuch muß er selbst führen.
15. Wenn dem Zuchtrichter bekannt wird, daß ein Aussteller wissentlich falsche Angaben macht oder sich am vorgeführten Hund Spuren von Eingriffen oder Behandlungen feststellen lassen, die einen Täuschungsversuch wahrscheinlich machen, hat er diesen Hund »Ohne Bewertung« aus dem Ring zu entlassen u. den Fall der Zuchtschauleitung zu melden.
16. Die vier besten Hunde einer Klasse sind zu plazieren, sofern diese mindestens die Formwertnote »Sehr Gut« erhalten haben. Vergeben werden 1., 2., 3. und 4. Platz. Weitere Plazierungen sind unzulässig. Erscheint in einer Klasse nur ein Hund und wird ihm die Formwertnote »Vorzüglich« oder »Sehr Gut« zuerkannt, so erhält er die Bewertung »Vorzüglich 1« oder »Sehr Gut 1«. Die Plazierung der Hunde hat unmittelbar nach der Bewertung der jeweiligen Klasse zu erfolgen.

17. Wird ein Hund in den Ring gebracht, nachdem einer der Hunde der betreffenden Klasse bereits plaziert ist, so scheidet er für den Wettbewerb aus. Er kann nur noch eine Formwertnote erhalten.
18. Der Zuchtrichter darf die Bewertung auf den hierfür vorgesehenen Tafeln oder Listen erst bekanntgeben, wenn die Bewertung und Plazierung der gesamten Klasse abgeschlossen ist.
19. Der Zuchtrichter ist nicht verpflichtet, Erklärungen zur Bewertung und Plazierung im Ring abzugeben.
20. Nach dem Richten hat der Zuchtrichter unverzüglich die Richtigkeit der Vorschlagskarten und -listen für Titel-Anwartschaften und Titel sowie die an die Zuchtschauleitung abzugebenden Bewertungsbelege zu überprüfen und diese dann zu unterschreiben.
21. Bei Anmaßungen und Ausschreitungen seitens der Aussteller hat der Zuchtrichter die Zuchtschauleitung zu benachrichtigen, damit geeignete Maßnahmen ergriffen werden können.

§ 13 Spesen

1. Das Zuchtrichteramt ist ein Ehrenamt. Der Zuchtrichter erhält auf Nationalen und Internationalen Rassehunde-Zuchtschauen Reisekosten, Tagegeld und Übernachtungskosten nach Maßgabe der VDH-Spesenregelung ersetzt.
2. Für vereinsinterne Zuchtschauen gilt die Spesenregelung des jeweiligen Rassehunde-Zuchtvereins.
3. Die Spesenregelung des VDH bzw. des jeweiligen Rassehunde-Zuchtvereins gilt grundsätzlich nicht für eine Zuchtrichtertätigkeit im Ausland.

Dritter Abschnitt: Zuchtrichterurteil, Formwertnoten, Beurteilungen

§ 14 Allgemeines

Ein Hund, der aufgrund von Vorschriften der VDH-Zuchtschau-Ordnung sowie des Ausstellungsreglements der F.C.I. nicht zur Zuchtschau zugelassen ist, darf nicht beurteilt werden; er ist aus dem Ring zu weisen.

§ 15 Verbindlichkeit

Sobald die Urteile durch den Zuchtrichter ausgesprochen sind, kann gegen sie kein Einspruch mehr erhoben werden. Sie sind endgültig. Deshalb darf eine durch den Zuchtrichter dem Aussteller förmlich bekanntgegebene Bewertung des Hundes nicht mehr geändert werden, auch nicht die Plazierung.

§ 16 Formwertnoten

Der Zuchtrichter kann folgende Formwertnoten vergeben:
Vorzüglich (**V**)
Sehr **G**ut (**SG**)
Gut (**G**)
Genü**g**en**d** (**Ggd**)
Disqualifiziert (**Disq**)

In der Jüngstenklasse:
viel**v**ersprechend (**vv**)
ver**sp**rechend (**vsp**)
wenig **v**ersprechend (**wv**)

»Vorzüglich« darf nur einem Hund zuerkannt werden, der dem Idealstandard der Rasse sehr nahekommt, in ausgezeichneter Verfassung vorgeführt wird, ein harmonisches, ausgeglichenes Wesen ausstrahlt, »Klasse« und eine hervorragende Haltung hat. Seine überlegenen Eigenschaften seiner Rasse gegenüber werden kleine Unvollkommenheiten vergessen machen, aber er wird die typischen Merkmale seines Geschlechtes besitzen.
»Sehr gut« wird nur einem Hund zuerkannt, der die typischen Merkmale seiner Rasse besitzt, von ausgeglichenen Proportionen und in guter Verfassung ist. Man wird ihm einige verzeihliche Fehler nachsehen, jedoch keine mophologischen. Dieses Prädikat kann nur einem Klassehund verliehen werden.
»Gut« ist einem Hund zu erteilen, welcher die Hauptmerkmale seiner Rasse besitzt, aber Fehler aufweist, unter der Bedingung, daß diese nicht verborgen werden.
»Genügend« erhält ein Hund, der seinem Rassetyp genügend entspricht, ohne dessen allgemein bekannte Eigenschaften zu besitzen bzw. dessen körperliche Verfassung zu wünschen übrig läßt.
»Disqualifiziert« erhält ein Hund, der nicht dem durch den Standard vorgeschriebenen Typ entspricht, ein eindeutig nicht standardgemäßes Verhalten zeigt oder aggressiv ist, mit einem Hodenfehler behaftet (§ 14 hat hierbei den Vorrang), einen erheblichen Zahnfehler oder eine Kieferanomalie aufweist, einen Farb- und/oder Haarfehler hat oder eindeutig Zeichen von Albinismus

erkennen läßt. Dieser Formwert ist ferner dem Hund zuzuerkennen, der einem einzelnen Rassemerkmal so wenig entspricht, daß die Gesundheit des Hundes beeinträchtigt ist. Mit diesem Formwert muß auch ein Hund bewertet werden, der nach dem für ihn geltenden Standard einen schweren bzw. disqualifizierenden Fehler hat.

§ 17 Beurteilungen

1. Mit der Beurteilung »Ohne Bewertung« darf nur der Hund aus dem Ring entlassen werden, dem keine der fünf vorgenannten Formwertnoten zuerkannt werden kann. Das wäre z. B. dann der Fall, wenn der Hund nicht läuft, ständig am Aussteller hochspringt oder ständig aus dem Ring strebt, so daß Gangwerk und Bewegungsablauf nicht beurteilt werden können oder wenn der Hund dem Zuchtrichter ständig ausweicht, so daß z. B. eine Kontrolle von Gebiß, Gebäude, Haarkleid, Rute oder Hoden nicht möglich ist oder wenn sich am vorgeführten Hund Spuren von Eingriffen oder Behandlungen feststellen lassen, die einen Täuschungsversuch wahrscheinlich machen. Dasselbe gilt, wenn der Zuchtrichter den begründeten Verdacht hat, daß ein operativer Eingriff am Hund vorgenommen wurde, der über die ursprüngliche Beschaffenheit hinwegtäuscht (z. B. Lid-, Ohr-, Rutenkorrektur) oder der Zuchtrichter einen für ihn zweifelhaften Befund feststellt. Der Grund für die Beurteilung »Ohne Bewertung« ist im Richterbericht anzugeben.
2. Für die Beurteilung von Zuchtgruppen sind folgende Gesichtspunkte maßgebend: Eine Gruppe muß in Typ, Größe und Substanz, dem Geschlecht entsprechend, ausgeglichen sein. Je größer die Qualität der einzelnen Hunde und je ausgeglichener der Gesamteindruck der Zuchtgruppe ist, desto höher ist diese zu plazieren.
   Gutes Gangwerk, gutes Temperament und sicheres Wesen sind ebenso zu beachten wie Übereinstimmung in Farbe und Farbverteilung und das Verhalten der Hunde untereinander, wobei raufende Hunde aus dem Ring zu weisen sind. Bei gleicher Qualität ist derjenigen Zuchtgruppe der Vorzug zu geben, die die höhere Zahl unterschiedlicher Elterntiere hat. Gleiches gilt sinngemäß für die Beurteilung von Nachzuchtgruppen und ähnlichen Wettbewerben.

Vierter Abschnitt: Spezial-Zuchtrichter

§ 18 Befugnis

Spezial-Zuchtrichter sind befugt, Formwertnoten, Titel-Anwartschaften und Titel zu vergeben sowie über Zuchtzulassungen zu entscheiden für Hunde derjenigen Rasse(n), für die sie gemäß § 4 Abs. 1 zugelassen sind.

§ 19 Zuständigkeit der Rassehunde-Zuchtvereine und des VDH

1. Die Annahme als Bewerber sowie die Ausbildung und Prüfung (§§ 22 und 24) eines Spezial-Zuchtrichter-Anwärters obliegt dem jeweiligen Rassehunde-Zuchtverein, sofern dieser über mindestens drei ausbildungsberechtigte Spezial-Zuchtrichter für diese Rasse(n) verfügt, die in der VDH-Richterliste eingetragen sind oder wenn der Rassehunde-Zuchtverein von der in § 32 Abs. 2 dieser Ordnung festgelegten Möglichkeiten Gebrauch gemacht hat. In allen anderen Fällen obliegt die Annahme als Bewerber sowie die Ausbildung und Prüfung (§§ 22 und 24) eines Spezial-Zuchtrichter-Anwärters dem VDH. Zuständig für die Annahme als Bewerber und die Ausbildung ist in diesen Fällen der VDH-Zuchtrichterobmann (VDH-ZRO), gegen dessen ablehnende Entscheidung der VDH-Vorstand binnen 14 Tagen nach Eröffnung einer solchen Entscheidung angerufen werden kann.
   Der VDH-Vorstand entscheidet endgültig. Zuständig für die Prüfung ist der VDH-Zuchtrichterausschuß (VDH-ZRA).
2. Soweit dem VDH für die Ausbildung und Prüfung von Anwärtern Kosten entstehen, sind diese von dem jeweiligen Rassehunde-Zuchtverein gemäß der VDH-Spesenregelung zu tragen.

§ 20 Werdegang zum Spezial-Zuchtrichter

Der Werdegang zum Spezial-Zuchtrichter verläuft wie folgt:

a) Bewerbung mit Nachweis der formellen Voraussetzungen nach § 21 über den Vereins-Zuchtrichterobmann (V-ZRO) beim zuständigen Gremium des Rassehunde-Zuchtvereins mit dem Ziel der Eintragung in die Bewerberliste, die der V-ZRO führt. Mitglieder von nicht ausbildungsberechtigten Rassehunde-Zuchtvereinen müssen ihre Bewerbung über den Rassehunde-Zuchtverein an den VDH-ZRO richten.

b) Nach Annahme als Bewerber Ablegung der Vorprüfung gemäß dem jeweils gültigen VDH-Grundschema vor der zuständigen Prüfungskommission.

c) Bestätigung als Spezial-Zuchtrichter-Anwärter durch den Rassehunde-Zuchtverein, im Falle des § 19 Abs. 1, Satz 2, durch den VDH-Vorstand.

d) Tätigkeit als Spezial-Zuchtrichter-Anwärter.

e) Theoretisch/schriftliche und praktisch/mündliche Prüfung gemäß dem jeweils gültigen VDH-Grundschema vor der zuständigen Prüfungskommission.

f) Ernennung zum Spezial-Zuchtrichter durch den Rassehunde-Zuchtverein, im Falle des § 19 Abs. 1, Satz 2, durch den VDH-Vorstand.

g) Eintragung in die VDH-Richterliste und Aushändigung des VDH-Richterausweises.

§ 21 Bewerbung

1. Als Erstbewerber angenommen werden darf nur, wer die folgenden Voraussetzungen erfüllt:

a) wer die charakterliche Zuverlässigkeit und die vorbildliche Haltung im Sinne des § 3 dieser Ordnung hat;

b) wer seit mindestens fünf Jahren Züchter mit einem beim VDH registrierten Zwingernamen ist und im Laufe dieser fünf Jahre mindestens drei Würfe der Rasse gezüchtet hat, für die er erstmals Spezial-Zuchtrichter werden will;

c) wer seit mindestens fünf Jahren mehrere selbstgezüchtete Hunde erfolgreich ausgestellt hat;

d) wer mindestens 25 Jahre alt ist;

e) wer mindestens fünf Jahre Mitglied in einem VDH-Mitgliedsverein ist, der diese Rasse betreut;

f) wer sich im Laufe von mindestens einem Jahr wenigstens fünfmal als Ringsekretär, Ringordner oder Sonderleiter betätigt hat, wobei wenigstens ein Mal das Amt des Sonderleiters ausgeübt worden sein muß.

g) wer mindestens zweimal an den vom VDH durchgeführten Sonderleitertagungen teilgenommen hat.

2. Die Rassehunde-Zuchtvereine können weitere Voraussetzungen festlegen und von Abs. 1 b) bis g) kynologisch sinnvolle Ausnahmen zur Vermeidung unbilliger Härten im Einzelfall zulassen.

3. Ein Anspruch auf Annahme als Bewerber besteht nicht.

§ 22 Vorprüfung

1. Nach Annahme als Bewerber muß dieser in einer schriftlichen Vorprüfung gemäß dem jeweils gültigen VDH-Grundschema vor der zuständigen Prüfungskommission die erforderlichen Grundkenntnisse nachweisen. Über die Vorprüfung ist eine Niederschrift zu erstellen, mit der die Prüfungsarbeit zu verbinden ist. Die Niederschrift muß das Votum der einzelnen Mitglieder der Prüfungskommission enthalten. Die Vorprüfung gilt als bestanden, wenn die Mehrzahl der Mitglieder der Prüfungskommission dies in ihrem Votum befürwortet hat. Auch ein nur teilweises Bestehen für bestimmte Bereiche ist bei entsprechendem Votum möglich. Die Anfechtung der Prüfungsentscheidung ist ausgeschlossen.

2. Wurde die Vorprüfung nicht bestanden, kann der Bewerber sie frühestens nach Ablauf von 6 Monaten und spätestens 12 Monate nach Zustellung des Ergebnisses wiederholen. Eine solche Wiederholung ist nur einmal möglich.

3. Wurde die Vorprüfung nur teilweise bestanden, kann der Bewerber sie für die nicht bestandenen Bereiche einmal wiederholen und zwar frühestens nach Ablauf von 3 Monaten und spätestens 12 Monate nach Zustellung des Ergebnisses. Als teilweise bestanden gilt eine Prüfung, in der der Bewerber nach entsprechendem Votum der Mehrheit der Prüfungskommission mehr als die Hälfte der Bereiche erfolgreich abgeschlossen hat.

4. Nach erfolgreich abgeschlossener Vorprüfung wird der Bewerber vom Vorstand des Rassehunde-Zuchtvereins zum Spezial-Zuchtrichter-Anwärter ernannt. Hierüber erhält er eine schriftliche Bestätigung des 1. Vorsitzenden des Rassehunde-Zuchtvereins, der ihm gleichzeitig das VDH-Heft »Nachweise der Zuchtrichter-Anwartschaften« übersendet.

5. In Fällen des § 19 Abs. 1 Satz 2, erfolgt die Ernennung zum Spezial-Zuchtrichter-Anwärter durch den VDH-Vorstand. Sie wird dem Bewerber durch den VDH-ZRO, bei gleichzeitiger Übersendung des VDH-Heftes »Nachweise der Zuchtrichter-Anwartschaften«, schriftlich bestätigt.

§ 23 Ausbildung

1. Die Ausbildung zum Spezial-Zuchtrichter besteht aus der erfolgreichen Ableistung von mindestens

sechs Anwartschaften je Rasse unter mindestens drei verschiedenen in der VDH-Richterliste eingetragenen Lehrrichter auf Nationalen-, Internationalen- oder Spezial-Zuchtschauen; sie hat grundsätzlich im Wirkungsbereich des VDH und durch in die VDH-Richterliste eingetragene Lehrrichter zu erfolgen.

2. Lehrrichter im Sinne dieser Ordnung können nur Allgemeinrichter, die jeweiligen Gruppenrichter und solche Spezial-Zuchtrichter sein, die die betreffende(n) Rasse(n) vorher auf mindestens fünf Zuchtschauen im Inland gerichtet haben. Ausbildungsberechtigte Rassehunde-Zuchtvereine können für ihre Spezial-Zuchtrichter weitergehende Voraussetzungen beschließen.
3. Ausländische Spezial-Zuchtrichter können Lehrrichter sein. Voraussetzung ist, daß sie in ihrem Land Titel-Anwartschaften und Titel vergeben dürfen und sich verpflichten, den Bericht des Anwärters zu überprüfen und zu beurteilen. Außerdem müssen sich Lehrrichter und Anwärter ohne Hilfe eines Dolmetschers verständigen können. Gleiches gilt für Anwartschaften im Ausland.
4. Ein Lehrrichter soll je Ausstellungstag in der Regel nur einen Anwärter ausbilden. Bei der Annahme eines Anwärters hat der Lehrrichter die voraussichtliche Zahl der von ihm zu beurteilenden Hunde und den Ausbildungsstand des Anwärters zu berücksichtigen. Der für die Ausbildung des Anwärters erforderliche Zeitaufwand darf nicht zu Lasten einer sachgerechten Beurteilung der Hunde gehen und/oder zu einer Störung des Zeitplans der Zuchtschauleitung führen. Ggf. muß der Lehrrichter die dem Anwärter gegebene Zusage widerrufen.
5. Im Rahmen seiner Ausbildung muß der Anwärter eine Mindestzahl Hunde beurteilt haben. Die Mindestzahl muß sich an der Zahl der Hunde der betreffenden Rasse(n) orientieren, die in den letzten beiden Jahren auf Zuchtschauen im VDH-Bereich ausgestellt wurden, sie muß für alle Anwärter aller Rassehunde-Zuchtvereine, die dieselbe(n) Rasse(n) betreuen, gleich sein. In Zweifelsfällen und in Fällen unterschiedlicher Mindestzahlen ist der VDH-ZRA einzuschalten. Bei extrem seltenen Rassen kann der VDH-ZRO besondere Ausbildungskriterien schriftlich festlegen.
6. Um die Zulassung zur jeweiligen - zunächst mit dem zuständigen ZRO und dann mit dem Lehrrichter abgestimmten - Anwartschaft hat sich der Anwärter selbst zu bemühen. Für den Anwärter gelten die Bestimmungen des § 11 Abs. 1 bis 6, § 12 Abs. 2 bis 13, 15 bis 19 und 21 entsprechend.
7. Die ersten beiden Anwartschaften sind in der Weise durchzuführen, daß der Anwärter die Beurteilung der Hunde unter direkter Anleitung des Lehrrichters vornimmt. Über diese Lehranwartschaften hat der Lehrrichter dem zuständigen ZRO jeweils unverzüglich einen schriftlichen Bericht zu geben.
8. Von der dritten Anwartschaft an beurteilt der Anwärter die Hunde ohne Anleitung des Lehrrichters. Der Anwärter legt seine Beurteilung (Beschreibung, Formwertnoten und Plazierungen) der von ihm bewerteten Hunde in einem gesonderten Richterbuch nieder. Bevor der Lehrrichter seine Formwertnoten und Plazierungen bekanntgibt, hinterlegt der Anwärter sein Richterbuch beim Ringsekretär. Vom Lehrrichter wird erwartet, daß er die Beurteilung des Anwärters sogleich überprüft und wesentliche Abweichungen sofort mit ihm bespricht.
9. Der Anwärter hat über die Anwartschaften das VDH-Heft »Nachweise der Zuchtrichter-Anwartschaften« zu führen. Erst wenn der Anwärter alle erforderlichen Eintragungen vorgenommen hat, darf der Lehrrichter die Ableistung der Anwartschaft bestätigen.
10. Der Anwärter ist verpflichtet, für die von ihm beurteilten Hunde eigene Richterberichte zu fertigen, die innerhalb von vierzehn Tagen in doppelter Ausfertigung an den Lehrrichter einzureichen sind. Bei verspäteter, verschuldeter Abgabe der Berichte verfällt die Anwartschaft. Der Lehrrichter ist verpflichtet, die Berichte innerhalb von vierzehn Tagen zu überprüfen und einschließlich einer Beurteilung an den Anwärter sowie den zuständigen ZRO zu schicken.
11. Ist der Richterbericht zu diktieren, muß der Anwärter im Laufe seiner Ausbildung nachweisen, daß er diese Form der Berichtabfassung beherrscht. Die Einzelheiten legt der zuständige ZRA fest.
12. Die Anwartschaften müssen, gerechnet vom Datum der schriftlichen Bestätigung als Spezial-Zuchtrichter-Anwärter, innerhalb von zwei Jahren abgeleistet werden. Rassehunde-Zuchtvereine, die mehr als vier Rassen betreuen, können die Frist auf drei Jahre ausdehnen. Es zählen nur die Anwartschaften, die auf-

grund des Anwärterberichtes und der Beurteilung des Anwärters durch den Lehrrichter vom zuständigen ZRO als erfolgreich abgeleistet eingestuft werden. Wird eine Anwartschaft als nicht erfolgreich abgeleistet eingestuft, ist der Anwärter hiervon schriftlich - mit Begründung - zu unterrichten. Der ZRA entscheidet auf Vorschlag des ZRO, ob für nicht erfolgreich abgeleistete Anwartschaften weitere Anwartschaften zugelassen werden, soweit dies in der Zwei- bzw. Dreijahresfrist noch möglich ist.

13. Die Ausbildung kann bei unzureichenden Leistungen abgebrochen werden. Wer innerhalb der Ausbildungsfrist die Anwartschaften nicht erfolgreich abgeleistet hat, wird als Spezial-Zuchtrichter-Anwärter gestrichen. Die Streichung ist nicht anfechtbar. Eine Wiederernennung zum Spezial-Zuchtricher-Anwärter durch den Rassehunde-Zuchtverein, der die Streichung bewirkt hat oder durch einen anderen Rassehunde-Zuchtverein, ist frühestens nach Ablauf von zwei Jahren und nach erneuter Erfüllung des § 22 dieser Ordnung zulässig. Vor einer Wiederernennung ist die Zustimmung des VDH-ZRA einzuholen.
14. Der Anwärter kann aus anderen berechtigten Gründen, die nicht seine Leistung betreffen, auf Vorschlag des ZRA jederzeit abberufen werden. In einem solchen Fall kann der Anwärter binnen eines Monats nach Zustellung der Abberufung (per Einschreiben mit Rückschein) das nach der Satzung zuständige Organ anrufen.
15. Im Rahmen seiner Ausbildung soll der Anwärter an kynologischen Kursen teilnehmen. Der Besuch des jährlich stattfindenden Zuchtrichter-Anwärter-Lehrgangs des VDH ist Pflicht.
16. Der Anwärter trägt die Kosten für die Ausbildung zum Spezial-Zuchtrichter selbst. Schadenersatzansprüche jedweder Art im Falle der Nichtzulassung oder Ablehnung sind ausgeschlossen.
17. Anwärter, die die Mitgliedschaft in einem anderen Rassehunde-Zuchtverein erwerben, der dieselbe(n) Rasse(n) betreut, können nur mit Zustimmung des VDH-ZRA wieder zum Anwärter ernannt werden.
18. Nur ausbildungsberechtigte Rassehunde-Zuchtvereine können Spezial-Zuchtrichter anderer Rassehunde-Zuchtvereine, die als solche mindestens fünfmal tätig ware, für die von ihnen betreute(n) Rasse(n) zu Anwärtern ernennen. Die Ernennung setzt die Zustimmung des VDH-ZRA voraus, der in Abstimmung mit dem Rassehunde-Zuchtverein Art und Umfang der Ausbildung und Umfang der Prüfung festlegt.

§ 24 Prüfung

1. Nach erfolgreichem Abschluß der Anwärtertätigkeit ist der Anwärter zur Prüfung zuzulassen. Die Prüfung ist möglichst innerhalb von drei Monaten, jedoch nicht später als innerhalb von sechs Monaten, nach Abschluß der Anwärtertätigkeit durchzuführen.
2. Die Prüfung besteht aus einem theoretisch/schriftlichen und einem praktisch/mündlichen Teil. Sie ist nach dem jeweils gültigen »VDH-Grundschema für die Prüfung von Spezial-Zuchtrichter-Anwärtern« durchzuführen. Über die Prüfungsteile ist eine Niederschrift zu erstellen. § 22 Abs. 1 findet entsprechende Anwendung.
3. Wurde die theoretisch/schriftliche Prüfung nicht bestanden, kann der Anwärter sie frühestens nach Ablauf von 6 Monaten und spätestens 12 Monate nach Zustellung des Ergebnisses wiederholen. Eine solche Wiederholung ist nur einmal möglich.
4. Wurde die theoretisch/schriftliche Prüfung nur teilweise bestanden, braucht der Anwärter sie nur für die nicht bestandenen Bereiche zu wiederholen. Die Wiederholung ist nur einmal möglich, und zwar frühestens nach Ablauf von 3 Monaten und spätestens 12 Monate nach Zustellung des Ergebnisses. Als teilweise bestanden gilt eine theoretisch/schriftliche Prüfung, in der ein Anwärter mehr als die Hälfte der Sachbereiche erfolgreich abgeschlossen hat.
5. Die praktisch/mündliche Prüfung ist an Rüden und Hündinnen unterschiedlicher Qualität durchzuführen, für die der Anwärter zur Ausbildung zugelassen ist. Die Mindestzahl an Hunden je Rasse darf 10% der Mindestzahl je Rasse, der im Rahmen der Anwartschaften zu beurteilenden Hunde, nicht unterschreiten. Das Prüfungsergebnis kann nur lauten »Bestanden« oder »Nicht bestanden«.
   Wurde die praktisch/mündliche Prüfung nicht bestanden, kann sie nur einmal wiederholt werden, und zwar frühestens nach Ablauf von 3 Monaten und spätestens 12 Monate nach Zustellung des Ergebnisses. Der ZRA kann die Ableistung weiterer Anwartschaften vorgeben.

§ 25 Ernennung / Ablehnung

1. Nach bestandener Prüfung ernennt der Vorstand des Rassehunde-Zuchtvereins bzw. des VDH auf Vorschlag des ZRA den Anwärter zum Spezial-Zuchtrichter.
2. Die Ernennung ist dem VDH unter Beifügung des Nachweisheftes über die Anwartschaften bekanntzugeben, verbunden mit dem Antrag auf Eintragung in die VDH-Richterliste. Dem Antrag ist eine vom 1. Vorsitzenden und dem V-ZRO unterschriebene Erklärung beizufügen, daß der Ernannte die im § 3 dieser Ordnung geforderten Bedingungen zur Ausübung des Zuchtrichteramtes erfüllt.
3. Der VDH-ZRO ist berechtigt, vor Eintragung in die VDH-Richterliste die Anwärterakte mit den gesamten Ausbildungs- und Prüfungsunterlagen sowie das Prüfungsprotokoll einzusehen. Die Durchsicht der Unterlagen hat unverzüglich zu erfolgen. Er kann der Eintragung in die VDH-Richterliste widersprechen, wenn die Bedingungen dieser Zuchtrichter-Ordnung nicht erfüllt sind. Gegen den Widerspruch kann der Rassehunde-Zuchtverein den VDH-Vorstand anrufen, der endgültig entscheidet.
4. Die Ernennung des Anwärters zum Spezial-Zuchtrichter durch den ausbildenden Rassehunde-Zuchtverein bzw. den VDH wird wirksam durch die Aufnahme in die VDH-Richterliste.
5. Nach Eintragung in die VDH-Richterliste fertigt der 1. Vorsitzende des Rassehunde-Zuchtvereins bzw. des VDH die Ernennungsurkunde aus und überreicht diese dem Spezial-Zuchtrichter zusammen mit dem VDH-Richterausweis.
6. Der Vorstand des Rassehunde-Zuchtvereins bzw. des VDH kann trotz bestandener Prüfung die Ernennung zum Spezial-Zuchtrichter nur ablehnen, wenn Umstände eingetreten sind, die an der charakterlichen Zuverlässigkeit und vorbildlichen Haltung im Sinne des § 3 ernsthaft zweifeln lassen. § 23 Abs. 14 gilt entsprechend.

§ 26 Beginn der Tätigkeit

1. Eine Benennung als Zuchtrichter vor Eintragung in die VDH-Richterliste ist unzulässig; gleiches gilt für die Annahme von Einladungen für eine Zuchtrichtertätigkeit. Wird unzulässigerweise die Zuchtrichtertätigkeit ausgeübt, sind die Urteile sowie Titel-Anwartschaften und Titel unwirksam. Hat im Falle des Satzes 1 der noch nicht wirksam ernannte Spezial-Zuchtrichter schuldhaft gehandelt, kann die Aufnahme in die VDH-Richterliste unterbleiben oder - falls mittlerweile eingetragen - unverzüglich die Streichung vorgenommen werden.
2. Eine Zuchtrichtertätigkeit auf Internationalen Zuchtschauen (CACIB) im Ausland ist erst nach mindestens zweijähriger und mindestens fünfmaliger Zuchtrichtertätigkeit im Inland zulässig. Es zählt nur die Zuchtrichtertätigkeit auf Spezial-Zuchtschauen sowie eine mindestens zweimalige Zuchtrichtertätigkeit auf Internationalen Zuchtschauen (CACIB). Erst nach Erfüllung dieser Bedingungen darf ein Zuchtrichter der F.C.I. zwecks Aufnahme in die Liste der F.C.I.-Richter gemeldet werden. Die Meldung setzt einen Antrag des zuständigen Rassehunde-Zuchtvereins an den VDH mit Nachweis der bis dato erfolgten Zuchtrichtertätigkeit voraus.

§ 27 Besondere Bestimmungen

1. Auf Antrag eines ausbildungsberechtigten Rassehunde-Zuchtvereins können Gruppen- und Allgemeinrichter ausnahmsweise für die von diesem betreuten Rasse(n) zu Spezial-Zuchtrichtern ernannt werden. Ein solcher Antrag ist erst nach mindestens zweijähriger und mindestens fünfmaliger Zuchtrichtertätigkeit für diese Rasse(n) zulässig. Vor einer Ernennung ist die Zustimmung des VDH-ZRA einzuholen. Ein solcher Antrag ist ausführlich zu begründen.
2. Rassehunde-Zuchtvereine, die vor ihrer Mitgliedschaft im VDH Spezial-Zuchtrichter ernannt haben, müssen nachweisen, daß diese in einer dieser VDH-ZRO vergleichbaren Weise ausgebildet und geprüft worden sind. In diesem Fall bedarf es keiner erneuten Ausbildung und Prüfung dieser Zuchtrichter. Der VDH-ZRA kann allerdings Auflagen erteilen und die Eintragung des Spezial-Zuchtrichters in die VDH-Richterliste von der Erfüllung dieser Auflagen abhängig machen. Gleiches gilt für Spezial-Zuchtrichter, die vor In-Kraft-Treten dieser Ordnung nicht von einem dem VDH angeschlossenen Rassehunde-Zuchtverein ausgebildet, geprüft und ernannt worden sind. § 11 Abs. 1 findet ebenfalls Anwendung.
3. Bei Ablehnung einer Eintragung in die VDH-Richterliste eines unter Abs. 2 fallenden Spezial-Zuchtrich-

ters wegen Nichterfüllung der im § 3 dieser Ordnung genannten Bedingungen, kann der Rassehunde-Zuchtverein den VDH-Ehrenrat anrufen, dessen Entscheidung unter Ausschluß des ordentlichen Rechtsweges endgültig ist. Eine Ablehnung der Eintragung wegen fehlender Leistung ist nicht anfechtbar.

Fünfter Abschnitt: Gruppenrichter

§ 28 Befugnis
Gruppenrichter sind befugt, Formwerte, Titel-Anwartschaften und Titel zu vergeben sowie über Zuchtzulassungen zu entscheiden, für Hunde derjenigen F.C.I.-Gruppe(n), für die sie gemäß § 4 Abs. 1 zugelassen sind.

§ 29 Zulassung, Ausbildung, Ernennung, Abberufung

1. Zur Ausbildung zugelassen werden kann nur ein Spezial-Zuchtrichter nach mindestens vierjähriger intensiver Zuchtrichtertätigkeit im In- und Ausland. Ein Bewerber für eine Ausbildung zum Gruppenrichter muß für mindestens drei Rassen der betreffenden F.C.I.-Gruppe als Spezial-Zuchtrichter zugelassen sein. Der Bewerbung ist möglichst eine Stellungnahme der jeweiligen Rassehunde-Zuchtvereine beizufügen, ggf. ist sie vom VDH-ZRO einzuholen. Über die Zulassung entscheidet der VDH-Vorstand auf Vorschlag des VDH-ZRA. Ein Anspruch auf Ernennung zum Gruppenrichter-Anwärter besteht nicht.
2. Die Ausbildung obliegt dem VDH im Zusammenwirken mit den Rassehunde-Zuchtvereinen.
3. Der Gruppenrichter-Anwärter hat die Anwartschaften gemäß den Vorgaben des VDH-ZRA zu erfüllen. Die Anwartschaften sind vorher mit dem VDH-ZRO abzustimmen und von diesem zu genehmigen. Soweit Richterberichte zu erstellen sind, sind diese innerhalb von vierzehn Tagen an den Lehrrichter zu senden, der sie mit einer Beurteilung unverzüglich an den VDH-ZRO weiterleitet.
4. Nach Erfüllung der Vorgaben des VDH-ZRA und einer erfolgreichen Prüfung ist der Gruppenrichter-Anwärter auf Vorschlag des VDH-ZRA durch den VDH-Vorstand zum Gruppenrichter zu ernennen. Die Ernennung kann nur abgelehnt werden, wenn Umstände eingetreten sind, die an der charakterlichen Zuverlässigkeit und der vorbildlichen Haltung im Sinne des § 3 dieser Ordnung ernsthaft zweifeln lassen. § 23 Ab. 14 gilt entsprechend.
5. Ein Gruppenrichter-Anwärter kann vom VDH-Vorstand jederzeit abberufen werden, wenn er schuldhaft die Bedingungen dieser Zuchtrichter-Ordnung oder die Vorgaben des VDH-ZRA nicht erfüllt.
6. Auf Vorschlag des VDH-ZRA kann der VDH-Vorstand Gruppenrichter nach mehrjähriger Tätigkeit zu Gruppenrichter-Anwärtern für weitere F.C.I.-Gruppen ernennen. Ein Anspruch auf Ernennung besteht nicht.

Sechster Abschnitt: Allgemeinrichter

§ 30 Befugnis
Allgemeinrichter sind befugt, Formwerte, Titel-Anwartschaften und Titel zu vergeben, sowie über Zuchtzulassungen zu entscheiden, für Hunde aller Rassen der F.C.I.-Gruppen 1 bis 10.

§ 31 Zulassung, Ausbildung, Ernennung, Abberufung

1. Zu Allgemeinrichter-Anwärtern können nur Gruppenrichter ernannt werden, die für wenigstens 8 der F.C.I.-Rassegruppen zugelassen sind. Ein Anspruch auf Ernennung zum Allgemeinrichter-Anwärter besteht nicht.
2. Die Ausbildung zum Allgemeinrichter obliegt dem VDH im Zusammenwirken mit den Rassehunde-Zuchtvereinen.
3. Die Vorschriften des § 29 Abs. 3 bis 5 dieser Zuchtrichterordnung gelten auch für Allgemeinrichter-Anwärter.
4. Die Ernennung zum Allgemeinrichter darf, unabhängig von den vorstehenden Vorschriften, frühestens nach zehnjähriger Zuchtrichtertätigkeit erfolgen.

Siebter Abschnitt: Vereins-Zuchtrichterobmann/Vereins-Zuchtrichterausschuß

§ 32 Allgemeines

1. Rassehunde-Zuchtvereine, die das Recht haben, Mitglieder zu Spezial-Zuchtrichtern auszubilden und zu prüfen, sind verpflichtet, einen Zuchtrichterobmann (V-ZRO) zu berufen und einen Zuchtrichterausschuß (V-ZRA) zu bilden.
2. Liegt ein Fall des § 19 Abs. 1, Satz 2 vor, kann der

VDH-ZRA auf Antrag des betroffenen Rassehunde-Zuchtvereins die Annahme als Bewerber, Ausbildung und Prüfung (§§ 22 und 24) abweichend von § 19 Abs. 1 Sätze 3 ff regeln. Zulässig ist dann die Einrichtung eines Dreierausschusses, der mit Gruppen- und/oder Allgemeinrichtern des VDH besetzt werden muß. In diesem Fall gilt für die Annahme als Bewerber, Ausbildung und Prüfung (§§ 22 und 24) die VDH-ZRO unmittelbar. Der Vorsitzende dieses Ausschusses muß zur Abnahme von Prüfungen berechtigt sein. Er und die beiden anderen Mitglieder werden von dem VDH-ZRA mehrheitlich bestimmt. Zur Annahme dieses Amtes ist keiner verpflichtet. Aus triftigen Gründen kann der Ausschuß seine Arbeit einstellen, auch wenn die Ausbildung und Prüfung noch nicht abgeschlossen sein sollte. Für diesen Fall lebt die Regelung des § 19 Abs. 1, Sätze 2 ff wieder auf. Die Geltendmachung von Ersatzansprüchen jeglicher Art ist ausgeschlossen.

§ 33 Vereins-Zuchtrichterobmann

1. V-ZRO kann nur ein ausbildungsberechtiger Zuchtrichter für die Rasse sein, die der Rassehunde-Zuchtverein betreut. Betreut der Rassehunde-Zuchtverein mehrere Rassen, muß der V-ZRO für alle diese Rassen ausbildungsberechtigt sein. Er vertritt die Spezial-Zuchtrichter gegenüber dem Vorstand des Rassehunde-Zuchtvereins.
2. Der V-ZRO prüft, ob ein Bewerber die Voraussetzungen für das Amt eines Spezial-Zuchtrichters erfüllt.
3. Der V-ZRO lenkt und kontrolliert die Tätigkeit der Anwärter. Im Einvernehmen mit dem V-ZRA entscheidet er über die ggf. zusätzlich abzuleistenden Anwartschaften sowie über die Termine, zu denen die Prüfungen der Bewerber und Anwärter durchgeführt werden sollen; er führt die Anwärter-Akten. Dem V-ZRO obliegt die Durchführung der Zuchtrichtertagungen.
4. Der Vorstand eines Rassehunde-Zuchtvereins ist verpflichtet, den V-ZRO in allen Fragen des Zuchtrichterwesens zu hören.

§ 34 Vereins-Zuchtrichterausschuß

1. Der V-ZRA setzt sich aus mindestens drei ausbildungsberechtigten Zuchtrichtern zusammen. Vorsitzender ist der V-ZRO.
2. Dem V-ZRA können durch satzungsgemäße Wahl Mitglieder des Rassehunde-Zuchtvereins beratend angehören, die keine ausbildungsberechtigten Zuchtrichter sind.
3. Der V-ZRA ist zugleich Prüfungskommission im Sinne dieser Ordnung. Zur Abnahme der Prüfungen muss der V-ZRO oder ein unter Abs. 1 fallender Zuchtrichter vom VDH ermächtigt sein. Eine solche Ermächtigung zur Abnahme der Prüfungen kann durch den VDH-ZRA nach Antrag seitens des Rassehunde-Zuchtvereins erteilt, mit Auflagen erteilt oder verweigert werden. Bei einer solchen Ermächtigung handelt es sich um ein Vertrauensverhältnis. Sie kann vom VDH-ZRA nur erteilt werden, wenn der (die) dafür vorgesehene Zuchtrichter(in) eine fünfjährige unbeanstandete Zuchtrichtertätigkeit nachweisen kann. Die Ermächtigung kann jederzeit widerrufen werden. Gegen die Entscheidung des VDH-ZRA ist Widerspruch binnen 14 Tagen möglich. Über diesen Widerspruch entscheidet der VDH-Vorstand endgültig.
4. Dem V-ZRA obliegt die Behandlung aller das Zuchtrichterwesen betreffenden Angelegenheiten.

§ 35 Weitere Aufgaben

Weitere Aufgaben des V-ZRO und des V-ZRA legt der jeweilige Rassehunde-Zuchtverein fest.

Achter Abschnitt: VDH-Zuchtrichterobmann / VDH-Zuchtrichterausschuß

§ 36 VDH-Zuchtrichterobmann

1. Alle das Zuchtrichterwesen betreffenden Angelegenheiten werden beim VDH durch den Obmann für das Richterwesen (VDH-Zuchtrichterobmann) bearbeitet, soweit sich aus der Satzung und den Ordnungen des VDH nicht andere Zuständigkeiten ergeben.
2. Der VDH-ZRO wird bei der Erfüllung seiner Aufgaben durch den VDH-ZRA unterstützt.

§ 37 VDH-Zuchtrichterausschuß

Der VDH-ZRA besteht aus mindestens drei erfahrenen Zuchtrichtern; diese werden vom VDH-ZRO vorgeschlagen und durch den VDH-Vorstand berufen. Sofern es sich bei den vorgeschlagenen Personen um Spezial-Zuchtrichter handelt, kann die Berufung erst nach Anhörung des zuständigen Rassehunde-Zuchtvereins erfolgen. Vorsitzender des VDH-ZRA ist der VDH-ZRO.

§ 38 Zuständigkeit, Befugnisse

Die Zuständigkeiten und Befugnisse des VDH-ZRO und des VDH-ZRA ergeben sich aus dieser Ordnung. Der VDH-ZRA ist weiterhin zuständig für die Ausarbeitung von Auslegungsrichtlinien zu dieser Ordnung, die vom VDH-Vorstand durch Veröffentlichung im Verbandsorgan »Unser Rassehund« in Kraft gesetzt werden. Außerdem ist der VDH-ZRA zuständig für die Erstellung der Grundschemata zur Prüfung der Bewerber und Anwärter für das Amt eines Spezial-Zuchtrichters, die vom VDH-Vorstand durch Veröffentlichung im Verbandsorgan »Unser Rassehund« in Kraft gesetzt werden. Weitere Auflagen des VDH-ZRO und des VDH-ZRA legt der VDH-Vorstand fest.

Neunter Abschnitt: VDH-Richterliste

§ 39 Allgemeines

1. Der VDH führt eine Richterliste mit allen Spezial-Zuchtrichtern, Gruppen- und Allgemeinrichtern.
2. Für die Eintragung in dieser Richterliste gilt die Vermutung der Richtigkeit und der Vollständigkeit. Schriftliche Bekanntmachungen der gesamten Richterliste oder von Teilen dieser Richterliste begründen diese Vermutung nur für den Tag, der als Stichtag angegeben ist.
3. Rechtskräftige Veränderungen in der Richterliste werden im Verbandsorgan »Unser Rassehund« bekanntgegeben. Die Bekanntgabe hat nur deklaratorische Wirkung.

§ 40 Eintragung

1. Eine Eintragung erfolgt nur auf Antrag.
2. Das Recht zur Beantragung steht nur demjenigen zu, der nach den Vorschriften dieser Ordnung für die Ernennung eines Zuchtrichtes zuständig ist. Das sind im Falle der Spezial-Zuchtrichter im Regelfall die Rassehunde-Zuchtvereine, in den übrigen Fällen der VDH-Vorstand.
3. Eintragungsvoraussetzungen sind der Nachweis der erfolgreich abgelegten jeweilig vorgeschriebenen Prüfung und der Nachweis des ständigen Wohnsitzes im Bereich der Bundesrepublik Deutschland. Seinen ständigen Wohnsitz (domicile habituelle) hat der Zuchtrichter an dem Hauptwohnort i.S.d. § 12 Abs. 2 des Melderechtsrahmengesetzes (MRRG).

§ 41 Streichung

1. Die Streichung kann eine dauernde oder eine befristete sein.
2. Wer auf das Zuchtrichteramt oder auf die Zuchtrichtertätigkeit verzichtet, wird aus der VDH-Richterliste gestrichen. Die Rückgabe des VDH-Richterausweises steht einem Verzicht auf das Zuchtrichteramt gleich.
3. Ein Spezial-Zuchtrichter wird aus der VDH-Zuchtrichterliste gestrichen, wenn er die Mitgliedschaft in dem Rassehunde-Zuchtverein verliert, der ihn ernannt hat; ein Gruppenrichter wird gestrichen, wenn er nicht mehr Mitglied eines Rassehunde-Zuchtvereins ist, der Rassen solcher F.C.I.Gruppen vertritt, für die er als Gruppenrichter ernannt ist; ein Allgemeinrichter wird gestrichen, wenn er keinem VDH-Mitgliedsverein mehr angehört.
4. Eine Streichung erfolgt, wenn der Zuchtrichter seinen Hauptwohnsitz ins Ausland verlegt (vgl. § 40 Abs. 3) oder bei Spezial-Zuchtrichtern auf Antrag des sie ernennenden Rassehunde-Zuchtvereins. Diese Streichungsbeschlüsse unterliegen nicht der Überprüfung durch den VDH, der nicht für die Folgen einer materiellrechtlich unbegründeten Streichung haftet.
5. Eine dauernde oder befristete Streichung erfolgt auch nach Maßgabe des § 46 dieser Ordnung und aufgrund vereins- und/oder verbandsrechtlich rechtskräftiger Entscheidungen.
6. Eine dauernde Streichung wird durch Löschung des Zuchtrichters in der VDH-Richterliste bewirkt. Sie ist dem Betroffenen und ggfs. dem Antragsteller mitzuteilen. Ihre Wirksamkeit tritt mit dem Tag der Löschung ein.
7. Eine befristete Streichung wird durch Eintragung der Dauer der Befristung und der Art der Streichung in die VDH-Richterliste bewirkt. Sie ist dem Betroffenen und dem Antragsteller mitzuteilen. Ihre Wirksamkeit tritt mit dem Tag der Eintragung ein, wenn nicht die dieser Eintragung zugrunde liegende Entscheidung eine andere Wirksamkeit beinhaltet. Die bis zu zwei Jahren befristete Streichung gilt mit Fristablauf

als aufgehoben, ohne daß es eines besonderen Bescheides bedarf. Die Aufhebung einer länger befristeten Streichung kann vom VDH-Vorstand nach deren Maßgabe der Vorschrift des § 42 Abs. 5 von der Erfüllung von Auflagen abhängig gemacht werden. Sie sind dem Betroffenen vor Ablauf der Streichungsfrist mitzuteilen. § 42 Abs. 6 gilt analog.

8. Mit der Streichung entfällt die Vermutung, daß der Gestrichene als Zuchtrichter tätig sein darf.

§ 42 Berichtigung / Wiedereintragung

1. Eine Berichtigung und/oder Wiedereintragung bedarf eines Beschlusses des VDH-Vorstandes.
   Die Antragsberechtigung folgt aus § 40 Abs. 2 dieser Ordnung mit der Maßgabe, daß Gruppen- und/oder Allgemeinrichter ein selbständiges Antragsrecht haben.
2. Eine Berichtigung einer dauernden oder befristeten Streichung ist nur zulässig, wenn die der Streichung zugrundeliegenden Sachverhalte durch eine nachfolgende rechtskräftige Entscheidung einer in Disziplinarangelegenheit unter Beachtung des § 6 Abs. 4 der VDH-Satzung zuständigen Vereinssituation, des VDH-Ehrenrates oder VDH-Schiedsgerichts oder eines staatlichen Gerichts als haltlos erklärt worden sind.
3. Eine Wiedereintragung in die VDH-Richterliste ist nur zulässig, wenn die Streichung aus den Gründen des § 41 Abs. 3 oder Abs. 4 dieser Ordnung erfolgt ist. Im Fall des § 41 Abs. 3 bedarf der Antrag der Zustimmung des Rassehunde-Zuchtvereins, der die Streichung betrieben hat, wenn dieser nicht selbst Antragsteller ist. Dieses gilt nicht, wenn der Zuchtrichter die Mitgliedschaft wegen Wechsels in einen anderen Rassehunde-Zuchtverein verloren hat, der die Rasse(n) betreut, die der Zuchtrichter zulässigerweise beurteilen darf, sofern nicht Versagungsgründe vorliegen, die bei Verbleib des Zuchtrichters im bisherigen Rassehunde-Zuchtverein zum Ausschluß oder zur Verhängung eines dauernden oder zeitlich befristeten Verbots der Zuchtrichtertätigkeit berechtigt hätten. Im Fall des § 41 Abs. 4 ist der Nachweis des erneuten Vorliegens der Voraussetzungen des § 40 Abs. 3 bezüglich des ständigen Wohnsitzes zu führen.
4. Ein Anspruch auf Wiederaufnahme besteht nicht. Der VDH-Vorstand entscheidet nach freiem Ermessen, das insbesondere auch das Vorliegen der in § 3 dieser Ordnung normierten Voraussetzungen und im übrigen das Verhalten des Zuchtrichters während seiner früheren Zuchtrichtertätigkeit zu berücksichtigen hat.
5. Der VDH-Vorstand kann die Berichtigung oder Wiederaufnahme von der Erfüllung von Auflagen abhängig machen und hierzu eine angemessene Frist setzen. Auflagen sind mindestens angezeigt, wenn zwischen Streichung und Berichtigung oder Wiederaufnahme bereits zwei Jahre verstrichen sind. Die Auflagen können in der Wiederholung von Anwartschaften und/oder in der Wiederholung der theoretisch/schriftlichen und/oder praktisch/mündlichen Prüfung bestehen. Bei Nichterfüllung, Nichtbestehen einer Prüfung oder Teilprüfung oder Fristversäumnis gilt der Antrag als abgewiesen. Ein Rechtsmittel ist nicht gegeben, ein erneuter Antrag ist nicht zulässig.
6. Gegen eine ablehnende oder mit Auflagen versehene Entscheidung des VDH-Vorstandes steht, in Angelegenheiten eines Spezial-Zuchtrichters dem antragstellenden Rassehunde-Zuchtverein, in Angelegenheiten von Gruppen- und/oder Allgemeinrichtern dem betroffenen Zuchtrichter, die Berufung zum VDH-Ehrenrat offen. Dieser kann nur überprüfen, ob ein Ermessensfehlgebrauch hinsichtlich der Ablehnung und/oder Bestimmung der Auflagen und/oder der Fristbemessung vorliegt.
   Die Entscheidung des VDH-Ehrenrats ist nicht weiter anfechtbar. Für das Verfahren gelten die Vorschriften des § 51 dieser Ordnung.

Besondere Bestimmungen

1. Ausnahmsweise kann der VDH-Vorstand bei Vorliegen eines wichtigen Grundes die Wiedereintragung eines von der Richterliste gestrichenen Spezial-Zuchtrichters auf Antrag des Gestrichenen abweichend von § 42 Abs. 2 dieser Ordnung vornehmen, wenn der VDH-ZRA diesem Antrag zugestimmt hat.
2. Die Entscheidung des VDH-Vorstandes erfolgt nach § 42 Abs. 4 und 5 dieser Ordnung mit der Maßgabe, daß der die Streichung veranlaßt habende Rassehunde-Zuchtverein am Verfahren zu beteiligen ist, dem das Rechtsmittel der Berufung nach den allgemeinen Grundsätzen zum VDH-Ehrenrat offensteht. Dem Antragsteller steht das Rechtsmittel nach § 42 Abs. 6 mit allen dort genannten Einschränkungen zur Verfü-

gung. Die Entscheidung des VDH-Ehrenrates ist nicht weiter anfechtbar.

3. Der VDH-ZRA kann seine Zustimmung von der Erfüllung von Auflagen abhängig machen. § 11 Abs. 1 gilt entsprechend.
4. Das Berufungsverfahren selbst richtet sich nach der VDH-Ehrenrats-Ordnung, das Beschwerdeverfahren nach der VDH-Schiedsgerichts-Ordnung.

Zehnter Abschnitt: VDH-Richterausweis

§ 44 Ausstellung, Änderung, Gültigkeit

1. Nach Eintragung in die VDH-Richterliste stellt der VDH den VDH-Richterausweis aus. Seine Gültigkeitsdauer kann begrenzt sein. Wurde die Gültigkeitsdauer begrenzt, kann eine Verlängerung der Gültigkeit nur über den jeweiligen Rassehunde-Zuchtverein beantragt werden.
2. Nur der VDH darf Ergänzungen oder Streichungen im VDH-Richterausweis vornehmen, die aufgrund einer Änderung der Zuchtrichtereigenschaft zu machen sind.
3. Der VDH-Richterausweis wird vom 1. Präsidenten und vom VDH-ZRO unterzeichnet. Der 1. Präsident kann den Hauptgeschäftsführer zur Unterzeichnung in seinem Auftrag bevollmächtigen.
4. Ein im Verbandsorgan »Unser Rassehund« für ungültig erklärter VDH-Richterausweis gilt als eingezogen und darf nicht mehr verwendet werden.
5. Der VDH-Richterausweis verliert unabhängig von seiner Rückgabe und unabhängig von der Streichung des Zuchtrichters von der VDH-Richterliste seine Gültigkeit mit dem Tage des Verlustes der Befähigung zum Zuchtrichter. Nach Berichtigung und Wiedereintragung erhält der Zuchtrichter einen neuen VDH-Richterausweis; § 44 Abs. 1 und 3 gelten entsprechend.

§ 45 Eigentum, Rückgabe, Verlust

1. Der VDH-Richterausweis ist Eigentum des VDH.
2. Endet die Berechtigung zur Ausübung der Zuchtrichtertätigkeit, ist der VDH-Richterausweis unaufgefordert unverzüglich zurückzugeben. Entsprechendes gilt bei nur zeitlich begrenzter Ausstellung des VDH-Richterausweises.
3. Ein Verlust des VDH-Richterausweises ist der VDH-Geschäftsstelle unaufgefordert unverzüglich zu melden. Durch eine entsprechende Mitteilung im Verbandsorgan »Unser Rassehund« wird der als verloren gemeldete Richterausweis für ungültig erklärt. Die anfallenden Kosten trägt der Zuchtrichter. Im Falle des § 44 Abs. 5 Satz 1 hat die Mitteilung nur noch deklaratorische Wirkung.

Elfter Abschnitt: Ahndung von Verstößen

§ 46 Allgemeines

1. Verstöße von Zuchtrichtern gegen einschlägige Bestimmungen der Zucht und/oder gegen einschlägige Bestimmungen des Zuchtrichterrechts sind zu ahnden. Die Zuchtrichter unterliegen insoweit der Entscheidungsgewalt der sie berufenden Institutionen. Rassehunde-Zuchtvereine sind verpflichtet, die hierfür erforderlichen Voraussetzungen unter Beachtung der verbandsrechtlichen Mindestvorgaben zu schaffen und die Verfehlungen der von ihnen berufenen Spezial-Zuchtrichter zu verfolgen und zu ahnden. Von den ergriffenen Maßnahmen ist der VDH und sind die Rassehunde-Zuchtvereine, bei denen der Betroffene ebenfalls Spezial-Zuchtrichter ist, nach Rechtskraft der Entscheidung unverzüglich zu unterrichten.
2. Unbeschadet disziplinarischer Maßnahmen nach dem Satzungsrecht der Rassehunde-Zuchtvereine kann der Spezial-Zuchtrichter mit einer zeitlich befristeten oder dauernden Sperre belegt werden. Die Sperre wird durch Streichung von der VDH-Richterliste bewirkt.
3. Eine vorläufige Versagung der Tätigkeit als Zuchtrichter ist möglich.
4. In folgenden Fällen kommt nur eine dauernde Sperre in Betracht:
   - bei Mißbrauch des Richteramtes;
   - bei wiederholten groben Verstößen gegen die Bestimmungen der F.C.I., sowie bei wiederholten Verstößen gegen Vereins- und/oder Verbandsinteressen, und zwar dann, wenn diese Verstöße nicht mit der Tätigkeit als Zuchtrichter in unmittelbarem Zusammenhang stehen;
   - wenn die Voraussetzungen nach § 3 nicht mehr vorliegen.
5. Bei leichten Verstößen oder erstmaligem groben Verstoß kann ein Spezial-Zuchtrichter mit einer zeitlich

befristeten Sperre von 6 Monaten bis zu zwei Jahren belegt werden.

§ 47 Zuständigkeit

1. Die Verfolgung und Ahndung von Verfehlungen von Spezial-Zuchtrichtern nach Maßgabe des § 46 obliegen grundsätzlich dem Rassehunde-Zuchtverein, von dem sie ernannt wurden und dessen Mitglied sie sind.
2. Die Verfolgung und Ahndung von Verfehlungen der Gruppen- und Allgemeinrichter nach § 46 obliegen dem VDH-Vorstand. Dies gilt auch für ihre Tätigkeit als Spezial-Zuchtrichter. Das Recht und die Pflicht des Rassehunde-Zuchtvereins zur Ergreifung eigener geeigneter Maßnahmen bleibt davon unberührt.
3. Für vom VDH-Vorstand im Falle des § 19 Abs. 1, Satz 2 und nach § 43 Abs. 1 ernannte Spezial-Zuchtrichter gilt § 47 Abs. 2 entsprechend.
4. Für die Verfolgung und Ahndung von Verfehlungen von Spezial-Zuchtrichtern, welche in der VDH-Richterliste für diverse Rassen geführt werden und verschiedenen Rassehunde-Zuchtvereinen angehören, welche diese Rassen betreuen, gilt § 47 Abs. 2 entsprechend.
5. Nach Maßgabe des § 50 kann der VDH-Vorstand die Freigabe für eine Zuchtrichtertätigkeit im Ausland versagen, an Bedingungen knüpfen oder widerrufen.

§ 48 Voruntersuchung

In den Fällen des § 47 Abs. 2 bis Abs. 5 wird der VDH auf Antrag eines Mitgliedsvereins oder von Amts wegen tätig. Die Voruntersuchung führt der VDH-ZRA unter Leitung des VDH-ZRO. Dem Betroffenen ist Gelegenheit zur Anhörung zu geben. Nach Abschluß der Ermittlungen leitet der VDH-ZRA den Vorgang zusammen mit seinem Entscheidungsvorschlag an den VDH-Vorstand weiter. Der Entscheidungsvorschlag des VDH-ZRA ist dem Betroffenen durch Zustellung (per Einschreiben mit Rückschein) bekanntzugeben.

§ 49 Entscheidung

1. Der VDH-Vorstand kann in den Fällen des § 47 Abs. 2 bis 5 erkennen auf:
   a) Einstellung
   b) Mißbilligung
   c) Verwarnung mit oder ohne Androhung einer Sperre
   d) Verweis mit oder ohne Androhung einer Sperre
   e) vorläufige Sperre
   f) Streichung von der VDH-Richterliste
   g) Versagung oder Widerruf oder bedingte Erlaubnis einer Zuchtrichtertätigkeit im Ausland
2. Will der VDH-Vorstand von dem Entscheidungsvorschlag des VDH-ZRA zu Ungunsten des Betroffenen abweichen, hat er diesem vorher Gelegenheit zur Stellungnahme zu geben.

§ 50 Besondere Zuständigkeit bei Zuchtrichtertätigkeit im Ausland

Der VDH kann, insbesondere wegen Nichtbeachtung der Vorgaben in §§ 3 bis 12, 16 und 26 oder bei drohender Sperre oder bei Bekanntwerden eines Verstoßes an die Freigabe für eine Zuchtrichtertätigkeit im Ausland Bedingungen stellen oder diese befristen oder versagen oder bereits erfolgte Freigaben widerrufen. Das Verfahren richtet sich nach §§ 48 und 49.

§ 51 Berufung - Beschwerde

1. Gegen belastende Maßnahmen des VDH-Vorstandes nach § 47 Abs. 2 bis Abs. 5 i.V.m. §§ 48 und 49 kann der Betroffene nach Maßgabe der Bestimmungen der Satzung des VDH Berufung, im Falle des § 50 Beschwerde einlegen.
2. Berufungsgericht ist der VDH-Ehrenrat, Beschwerdegericht das VDH-Schiedsgericht. Die Anrufung des VDH-Ehrenrates ist nur binnen eines Monats, die Beschwerde zum VDH-Schiedsgericht binnen vierzehn Tagen nach Zugang der belastenden Entscheidung zulässig. Sieht diese Ordnung die Anrufung des VDH-Vorstandes vor, beträgt die Anrufungsfrist ebenfalls einen Monat. Bei Anrufung des Ehrenrates und des Schiedsgerichts wird auf § 7 der VDH-Satzung ausdrücklich hingewiesen.
3. Soweit darüber hinaus an anderer Stelle in dieser Ordnung dem Betroffenen das Recht zur Anfechtung der Entscheidung des VDH-Vorstandes zusteht, gilt § 51 Abs. 1 entsprechend.

Zwölfter Abschnitt: Schlußbestimmungen

§ 52 Gültigkeit und In-Kraft-Treten

1. Die Rassehunde-Zuchtvereine sind nach Maßgabe der VDH-Satzung zur Erstellung einer dieser Ordnung

entsprechenden Zuchtrichter-Ordnung oder zur Angleichung ihrer Zuchtrichter-Ordnung verpflichtet. Dieser Verpflichtung kommt grundsätzlich nach, wer die Bestimmungen der VDH-Muster-Zuchtrichter-Ordnung ihrer jeweils letzten Fassung übernimmt. Rassehunde-Zuchtvereine, die in ihrer Zuchtrichter-Ordnung andere Ausbildungsgänge und Prüfungsabläufe vorsehen und nachweisen, daß die gestellten Anforderungen höher oder mindestens gleichwertig sind, sind gleichgestellt.

2. Diese Ordnung tritt gemäß § 12 Abs. 5 der VDH-Satzung mit dem Tage ihrer Veröffentlichung im Verbandsorgan »Unser Rassehund« in Kraft. Soweit Vorschriften in den Ordnungen der Mitgliedsvereine hiervon abweichen, gelten ausschließlich die Vorschriften dieser Ordnung.

§ 53 Teilnichtigkeit

Die Nichtigkeit von Teilen dieser Ordnung zieht nicht die Nichtigkeit der Ordnung insgesamt nach sich.

§ 54 Änderung

Der VDH-Vorstand wird ermächtigt, im Fall des § 53 sowie in dringenden Fällen diese Ordnung zu ändern und die Änderung durch Veröffentlichung in der Verbandszeitschrift »Unser Rassehund« in Kraft zu setzen. Diese Änderungen bedürfen der nachträglichen Genehmigung durch die Mitgliederversammlung gemäß § 9 der VDH-Satzung.

ORDNUNG FÜR DIE DURCHFÜHRUNG DES VORFÜHRWETTBEWERBS FÜR JUGENDLICHE – JUNIOR HANDLING –

§ 1 Begriffsbestimmung

Der Junior-Handling-Wettbewerb ist die Vorbereitung junger Hundefreunde auf ein späteres Vorführen von Rassehunden bei jeglichen Zuchtschauen. Er bietet interessierten Jugendlichen die Möglichkeit, im sportlichen, freundschaftlichen Wettbewerb den Umgang mit Hunden verschiedener Rassen zu erlernen und zu üben. Das Vorführen der Hunde erfordert - und fördert - Verständnis, Einfühlungsvermögen und Verantwortungsbewußtsein. Darüber hinaus kann dieser Wettbewerb zu größerer Fairneß, Disziplin und Rücksichtnahme im Verhalten der Jugendlichen untereinander beitragen; sie lernen auch verlieren zu können und die Leistung anderer sportlich anzuerkennen.

§ 2 Zulassung

Zugelassen sind Jugendliche im Alter von 9-17 Jahren. Das Einverständnis eines Erziehungsberechtigten muß vorliegen.

§ 3 Meldegelder

Werden von den jeweiligen Veranstaltern festgelegt. Die finanzielle Begünstigung einzelner Teilnehmergruppen ist untersagt.

§ 4 Altersgruppen

Altersklasse 1: 9 - 12 Jahre
Altersklasse 2: 13 - 17 Jahre
Stichtag für die Alterszuordnung ist jeweils der Tag vor der Veranstaltung.

§ 5 Meldungen

Die Meldungen müssen enthalten:
Name und Vorname sowie Anschrift und Geb.-Datum des Teilnehmers; Name und Anschrift des Erziehungsberechtigten, Rasse und Name des Hundes.
Nachmeldungen sind möglich; der Veranstalter kann Fristen setzen.
Es dürfen nur Hunde geführt werden, welche in einem von der FCI anerkannten Zuchtbuch oder Register eingetragen sind. Die Hunde müssen nicht ausgestellt worden sein.

§ 6 Hundetausch

Der gemeldete Hund kann bis zum Beginn des Richtens ausgetauscht werden, die Wettbewerbsleitung ist hierüber zu verständigen. Der gesamte Wettbewerb ist mit dem gleichen Hund durchzuführen. Der Austausch der Hunde untereinander und die Vorführung eines neutralen Hundes ist auf Anordnung des Richters möglich.

§ 7 Bewertungen / Plazierungen

Die 5 Besten jeder Altersklasse werden plaziert. Teilnehmer, die ihre Hunde offensichtlich nicht unter Kontrolle haben, müssen vom Wettbewerb ausgeschlossen werden. Die Entscheidung liegt beim Richter und/oder Wettbewerbsleiter und bedarf keiner Begründung.

§ 8 Punktvergabe
Alle Teilnehmer erhalten 5 Punkte. Folgende Zusatzpunkte können innerhalb der Altersgruppe erworben werden:

1. Platz	+ 10 Punkte
2. Platz	+ 8 Punkte
3. Platz	+ 6 Punkte
4. Platz	+ 4 Punkte
5. Platz	+ 2 Punkte

Der Tagessieger im Stechen zwischen den beiden Siegern der einzelnen Altersgruppen erhält zusätzlich 5 Punkte.

§ 9 Qualifikation
Die Teilnehmer sammeln im Ausstellungsjahr ihre erworbenen Punkte und reichen die vier besten Ergebnisse zu einem im Verbandsorgan »Unser Rassehund« veröffentlichten Stichtag ein. Es können hierfür nur solche Ergebnisse gewertet werden, die bei termingeschützten Zuchtschauen des VDH (Internationale-, Nationale- und termingeschützte Spezialzuchtschauen) erworben wurden und für die folgende Nachweise erbracht werden:

a) Name des Teilnehmers
b) Altersklasse
c) evtl. Plazierung in der Altersklasse
d) evtl. Tagessieger

§ 10 Finale
Das Jahresfinale findet jeweils anläßlich der letzten Internationalen Zuchtschau oder einer anderen vom Zuchtschau-Ausschuß des VDH zu bestimmenden herausragenden Veranstaltung im Bereich des VDH statt. Je Altersgruppe sind die zehn besten Jugendlichen teilnahmeberechtigt.
Die Alterszuordnung (s. § 4) gilt auch für das Jahresfinale, gleichgültig in welcher Altersklasse die Qualifkation erworben wurde.
Die Teilnehmer werden von der VDH-Geschäftsstelle benachrichtigt.
Für das Jahresfinale sind nur Teilnehmer, die ihren 1. Wohnsitz in der BRD haben, teilnahmeberechtigt.

§ 11 Richter
Der Wettbewerb soll von für diesen Wettbewerb qualifizierten Richtern gerichtet werden. Dies können Zuchtrichter, erfahrene und erfolgreiche Aussteller oder erfolgreiche ehemalige Junior-Handler sein, sofern sie mindestens 21 Jahre alt sind.

§ 12 Bewertungsgrundlagen
Bewertungsgrundlagen sollen sein:
- Harmonie und Zusammenarbeit von Führer und Hund (Lob, Tadel, Konzentration, Behandlung usw.).
- Rasse- (Ausstellungs-) gerechtes Vorführen des Hundes (in der Bewegung - diverser Figuren - und im Stand).
- Zeigen des Gebisses.
- Präsentieren des Hundes in der Gruppe.
- Rassegerechtes Erscheinungsbild des Hundes (Kondition, Pflegezustand etc.).
- Zweckentsprechende Kleidung des Teilnehmers.

§ 13 Durchführung
Der Wettbewerb soll publikumswirksam anläßlich von Spezial- und Nationalen-Zuchtschauen des VDH durchgeführt werden; für Internationale Zuchtschauen ist die Durchführung obligatorisch vorgeschrieben (Vorentscheidung / Ausscheidung - Altersgruppe 1 / Altersgruppe 2).
Dem Richter und Veranstalter wird die Verwendung des vom VDH vertriebenen Bewertungsbogens und Egebnisprotokolls empfohlen.
Alle Teilnehmer erhalten eine Urkunde bzw. einen Nachweis der erworbenen Punkte, über die evtl. Plazierung in der Altersklasse, evtl. Tagessieger, Art der Veranstaltung sowie die Anzahl der Teilnehmer in der betreffenden Altersklasse.

§ 14 Sonstiges
Soweit anwendbar gilt die Zuchtschau-Ordnung des VDH in ihrer jeweils gültigen Fassung.

§ 15 Inkrafttreten
Diese Ordnung tritt am 01.01.1999 in Kraft.

DER VORFÜHRWETTBEWERB FÜR JUGENDLICHE »JUNIOR HANDLING«

ist eine nützliche Vorbereitung der Jugendlichen, die beabsichtigen, auch zukünftig Hunde auf Rassehunde-Zuchtschauen vorzustellen. Aus diesem Grund ist es unerheblich, welche Qualität die von den Jugendlichen vorgestellten Hunde besitzen.

Der für diesen Wettbewerb eingesetzte Richter sollte daher nach diesen Kriterien bewerten:
- Das der Rasse entsprechende Vorstellen des Hundes im Stand
- Die Unterstützung durch den Vorführenden bei der Kontrolle des Gebisses durch den Richter
- Die Befolgung der Anweisungen des Richters
- Das der Rasse entsprechende Vorstellen des Hundes in Bewegung
- Die Rücksichtnahme bei der Vorführung in der Gruppe, wie Abstand halten, Beibehalten der Reihenfolge, etc.
- Pflegezustand des vorgestellten Hundes
- Zweckentsprechende Kleidung des Vorführenden.

Richter für diesen Wettbewerb kann sein:
- Ein Allgemeinrichter
- Ein Gruppenrichter
- Ein Spezialzuchtrichter für mehrere Rassen
- Ein erfolgreicher »Handler«, der selbst verschiedene Rassen erfolgreich vorgestellt hat.

Klasseneinteilung:
Die Jugendlichen werden in zwei Altersgruppen geteilt:
- Altersklasse 1: von 9 bis 12 Jahre
- Altersklasse 2: von 13 bis 17 Jahre

Durchführung:
Der Wettbewerb ist darauf aufzubauen, daß nach Altersklassen getrennt alle Jugendlichen sich gemeinsam mit ihren Hunden im Ring zur Bewertung durch den Richter vorstellen. Der Richter kann entscheiden, ob alle Teilnehmer gemeinsam oder in mehreren Gruppen unterteilt werden. Die Vorführung eines Hundes durch jeden Jugendlichen wird wie folgt bewertet:
- Einzelbeurteilung,
- Beurteilung in der Gruppe.

Jeder Jugendliche arbeitet in der Regel mit dem von ihm zur Vorführung angemeldeten Hund. Mit diesem Hund sind alle Übungen durchzuführen. Ein Wechsel kann in der Entscheidung vorgesehen werden.
Der Richter wählt aus der Gesamtzahl einer jeden Altersklasse fünf Jugendliche für die Entscheidung aus. In der Entscheidung werden diese fünf Jugendlichen in der Reihenfolge eins bis fünf plaziert.

Paarklassen-Wettbewerb
Eine Paar-Klasse besteht aus einem Rüden und einer Hündin, die Eigentum eines Ausstellers sein müssen. Die Beurteilung der Paar-Klasse ist gleich der Beurteilung der Zuchtgruppen. Gesucht wird das idealtypische Paar. Beide Hunde müssen am gleichen Tag ausgestellt worden sein (nicht Jüngsten-, Ehren- oder Veteranen-Klasse).

Zuchtgruppen-Wettbewerb
Zuchtzulassungsbestimmungen:
Zuchtgruppen bestehen aus mindestens drei Hunden einer Rasse aus dem gleichen Zwinger, also mit gleichem Zwingernamen und von ein und demselben Züchter gezüchtet. Sie müssen am gleichen Tag bei der Einzelbewertung mindestens die Formwertnote »Gut« erhalten haben.

Beurteilung von Zuchtgruppen:
Für die Beurteilung von Zuchtgruppen sollen folgende Gesichtspunkte maßgebend sein:
Eine Gruppe muß in Typ, Größe und Substanz ausgeglichen sein.
Je größer die Qualität der einzelnen Hunde und je ausgeglichener der Gesamteindruck der Zuchtgruppe ist, desto höher ist diese zu plazieren.
Gutes Gangwerk, gutes Temperament und sicheres Wesen sind ebenso zu beachten wie Übereinstimmung in Farbe und Farbverteilung und das Verhalten der Hunde untereinander.
Raufende Hunde sind aus dem Ring zu verweisen.
Gleiches gilt sinngemäß für die Beurteilung von Nachzuchtgruppen und ähnlichen Wettbewerben.

DIE ZEHN VON DER FCI FESTGELEGTEN GRUPPEN

Gruppe 1: Hüte- und Treibhunde (ausgenommen Schweizer Sennenhunde)
Diese Gruppe umfasst 43 Rassen, unter ihnen als bekannteste den Deutschen Schäferhund, aber auch den Bobtail, den Komondor, den Australian Cattle Dog und den Bouvier des Flandres.

Gruppe 2: Pinscher und Schnauzer – Molosser und Schweizer Sennenhunde
Insgesamt sind 52 Rassen vertreten, neben anderen der Dobermann, die Doggen, der Rottweiler, der Neufundländer, der Leonberger, der Boxer, die verschiedenen Schnauzer oder der Mastino Napoletano.

Gruppe 3: Terrier
Hier findet sich die ganze Vielfalt der 31 Terrier-Rassen – vom West Highland White Terrier über Foxterrier, Cairn-, Norfolk- oder Norwich Terrier bis zum Bullterrier oder dem American Staffordshire Terrier.

Gruppe 4: Dachshunde
Die Teckel- oder Dackelgruppe mit ihren drei unterschiedlichen Größen und Haararten ist hier versammelt.

Gruppe 5: Spitze und Hunde vom Urtyp
Neben den bekannten Spitz-Rassen gehören in diese Gruppe auch der Husky, die Nordischen Hunde, der Karelische Bärenhund, der Chow Chow und der Eurasier, aber auch der Akita Inu, der Japan Spitz, der Canaan Dog, der Pharaonenhund und der Basenji, insgesamt sind es 57 Rassen.

Gruppe 6: Laufhunde, Schweißhunde und verwandte Rassen
Bloodhound, Beagle, die Bassets Griffon Vanden, der Dalmatiner und der Rhodesian Ridgeback, Laufhunde aus Frankreich und der Schweiz – eine Gruppe mit der imponierenden Zahl von 75 Rassen.

Gruppe 7: Vorstehhunde
In dieser »Jagdhunde-Gruppe« mit 37 verschiedenen Rassen finden sich die bekannten deutschen Vorstehhunde, aber auch der Spinone Italiano, der Griffon Korthals, der Große und der Kleine Münsterländer, der Weimaraner, Magyar Vizsla – und die verschiedenen Setter und der Pointer.

Gruppe 8: Apportierhunde, Stöberhunde, Wasserhunde
Diese 20 Rassen umfassende Jagdhunde-Gruppe umfasst die Spaniels, die Retriever, den Barbet, den Cao de Agua, den Wetterhoun, das Kooikerhondje und den Spanischen Wasserhund.

Gruppe 9: Gesellschafts- und Begleithunde
Bekannte Vertreter dieser Gruppe mit 33 Rassen sind die Pudel, der Cavalier King Charles Spaniel, der Lhasa Apso, der Malteser, der Pekingese, der Shih Tzu, der Kromfohrländer und die Möpse.

Gruppe 10: Windhunde
Der Afghane, der Greyhound, der Whippet, der Irish Wolfhound, der Galgo Espanol, der Barsoi, der Deerhound, der Saluki, der Sloughi und das Italienische Windspiel gehören zu dieser Gruppe mit 12 Rassen.

ANSCHRIFTEN, DIE SIE KENNEN SOLLTEN

Für Aussteller, die sich um Terminkalender oder um Meldepapiere im Ausland bemühen wollen, seien die wichtigsten Anschriften genannt:

Bundesrepublik Deutschland
Verband für das Deutsche Hundewesen e.V. (VDH)
Westfalendamm 174
D-44141 Dortmund
Tel.: 00 49-02 31/5 65 00-0
Fax: 00 49-02 31/59 24 40
eMail/Internet: http://www.vdh.de
info@vdh.de

Belgien
Union Royale Cynologique Saint Hubert
98, Avenue Albert Giraud
B-1030 Bruxelles
Tel.: 00 32-2/2 45 48 40
Fax: 00 32-2/2 45 87 90
eMail/Internet: http://www.srsh.be
http://www.kmsh.be
info@srsh.de

Bulgarien
Bulgarian Republican Federation of Cynology
31–33 Boulevard Vitocha st. 606
BG-1040 Sofia
Tel. + Fax: 00 35-9/29 87 61 38
eMail/Internet:
brfc@mail.orbitel.bg

Dänemark
Dansk Kennel Klub
Parkvej 1, Jersie Strand
DK-2680 Solrod Strand
Tel.: 00 45-56/18 81 00
Fax: 00 45-56/18 81 91
eMail/Internet:
post@dansk-kennel-klub.dk
www.dansk-kennel-klub.dk

Estland
Eesti Kennelliit
Siili 21-100
EE-13422 Tallinn/Estonia
Tel.: 00 37-2/6 71 50 23
Fax: 00 37-2/6 71 50 24
eMail/Internet:
http://www.kennelliit.ee
ekl@kennelliit.ee

Finnland
Suomen Kennelliitto - Finska Kennelklubben
Kamreerintie 8
SF-02770 Espoo
Tel.: 00 358-9/88 73 00
Fax: 00 358-9788 73 03 31
eMail/Internet: http://www.kennelliitto.fi

Frankreich
Société Centrale Canine pour l'Amélioration des Races de Chiens en France
155, avenue Jean-Jaurès
F-93535 Aubervilliers Cedex
Tel.: 00 33-1/49 37 54 00
Fax: 00 33-1/49 37 01 20
eMail/Internet:
contact@scc.asso.fr
http://www.scc.asso.fr

Georgien
Federation Cynologique de Georgie
rue Leselidze 22
GEO-380005 Tbilissi
Tel.: 00 99-5/32 98 96 41
Fax: 00 99-5/32 98 60 42

Gibraltar
Gibraltar Kennel Club British Defendent Territory of Gibraltar
P.O. Box 493 / 19/23 Noval Hospital Road
GBZ-Gibraltar
Tel.: 00 350/4 17 91
Fax: 00 350/4 08 26
eMail/Internet:
http://www.gkc.gi
info@gkc.gi

Griechenland
Kennel Club of Greece
P.O. Box 51 957
GR-14565 Agios Stefanos
Tel.: 00 30-2/1 08 14 51 65
Fax: 00 30-2/1 08 14 51 67

Irland
Irish Kennel Club Fottrell House
Unit 36-Greenmount Office Park/Harold's Cross Bridge
IRL-Dublin 6W
Tel.: 00 35-3/14 53 33 00
Fax: 00 35-3/14 53 23-09-10
eMail/Internet:
ikenclub@indigo.ie
www.ikc.ie

Island
Hundareaktarfelag Islands Icelandic Kennel Club
Sioumúla 15
IS-108 Reykjavik
Tel.: 00 35-4/5 88 52 55
Fax. 00 35-4/5 88 52 69
eMail/Internet:
hrfi@hrfi.is
http://www.hrfi.is

Israel
Israel Kennel Club
P.O. Box 1 05 55
IL-52005 Ramat Gan
Tel.: 00 972-3/6 72 71 74
Fax: 00 972-3/6 72 71 73

Italien
Ente Nazionale della Cinofilia Italiana
Viale Corsica, 20
I-20137 Milano
Tel.: 00 39-(0)2/7 00 20 31
Fax: 00 39-(0)2/70 02 03 34
eMail/Internet:
info@enci.it
http://www.enci.it

Kroatien
Hrvatski Kinoloski Savez (HKS)
llica 61
KR-10000 Zagreb
Tel./Fax: 00 38-51/4 84 61 24
eMail/Internet:
http://www.hks.hr

Lettland
Latvijas Kinologiska Federacija
Draugavgrivas 6
LR-10007 Riga LV
Tel.: 00 37-17/61 48 19
Fax: 00 37-17/61 80 15
eMail/Internet:
lkfopen.lv
http://www.dogs.lv

Litauen
Lietuvos Kinologu Draugija
V. Maciuleviciaus 53
LV-2050 Vilnius
Tel.: 00 370-52/44 69 01
Fax: 00 370-52/49 91 19
eMail/Internet:
lkd@centras.lt

Luxemburg
Union Cynologique Saint Hubert du Grand Duché du Luxembourg
Boite Postale 69
L-4901 Bascharage
Tel.: 00 35-2/50 28 66
Fax: 00 35-2/50 54 14
eMail/Internet:
http://www.uchl.lu
uchl@pt.lu

Malta
The Malta Kennel Club
54, rue D'Argens
MSD-05 Msida
Tel. + Fax: 00 35-6/34 35 24
eMail/Internet:
info@maltakennelclub.org
http://www.maltakennelclub.org

Marokko
Société Centrale Canine Marocaine
Bd.D'Anfa 158, Residence Auteuil, Bureau 28, 7 etage
MA-20050 Casablanca
Tel.: 00 212-2/2 39 17 39
Fax: 00 212-2/2 39 13 67
eMail/Internet:
scm@iam.net.ma

Mazedonien
Kennel Association of the Republic of Macedonia
ul. Kosta Novakovic 4-8/P.O. Box 728
91000 Skopje
Tel.: 00 389-2/46 51 33
Fax: 00 389-2/46 53 33
eMail/Internet:
karmkd@yahoo.com

Moldau Republik
Unionea Chinologica Din Moldava (UCHM)
Str. Armeana 30, Of. 103 B
MD-2061 Chisinau
Tel.: 00 377-3/2 27 03 83
Fax: 00 37-3/2 27 18 97

Monaco
Société Canine de Monaco
Avenue d'Osteende 12/Palais des Congrés
MC-98000 Monte Carlo
Tel.: 00 377-93/50 55 14
Fax: 00 377-93/30 55 03

Niederlande
Raad van Beheer op Kynologisch Gebied in Nederland
Postbus 75 901
NL-1070 AX Amsterdam Z
Tel.: 00 31-20/6 64 44 71
Fax: 00 31-20/6 71 08 46
eMail/Internet:
http://www.kennelclub.nl

Norwegen
Norsk Kennel Klub
Nils Hansens Vei 20/Box 163 BRYN
N-0611 Oslo 6
Tel.: 00 47-21/60 09 00
Fax: 00 47-21/60 09 01
eMail/Intenet:
http://www.nkk.no
info@nkk.no

Österreich
Österreichischer Kynologenverband
Siegfried-Marcus-Str. 7
A-2362 Biedermannsdorf
Tel.: 00 43-22/36 71 06 67
Fax: 00 43-22/36 71 06 67 30
eMail/Internet:
http://www.oekv.at
office@oekv.at

Polen
Zwiazek Kynologiczny W Polsce
ul. Nowy-Swiat 35
PL-00029 Warszawa
Tel.: 00 48-22/8 26 05 74
Fax: 00 48-22/8 26 46 54
eMail/Internet:
zkzg@jws.com.pl

Portugal
Clube Portugués de Canicultura
Rua Frei Carlos 7
P-1600-095 Lisboa
Tel.: 00 35-1/2 17 99 47 90
Fax: 00 35-1/2 17 99 47 99
eMail/Internet:
http://www.cpc.pt
info@cpc.pt

Rumänien
Asociatia Chinologica Romana
Str. Popa Tatu, 61
Sector 1/Roumanie
RO-1-70771 Bucarest
Tel. + Fax: 00 40-21/3 14 37 63
eMail/Internet:
achro@xnet.ro
http://www.achro.ro

Russland
Russian Kynological Federation (RKF)
P.O. Box 100
RUS-129626 Moskau
Tel.: 0 07-0 95/2 87 87 52
Fax: 0 07-0 95/9 56 82 17
eMail/Inernet:
http://rkf.org.ru
rkf@rkf.org.ru

San Marino
Kennel Club San Marino
Via F. Fiori, 27
RSM-47895 Domagnano
Tel.: 00 37-8/90 18 42
Fax: 00 37-8/90 44 65

Schweden
Svenska Kennelklubben
Rinkebysvängen 70
S-16385 Spänga
Tel.: 00 46-8/7 95 30 00
Fax: 00 46-8/7 95 30 40
eMail/Internet:
http://www.skk.se

Schweiz
Société Cynologique Suisse
(Schweizerische Kynologische Gesellschaft)
Länggassstrasse 8/Case Postale 8276
CH-3001 Bern
Tel.: 00 41-31/3 06 62 62
Fax: 00 41-31/3 02 23 73
eMail/Internet:
skg@hundeweb.org
http://www.hundeweb.org
http://www.chienweb.org
http://www.dogweb.org

Serbien
Kinoloski Savez Srbije i Crne Gore (KSSCG)
(Federation Cynologique de Serbie et Montenegro)
Alekse Nenadovica 19-23
SR-11000 Beograd
Tel.: 0 03 81-11/3 22 37 89
Fax: 0 03 81-11/3 22 47 22
eMail/Internet:
jks@yubc.net
http://www.jks.co.yu

Slovakische Republik
Slovenska Kynologicka Jednota
Stefanikova 10
SK-81105 Bratislava
Tel. + Fax: 00 42-12/52 49 22 98
eMail/Internet:
kynologia@skj.sk
http;//www.skj.sk

Slowenien
Kinoloska Zveza Slovenije
Ilirska 27
SLOV-1000 Ljubljana
Tel.: 00 38-61/2 34 09 50
Fax: 00 38-61/2 34 09 60
eMail/Internet:
kinoloska.zveza-slo@siol.net
www.kinoloska-zveza.si

Spanien
Real Sociedad Canina de Espana
Lagasco, n° 16. Bajo derecha
E-28001 Madrid
Tel.: 00 34-91/4 26 49 60
Fax: 00 34-91/4 35 11 13
eMail/Internet:
administración@rsce.es
http://www.rsce.es

Tschechische Republik
Ceskomoravská Kynologická Unie
U Pergamenky 3
CR-170 00 Praha 7 - Helesovice
Tel.: 00 42-06/02 21 68 74
Fax: 00 42-02/66 71 28 27
eMail/Internet:
cmku@cmku.cz
http://www.cmku.cz

Ukraine
Ukrainian Kennel Union (U.K.U.)
Rognedinskaya Str. 3, P.O. Box n° 8
UKR-01023 Kiev
Tel.: 0 03 80-44/2 27 01 43
Fax: 0 03 80-44/2 35 31 24
eMail/Internet:
info@uku.org.ua

Ungarn
Magyar Ebtenyésztök Orszagos Egyesülete
Tétényi út 128/b-130
H-1116 Budapest
Tel.: 00 36-1/2 08 23 04
Fax: 00 36-1/2 08 23 07
eMail/Internet:
http://www.meoe.net
meoe@axeloero.hu

Weißrussland
Belorussian Cynological Union
P.O. Box 532, Revolutzionnaja stsr. 13
WR-220050 Minsk
Tel. + Fax: 0 03 75-17/2 89 30 92
eMail/Internet:
http://www.bcu-upo.org
info@bcu-upo.org

Zypern
Cyprus Kennel Club
44, Vas. Voulgaroctonou Street/Flat 3-4
CY-Nicosia
Tel.: 00 35-7 22/66 73 09
Fax. 00 35-7 22/67 71 02
eMail/Internet:
cy.kennel.club@cytanet.com.cy

LITERATUR

Die folgenden Bücher beschäftigen sich mehr oder weniger ausführlich mit dem Thema »Ausstellung«. Vor allem in der englischsprachigen Literatur gibt es über die hier genannten Bücher hinaus einige interessante Veröffentlichungen, die aber teilweise nur schwer zu erhalten sind.

J. + B. Brucker, 1991: The Preparation & Presentation of the Show Dog
David Cavill, 1984: All about Showing Dogs
Tom Horner, 1975: Take them round, please
Anne Katherine Nicholas, 1977: The Nicolas Guide to Dog Judging
Friedrun Stockmann & Eric H. W. Aldington, 1985: Das Gangwerk des Hundes
C. Vanacore, 1990: Dog Showing
Beute/Faber, 2000: Atlas der Hundeanatomie

Neuere deutschspachige Bücher zum Thema gibt es nur ganz wenige:

Elke Peper, 1996: Gutes Handling
Barbara Müller. 2001: Wir stellen unseren Hund aus
Christine Andres, 2002: Hunde erfolgreich ausstellen
Katharina Welsch, 2004: Mein Hund auf Crufts

Darüber hinaus finden sich immer wieder Beiträge zum Ausstellungswesen in den Zeitschriften, die vom VDH (Verband für das Deutsche Hundewesen), dem Österreichischen Kynologenverband (ÖKV) und von der Schweizerischen Kynologischen Gesellschaft (SKG) monatlich veröffentlicht werden; es sind dies: »Unser Rassehund« (UR), »Unsere Hunde« (UH) und »Hundesport«.

BILDNACHWEIS

Achim Meurer: Seiten 5, 22, 23, 24, 31, 49, 53, 59, 60, 64, 65, 68, 70, 75, 78, 83, 84, 85, 87

Paula Heikkinnen-Lehkonen: Seiten 9, 35, 44, 52, 65, 70, 79, 98

Archiv Annerose Nagel: Seiten 10, 13, 14, 58

Bianca Heydegger: Seiten 21, 41, 43

Roberto Tierfoto: Seiten 25, 30, 56, 81

Barbara Müller: Seite 29

Roswitha Steiner-Häfner: Seite 31

Ursula Wirtz: Seite 45

Udo Kopernik: (Archiv Meurer) Seiten 26, 40, 54, 86

United Spaniel Association: Seite 46

Alle anderen Fotos vom Verfasser.

Titelfoto: von Ulrike Linden zur Verfügung gestellt

Rückseite: Gabriele Merz

Elke Peper – GUTES HANDLING
DER BESSERE WEG ZUM AUSSTELLUNGSERFOLG
Elke Peper zeigt den Hundefreunden den Weg zum Ausstellungserfolg, zumindest den Teil, der im Bereich der Präsentation der Hunde liegt. Es genügt nicht, einen erstklassigen Hund zu haben, man muss auch wissen, wie man ihn optimal vorstellt. Fotos aus aller Welt ergänzen den sachkundigen Text. Für jeden Hundeaussteller eine große Hilfe.
120 Seiten, 89 Farbfotos, ISBN 3-929545-16-0, € 15,-- (D)

Dr. Katharina Welsch – MEIN HUND AUF CRUFTS
EIN AUSSTELLUNGSREISEFÜHRER ZUR GRÖSSTEN HUNDESHOW DER WELT
Mit dem Wegfall der strengen Vorschriften für die Einreise von Tieren nach England hat sich für Züchter eine ganz neue Möglichkeit ergeben: Das Ausstellen auf Crufts! Die Autorin hat als eine der ersten erfolgreich den Schritt gewagt. Sie lässt den Leser an ihren Erfahrungen teilhaben, erklärt alles Wissenswerte über Zulassung, Anmeldung, Einreise, Unterkunftsmöglichkeiten und vieles mehr.
80 Seiten, bebildert, mit Formularvorlagen, ISBN 3-933228-84-0, € 9,90 (D)

Beute/Faber – ALTAS DER HUNDEANATOMIE
DER HUND VON AUSSEN, VON INNEN UND IN DER BEWEGUNG
Dieses Buch bildet für jeden Züchter den Grundstein seiner Arbeit. Ohne exakte Kenntnisse der Anatomie, *ohne Hunden unter das Fell zu schauen,* ist keine vernünftige Hundezucht möglich! Innerhalb weniger Jahre wurde dieses Meisterwerk zum Ausbildungsstoff für Zuchtrichter. Vom Generalsekretär der FCI empfohlen! Ein genaues und dennoch künstlerisches Buch über Hundeanatomie.
176 Seiten, über 1.000 Farbillustrationen, ISBN 3-924008-43-4, € 49,80 (D)

Dr. Dieter Fleig – DIE TECHNIK DER HUNDEZUCHT
Zucht auf Gesundheit, Intelligenz, Leistungsfähigkeit ... und dann erst Schönheit! 50 Jahre eigene Erfahrung des Autors schlagen sich in diesem Buch nieder – eine Dokumentation des kompletten Wissensstandes über die Hundezucht. Seit Jahren das Standardwerk für angehende Hundezüchter, in dem auch alte Hasen noch wertvolle Ratschläge und Tipps aus der Praxis finden. 4. erweiterte Auflage mit einem Kapitel der bekannten Tierärztin Dr. Barbara Schöning über die Phasen der Welpenentwicklung.
307 Seiten, 158 Fotos, ISBN 3-933228-39-5, € 29,80 (D)

Dr. Friedmar Krautwurst – PRAKTISCHE GENETIK FÜR HUNDEZÜCHTER
Auf dem aktuellsten Wissensstand und aus der Feder eines kompetenten Fachmannes und erfolgreichen Hundezüchters ein auch für den Laien verständliches, aber dennoch detailliertes Fachbuch über die Prinzipien der Vererbung. Doch nicht nur genetische Gesetzmäßigkeiten, Züchtungsmethoden oder Erbfehler und Krankheiten werden beschrieben, der Autor scheut sich nicht, so wichtige Bereiche wie »Vererbung und Umwelt« sowie auch die »Verantwortung des Züchters« anzusprechen. Die logische Fortsetzung des Titels »Die Technik der Hundezucht«.
208 Seiten, zahlreiche Farbfotos und Tabellen, ISBN 3-933228-52-2, € 29,80 (D)

KYNOS VERLAG MÜRLENBACH